dtv
premium

Ditte und Giovanni Bandini

DAS DRACHENBUCH

Deutscher Taschenbuch Verlag

Für Robin und Christian
und ihre Freunde

Originalausgabe

www.dtv.de

Umschlagkonzept: Balk & Brumshagen
Umschlaggestaltung: Catherine Collin unter Verwendung einer Illustration von
© Michael Whelan / Agentur Thomas Schlück
Satz: Offizin Wissenbach, Höchberg bei Würzburg
Gesetzt aus der Trump Mediaeval 10/13 pt
Druck und Bindung: Kösel, Kempten
Gedruckt auf holzfreiem, chlorfrei gebleichtem Papier
Printed in Germany · ISBN 3-423-24318-X

Inhalt

Vorwort

Wer alles über den Drachen sagen wollte, was es über ihn zu sagen gibt, würde vermutlich aus Entmutigung angesichts der Fülle an vorhandenem Material überhaupt nichts sagen. Bände über Bände ließen sich mit dem füllen, was im Laufe der Zeit über dieses Thema geschrieben wurde. Tausende von weiteren Seiten ergäben all die Drachensagen und -märchen, alle mit dem Drachen zusammenhängenden abergläubischen Bräuche und Ansichten, die weltweit schriftlich festgehalten wurden.

Unser Buch erhebt also keinen Anspruch auf Vollständigkeit. Vieles kommt zu kurz, kann nur gestreift, manches gar überhaupt nicht angesprochen werden. Wir bitten daher alle Leserinnen und Leser, die etwa neben einer unerwähnt gebliebenen Drachenschlucht oder in einer nicht namentlich genannten Stadt mit Drachenvergangenheit oder Drachenwappen wohnen, um Entschuldigung. Wir hätten beispielsweise eine Liste aller hiesigen Drachenorte und Drachensagen erstellen können, doch ging es uns weniger um Statistiken als darum, ein möglichst lebendiges, ein »lesbares« Bild des Drachen zu zeichnen. Der Drache ist in den letzten Jahrzehnten aus der Höhle hervorgekrochen, in die er sich, verfolgt und verfemt, verzogen hatte: Er ist inzwischen ebenso in die Kinderzimmer und in die Herzen von deren Bewohnern eingezogen wie in die weite Welt des Fantasy. Wir wollten ihn also all denjenigen, die ihn schätzen, aber vielleicht nur wenig von ihm wissen, ein wenig näher bringen. Wir hoffen, dass es uns gelungen ist.

Wiesenbach, im August 2002

Danksagung

Für den ein oder anderen Hinweis, für Zitate, für geliehene oder geschenkte Drachenbücher, Bilder, Zeichnungen oder Fotos danken wir sehr herzlich: Imke Brodersen, Dr. Harald Drös, Beate Friedetzki, Ursula Graefe, Maria Hofmann, Eva-Maria Lill, Prof. Dr. Stefan Maul, Ingrid Röschke, Martina Tichy und Prof. Dr. Helga Venzlaff.

Besonderen Dank schulden wir Isabelle Szelagowski, Prof. Dr. G. Fussman und Dr. Marc Orange, die uns von Paris aus mit Drachenliteratur versorgten.

Wir bedanken uns auch bei Lisa Dreßel, William S. Wilcox und Berengi dafür, dass wir ihre Internetgeschichten abdrucken durften.

Ingrid Bade danken wir für ihre Mühe und ihren Einsatz bei der Beschaffung der Abbildungen, Katharina Festner wie immer für Hilfe und Buchgaben, Bettina Lemke für ihr irisches Lektorat, Edith Lembrich für die Erstellung des Registers und Catherine Collin und allen anderen bei dtv dafür, dass Sie das Ihre zu diesem Buch beigetragen haben.

Unser Sohn Robin und sein Freund Christian haben uns ausführlich über die Drachen in Rollenspielen und ihre Bedeutung für die Fantasy-Bewegung aufgeklärt. Ihnen sei wie allen ihren Freunden, die Informationen lieferten, ebenfalls herzlich gedankt.

Unser ganz besonderer Dank aber gilt Käte Stroh, unserer herzlich lieben Nachbarin, und ihren beiden Kindern Simon und Hanna. Käte lieferte zahlreiches Drachenmaterial und buk zwei wunderbare Drachenkuchen. Hanna und Simon zeichneten für uns Drachenbilder und beantworteten bereitwillig alle unsere Fragen.

Sommerhitze, Tod und Teufel oder: Was ist ein Drache?

Es ist einmal ein Drake gewesen, alleluja!
Der hat die Leut aufgefressen, alleluja!

Lied aus dem Zillertal

Zu Frankenstein, einem alten Schlosse anderthalb Stunden weit von Darmstadt, hausten vor alten Zeiten drei Brüder zusammen, deren Grabsteine man noch heutigentags in der Oberbirbacher Kirche sieht. Der eine der Brüder hieß Hans, und er ist ausgehauen, wie er auf einem Lindwurm steht. Unten im Dorfe fließt ein Brunnen, in dem sich sowohl die Leute aus dem Dorf als aus dem Schloss ihr Wasser holen müssen; dicht neben dem Brunnen hatte sich ein grässlicher Lindwurm gelagert, und die Leute konnten nicht anders Wasser schöpfen als dadurch, dass sie ihm täglich ein Schaf oder ein Rindvieh brachten. Solang der Drache daran fraß, durften die Einwohner zum Brunnen.

Um diesen Unfug aufzuheben, beschloss Ritter Hans, den Kampf zu wagen. Lange stritt er, endlich gelang es ihm, dem Wurme den Kopf abzuhauen. Nun wollte er auch den Rumpf des Untiers, der noch zappelte, mit der Lanze durchstechen, da kringelte sich der spitzige Schweif um des Ritters rechtes Bein und stach ihn gerade in die Kniekehle, die einzige Stelle, welche der Panzer nicht deckte. Der ganze Wurm war giftig, und Hans von Frankenstein musste sein Leben lassen.

Um der Wahrheit die Ehre zu geben, die Brüder Grimm irrten sich, was den Namen des edlen Ritters angeht. Es war nämlich nicht Hans, sondern, passend zum gleichnamigen Heiligen, Georg, der sich opferte und der, bewaffnet mit Schwert und Streithammer, auf dem Grabstein verewigt ist. Genau genommen ist es auch nicht Ober- sondern Niederbeerbach, wo er begraben wurde. Aber das ist schließlich auch nicht so wichtig. Den Grabstein mit Georg und dem getöteten Drachen kann sich jeder anschauen und ebenso die Burg Frankenstein, wenn sie heute auch teilweise eine Ruine ist.

Verschwunden ist allerdings der Brunnen, den der Lindwurm bewachte, und die Zeiten, da Wasser Eimer für Eimer ins Haus geschleppt werden musste, sind lange vorbei. Keine Chance mehr für einen Lindwurm, sich seinen Lebensunterhalt auf unrechtmäßige Weise zu beschaffen. Aber die Gefahr besteht ohnehin

nicht: Ebenso wie die edlen Ritter wurden auch die Drachen, wie es scheint, mit Stumpf und Stiel ausgerottet. Lediglich Namen wie Drachenloch, Drachenstein und Drachenburg, in England Drakeford und Dragon's Hill oder in Schweden etwa Dragsmork sowie zahllose Abbildungen auf Grabsteinen, Wappen und in Kirchen erinnern allerorten noch an ihre einstige Existenz. *Falls* sie überhaupt je existierten. Die Knochen und Schädel, die hier und da stolz als Beweis präsentiert und ausgestellt wurden, haben sich unter nüchternen Wissenschaftlerhänden als Mammut-, Bären-, Rhinozeros- und Dinosaurierfossilien entpuppt. Es existieren zwar zahllose Sagen, Erzählungen, Märchen und eben bildliche Darstellungen von Drachen; man weiß, wie sie aussahen, wie sie lebten, wo sie wohnten und was und wie viel sie am liebsten fraßen oder tranken; man kennt ihre Vorliebe für Jungfrauen, Wasser und Schätze und man weiß um die wunderbaren Kräfte ihres Blutes; das einzige Problem ist, dass es keinen einzigen auch nur klitzekleinen Beweis dafür gibt, dass es wirklich je Drachen gegeben hat.

»Rose ist eine Rose ist eine Rose«, schrieb die amerikanische Schriftstellerin Gertrude Stein schlicht und richtig. Niemand würde diese Aussage hinterfragen oder ihr widersprechen. Ob nun gefüllt oder einfach, klein, buschig, gelb oder rot, eine Rose ist und bleibt eine Rose.

Aber was ist ein Drache?

Ist er eine bloße Chimäre, ein Fantasiewesen, ersonnen von einem antiken Stephen King, eine Allegorie, ein Archetypus oder die uns genetisch eingepflanzte Erinnerung an Urechsen? Ein Hirngespinst, wie es der berühmte Lexikograf des 18. Jahrhunderts Johann Christoph Adelung behauptet, ein »nicht in der Wirklichkeit vorhandenes, fabelhaftes Thier«, wie die Brüder Grimm erklären, oder was sonst?

Was bitte schön ist ein Drache?

Diese wesentliche Frage wurde – und wird immer noch – heiß diskutiert, und je nach kultureller und religiöser Zugehörigkeit, Charakter, Alter und Beruf dessen, der sich damit befasste, und entsprechend der Zeit, in der er lebte, fiel die Antwort unterschiedlich aus.

Die in christlichen Landen – sieht man von den Kindern und der Fantasy-Szene ab – vermutlich immer noch häufigste Erklärung lautet, der Drache sei eine Allegorie des Bösen in jeder Form und Gestalt. Sie kommt auch im Grimmschen Märchen »Der Teufel und seine Großmutter« zum Ausdruck – was auf ihre tiefe Verwurzelung in der Seele des Volkes schließen lässt. Untermauert wird diese Ansicht selbstverständlich durch die Heilige Schrift. Die bekannteste Bibelstelle, die den Drachen ausdrücklich mit dem Teufel gleichsetzt, findet sich in der Offenbarung des Johannes (12, 7 ff.) und lautet in der Einheitsübersetzung:

»Da entbrannte im Himmel ein Kampf; Michael und seine Engel erhoben sich, um mit dem Drachen zu kämpfen. Der Drache und seine Engel kämpften, aber sie konnten sich nicht halten, und sie verloren ihren Platz im Himmel. Er wurde gestürzt, der große Drache, die alte Schlange, die Teufel oder Satan heißt und die ganze Welt verführt; der Drache wurde auf die Erde gestürzt, und mit ihm wurden seine Engel hinabgeworfen.«

Auf der Erde durfte der Drache dann weiterkämpfen und sich mit Rittern und Göttern herumschlagen, die ihm ans Leder wollten. Urdrachen gab es in den verschiedenen Ländern dieser Erde mehr als genug, und die meisten von ihnen sahen, wie Beschreibungen und Bilder deutlich machen, gar erschröcklich aus. Daher leuchtete dem Abendländer ihre Gleichsetzung mit dem Bösen durchaus ein. Die edlen Ritter und vor allem die »heidnischen« Götter (die ja für Christen gar nicht existieren) versinnbildlichten dementsprechend einfach das Gute in jedem von uns. So betrachtet, müsste es Drachen in immanenter Form immer noch geben, schließlich ist das Böse nachweislich keineswegs ausgerottet.

Wie dem auch sei, jedenfalls wurde diese Theorie, wenn man so möchte, zu einer anderen These erweitert. Die Wissenschaftler, die sie verfochten, befassten sich im Rahmen vergleichender Religionsgeschichte oder Mythenforschung eingehend mit den alten Götter- und Schöpfungsmythen Mesopotamiens, Ägyptens und Indiens. Und sie erklärten, die in ihnen vorkommenden Drachen repräsentierten das Urchaos – das Dunkle, Bedrohliche, Abgründige in der Natur – und den Tod. Dass dieses unergründliche Chaos auch mit dem Urozean gleichgesetzt wurde, dessen düstere Fluten im Gegensatz zur sicheren freundlichen Erde stehen, erscheint nur nahe liegend. Und so dient die babylonische Geschichte der Urgöttin Tiamat – die, anfänglich gestaltlos, (infolge mehrerer zusammenfließender Mythen) später selbst als Furcht erregender Drache vorgestellt wurde – und des ebenso klugen wie tapferen Marduk immer wieder zur Illustrierung dieser Hypothese.

Tiamat und ihr Gemahl Apsu waren beide Personifikationen der Urgewässer, und solange es nur sie beide gab, herrschten sie unumschränkt und glücklich. Dann aber bekamen sie jede Menge Kinder, all die vielen Götter und Helden Mesopotamiens. So weit, so gut – nur waren darunter auch etliche Rüpel, die herumlärmten und Apsu damit so störten, dass er seine Brut mit Stumpf und Stiel wieder ausrotten wollte. Einer der Nachkommen erfuhr aber von diesem Plan und tötete Apsu, woraufhin nun Tiamat wirklich ärgerlich wurde.

Hier kommen die Drachen ins Spiel. Aus dem babylonischen Lehrgedicht »Enuma elisch« ist zu erfahren, dass Tiamat elf Monster als Streitkräfte für ihren Kampf gebar, »riesige Schlangen mit scharfen Zähnen« und giftgefüllten Körpern sowie »grimme Drachen«, bekleidet mit »schreckenserweckenden Strahlen«, darunter einen namens Muschchuschu. »Trächtig war sie von mitleidslosen Drachen, die furchtlos waren im Kampf.«

Diese Ungeheuer waren nicht nur furchtlos, sondern auch ungeheuer stark, und so wurde keiner mit ihnen fertig – bis endlich Marduk, der spätere Nationalgott Babyloniens, auf der Bildfläche erschien. Er wartete, bis Tiamat ihr Maul aufriss, um ihn zu verschlingen, und trieb bei der Gelegenheit so viel Wind in ihren Bauch, dass sie anschwoll und das Maul nicht mehr zubekam. Dann schoss er einen Pfeil durch den Schlund direkt in ihr Herz – und tot war sie. Er teilte sie in zwei Hälften und machte die eine zum Himmel, die andere zur Erde. Die nunmehr führerlosen Monster und Drachen aber brachte er nicht um, sondern nahm sie gefangen. Und als er zum König der Götter ausgerufen wurde, ruhte der Drache Muschchuschu gezähmt und friedlich zu seinen Füßen.

Unbeweisbare Theorien verlangen geradezu danach, angefochten zu werden. So behaupteten auch im Falle des Drachen andere Gelehrte (darunter Hans von Wolzogen), dass sich die Sache ganz anders verhalte. In Wirklichkeit sei es nämlich so, dass er die glühend heiße Sommersonne verkörpere, die das Land versenge und verbrenne. Den Leben spendenden Regen, das Wasser also, hielte er/sie irgendwo gefangen, wie ja schließlich ausreichend Geschichten belegen würden. Bestes Beispiel sei der alte Mythos vom indischen Schlangendrachen Vritra, von dem genau das ausdrücklich behauptet wurde:

»Den nimmersatten, ausgespreizten Drachen, den man nicht wecken soll, der ungeweckt schlief, der die sieben Ströme belagerte, hast du, Indra, mit der Keule an einer gelenklosen Stelle getrennt.« (Rig-Veda)

Ebenfalls auf die Sonne, wenngleich im umgekehrten Sinne, verweist auch die beispielsweise vom berühmten Afrikaforscher Leo Frobenius vertretene These, das Ungeheuer, der Drache, sei die Nacht (oder die Mächte der Finsternis), die den Tag und damit auch die Sonne verschlinge, woraufhin sie von einem strahlenden Helden, dem Sonnengott selbst, vernichtet werde.

Tod und Teufel, das Urchaos, die Nacht und die Sommerhitze sind also schon einige auch heute noch häufig gegebene Antworten auf die Frage: Was ist ein Drache? Die Quelle der Drachendeutungstheorien aber ist noch längst nicht versiegt, denn der vergleichende

Mythenforscher Ernst Siecke meldete sich per langem Artikel zu Wort und bezeichnete die Nacht- und die Sommerhitze-Thesen entschieden als »irrtümlich« und wartete mit einer neuen Idee auf, die seiner Ansicht nach perfekt auf jeden Aspekt des Drachen und auf jede Drachensage passt: Der Drache ist in Wirklichkeit nämlich der Mond oder, genauer gesagt, der schwarze Teil des Mondes, »der«, so Siecke, »bei abnehmendem Monde die Herrschaft über den lichten Teil erringt und diesen entweder durch einen Biss heimtückischerweise tötet oder schließlich verschlingt …« Dann aber wird dieser schwarze Drache durch einen Lichtgott getötet, der nichts anderes ist als der helle Mond, der durch sein neues Erscheinen (als Sichel) seinen Sieg verkündet.

Nach Siecke wäre also auch der bereits erwähnte indische Vritra nicht etwa die Sommerhitze, sondern der dunkle Teil des Mondes – ebenso wie alle anderen berühmten Drachen der Menschheitsgeschichte. Die Helden, die sie töten, einschließlich Siegfried, sind dagegen Lichtwesen, der Mond in seiner lichten, für uns sichtbaren Form oder möglicherweise auch die Sonne selbst.

Diese Art von vergleichender Mythenforschung, wie sie Siecke, von Wolzogen und andere Wissenschaftler betrieben, gilt heute als überholt und unzulässig. Dass die Antwort auf die Frage, was ein Drache sei, doch in irgendeiner Weise mit Chaos und »dunkler Seite« zu tun habe, meinten und meinen allerdings auch die Tiefenpsychologen. Nach C.G. Jung steht der Drache für die magischen Mächte des Unbewussten, die es zu überwinden gilt, um das eigene Selbst zu befreien. Paul Newman (nicht der Schauspieler), der sich im Rahmen eines Buches eingehend mit den Drachen beschäftigt hat, meint dementsprechend: »Der Drache muss als ein unendlich komplexes Ungeheuer verstanden werden, das die Paradoxa, Strebungen und verstörenden psychischen Merkmale in sich vereint, denen man in der menschlichen Persönlichkeit begegnet.«

In allen genannten Erklärungsversuchen ist der Drache also lediglich eine Allegorie, ein Symbol, ein Bild, keineswegs ein reales Wesen. Und in dieselbe Kategorie gehören noch einige weitere Interpretationen. Da heißt es etwa, der Drache sei das Emblem weiblicher Verderbtheit, das Symbol der Todesgöttin, das Hindernis auf dem Weg zum Ziel, die ungestalte, gefährliche Natur, ein Synonym für die Leben spendenden Kräfte von Wasser und Erde, die Verkörperung der Gier, die Personifikation des Elementes Quecksilber, der Genius Loci von Bäumen und Felsen und überhaupt allem Lebenden, ein Meteor, das Nordlicht, ein Vulkan, der Erzfeind, die Große Mutter, die Weltschlange, das Symbol für Geistigkeit und Erleuchtung und vieles andere mehr.

Immerhin ein klein wenig substanzieller ist da die Ansicht, das immer wieder und überall auftauchende Motiv des Drachenkampfes – oder besser der Furcht vor einem Drachen – gehe auf eine Ur-Säuger-Erinnerung an tatsächliche »Drachen«, das heißt konkret Dinosaurier, zurück. Da sich Menschen und Saurier nie getroffen haben können, müssten unsere nichtmenschlichen Vorfahren diese panische Angst vor den riesigen Wesen in ihren Genen gespeichert und letztlich an uns weitergegeben haben. Diese These, die, wie Jacqueline Simpson es ausdrückt, »in den ersten Dekaden der Paläontologie noch entschuldbar war«, dürfte heutzutage von kaum jemandem mehr ernsthaft in Erwägung gezogen werden. In jedem Fall könnte aber der von Genetikkenntnissen unbelastete Laie sich fragen, ob – und wenn, dann auf welche Weise – auch das geistige *Bild* des Drachen mitvererbt wurde.

Überhaupt wirft – vielleicht mehr noch als die inhaltliche Bedeutung – das weltweit ziemlich einheitliche Bild des Drachen erhebliche Probleme auf, und so versuchte eine Reihe von Forschern dieses uns allen vertraute Aussehen zu erklären. Schließlich liegt es ja nicht *unbedingt* auf der Hand, eine Personifizierung der Sommerhitze oder des Chaos mit einem Krokodilskopf, Klauen, Drachenkamm und Flügeln auszustatten; *irgendwie* musste jemand ja einmal auf diese schnurrige Idee gekommen sein!

Grob gesagt, teilen sich die Meinungen diesbezüglich in zwei Lager. Die einen halten es für unmöglich, dass sich das Bild des Drachen und die mit ihm verbundenen Vorstellungen von einem Punkt der Welt aus verbreitet haben könnten. Sie meinen, die verschiedenen Völker und Kulturkreise seien unabhängig voneinander zu »ihren« Drachen gekommen. Ausgangspunkt seien uralte Schlangenkulte gewesen, und von außen hereinkommende Einflüsse, wie vor allem Berichte von Krokodilen und Flugechsen, hätten zum späteren Drachenbild beigetragen.

Die anderen sind der Ansicht, die bildliche Vorstellung des Drachen (wobei die inhaltliche Interpretation desselben offen bleibt) stamme ursprünglich aus dem Vorderen Orient, und zwar entweder aus Mesopotamien oder Ägypten. Von dort breitete sie sich durch Händler und andere Reisende in alle Richtungen aus, wobei sie je nach Land und Leuten verschiedene Ausschmückungen erfuhr. Doch das *Grundmotiv* des Drachen, das von den im Abendland unbekannten Krokodilen beeinflusst war, erwies sich als echter Hit und wurde daher von vielen Völkern, unter anderem den Skythen, Parthern und Dakern, als Furcht erregendes Feldzeichen verwendet. Durch sie lernten es wiederum die Römer kennen und machten es sich nach und nach zu Eigen. So bekamen die Kohorten ihre windgeblähten Drachenstandarten und der Kaiser eine purpurfarbene Drachenfahne.

Derart ausstaffiert zogen sie über die Alpen und machten unsere germanischen Vorfahren mit dem ursprünglich orientalischen Drachenbild bekannt, und zwar so gründlich, dass verschiedene Stämme, besonders die Sachsen, den Drachen als Feldzeichen übernahmen. Die Germanen waren von den Römern wie von deren Drachenstandarten derart beeindruckt, dass sie beides miteinander gleichsetzten, ihre bereits bestehenden alten Lindwurmvorstellungen gründlich ummodelten und auch den alten Namen durch den neuen ersetzten. In puncto Römer und Germanen sind sich viele

Forscher einig; die angebliche mesopotamisch-ägyptische Herkunft *aller* Drachen ist allerdings durch einen kürzlich im chinesischen Henan in einem Grab gemachten Fund eines mehr als 6000 Jahre alten »Muscheldrachen« erheblich infrage gestellt. Deshalb wird heute von vielen nicht mehr der alte Orient, sondern China als die Urheimat der Drachen angesehen.

Wirklich fragwürdig scheint aber – um auf die Römer zurückzukommen – die unter anderem von Otto Höfler vertretene Behauptung, die Zangentaktik, die von den Römern in vielen Schlachten erfolgreich angewendet worden sei, hätte ihren Niederschlag in den Mythen von den Drachenkämpfen gefunden. »Somit wäre Siegfrieds Drachenkampf nichts anderes als die vom Volk in Sage umgemünzte Erinnerung an Armins Befreiungskampf gegen die Römer.«

Während sich hier ein Kommentar erübrigt, steht eine andere These buchstäblich mit beiden Beinen auf – ja, *in* – der Erde. Hiernach sind es nämlich zum einen die Fossilien von Dinosauriern und zum anderen noch lebende Riesenechsen, vor allem die Krokodile, die der Vorstellung vom Drachen zugrunde liegen sollen. Da dies die am häufigsten vertretene und am weitesten verbreitete Drachentheorie ist, wollen wir sie in einem späteren Kapitel noch eingehender diskutieren.

Eine mögliche Antwort auf die Frage, was ein Drache sei, steht allerdings noch aus, nämlich: »Ein Drache ist ein Drache ist ein Drache.« Oder anders formuliert, der Drache ist weder ein Fantasieprodukt noch eine Allegorie von was auch immer, er ist kein Archetyp, kein Symbol und keine Chimäre. In der Vorstellung nicht weniger Menschen auf dieser Erde ist der Drache auch heute noch – oder zunehmend wieder – einfach ein Drache: ein lebendiges, durchaus reales Wesen. Man könnte auch mit dem österreichischen Schriftsteller Heimito von Doderer sagen, »den Drachen kennt die Menschheit aus Erfahrung«.

Im Folgenden aber wird es nicht darum gehen, die eine Theorie zugunsten einer anderen zu verwerfen oder gar eine neue aufzustellen. Bei unseren Recherchen wurde deutlich, dass es weder für die eine noch für die andere These, ebenso wenig für alle daraus abgeleiteten Mischthesen, seien sie nun naturwissenschaftlicher, psychologischer oder mythologischer Art, wirklich stichhaltige Beweise gibt, ja, geben *kann*. Wenn beispielsweise der Lindwurm auf dem Klagenfurter Marktplatz, beeinflusst durch einen fossilen Fund, den Kopf eines Nashorns aufweist, heißt das noch lange nicht, dass die Klagenfurter Lindwurmsage als solche – und vor allem *alle* anderen Lindwurmsagen – auf Funde von fossilen Nashorn- oder Elefantenschädeln zurückgehen. Worauf sie aber zurückzuführen sind, weiß keiner wirklich, und jegliche Deutung bleibt Spekulation.

Uns kommt es darauf an, das Bild des Drachen, des früheren und des heutigen, in seinen verschiedenen Facetten zu beleuchten.

Nicht behandeln werden wir, um es vorweg zu sagen, die Papier-(Stoff-Plastik-)flugdrachen, denn sie haben außer ihrem (deutschen!) Namen nicht viel mit den sagenhaften Tieren gemeinsam. Sowohl in China, ihrem vermutlichen Ursprungsland, als auch überall sonst auf der Welt haben Flugdrachen verschiedenste, oft völlig »abstrakte« Formen. Sie haben auch zweifellos eine interessante Geschichte – die aber leider nicht in dieses Buch gehört.

Dafür werden wir über böse und weniger böse Drachen unserer Breiten sprechen, die ganze Landstriche verwüsteten, Kühe, Schafe und Jungfrauen fraßen und die Menschen tyrannisierten; wir werden die Helden und Heiligen, die mit ihnen stritten und zuweilen dabei ihr Leben ließen, zu ihrem Recht kommen lassen. Wir werden aber auch über die mächtigen Drachen des Ostens reden, Ahnen von Kaisern und anderen großen Männern, Glück und Ruhm verheißende, schöne und starke Wesen. Wir werden aufzeigen, wie die Drachen in modernen Kinderbüchern, in Internetmärchen, Filmen und Überraschungseiern Fuß gefasst haben, und untersuchen, ob denn wirklich zwischen »guten« und »bösen« Drachen unterschieden werden kann.

Wir werden auch auf das eingehen, was Drachen in Ost und West lieb und teuer war, ihre Schätze, Perlen und Laternen, schlanke Jungfrauen und Milch. Wir werden fragen, was es denn mit dem Drachenblut auf sich hat, warum ausgerechnet die Alchimisten sich intensiv mit dem Drachen befassten und was der Drache am Himmel verloren hat.

Wir werden uns mit all diesen Fragen und Aspekten auseinander setzen, aber längst nicht alles sagen können, was es darüber zu sagen gibt – denn das Thema Drache ist unerschöpflich. Trotzdem hoffen wir, am Ende ein möglichst umfassendes, schillerndes, buntes Bild vom Drachen zu vermitteln. Denn eines ist bei den Vorarbeiten zu diesem Buch klar geworden:

Der Drache ist nicht tot, der Drache lebt!

Der Lindwurm zu Klagenfurt

Zur Zeit, als der Kärntner Herzog das Land regierte, dehnte sich dort, wo heute Klagenfurt liegt, ein großes Moor aus, das meist in dichten Nebel gehüllt war. Diese öde unwirtliche Gegend mieden die Bauern, die auf den umliegenden Bergen wohnten, nach Möglichkeit. Selbst wenn sich ihre Rinder oder Schafe zu nahe an das Sumpfgebiet heranwagten oder sich gar im Moor verirrten, versuchten sie nicht, ihnen zu folgen. Sie wussten nämlich, dass im Sumpf ein Lindwurm hauste, geflügelt und von einem Schuppenpanzer bedeckt, der seine Opfer, Tiere wie Menschen, bei lebendigem Leib verschlang. Selbst die tapfersten Männer hatten Angst vor seinem fürchterlichen Brüllen, das besonders bei schlechtem Wetter weithin zu hören war.

Als der Drache aber immer gefräßiger wurde, ließ der Herzog auf einer erhöhten Stelle am Rande des Sumpfes einen festen Turm errichten. Dann rief er alle Männer weit und breit zusammen und befahl ihnen, vom Turm aus das Ungeheuer durch List oder Gewalt zu töten.

»Wer den Lindwurm zur Strecke bringt«, ließ er verkünden, »dem gehören der Turm und das Land ringsherum, und obendrein erhält er noch eine reiche Belohnung. Er soll frei sein, und wäre er nur ein Knecht!«

Angesichts dieser Aussicht erklärten sich wirklich einige Knechte zu dem Wagnis bereit. Sie banden einen fetten Stier an eine lange Kette, an der ein mächtiger Widerhaken befestigt war. Dann versteckten sie sich im Turm, von dem aus sie durch ein kleines Fenster das Gelände überschauen konnten.

Das Brüllen des gefesselten Stiers hallte über den Sumpf und lockte den Lindwurm aus seinem Versteck. Er hatte großen Hunger, und der Geruch des Tieres zog ihn an. Mit seinen Flügeln das Wasser peitschend, landete er neben dem Turm und öffnete sein zähnestarrendes Maul. Mit seinen spitzen Krallen stürzte er sich auf den vor Angst zitternden Stier und begann ihn zu verschlingen. Nach wenigen Bissen aber drang der gewaltige Widerhaken in den Gaumen des Drachen, und wie ein Fisch an der Angel schlug dieser wütend mit seinem Schwanz um sich. Je wilder er aber an der Kette zerrte, desto tiefer drang das spitze Eisen in seinen Rachen ein. Als die Knechte sicher waren, dass der Drache nicht mehr freikommen konnte, stiegen sie vom Turm herab und erschlugen ihn mit ihren Keulen.

Alle waren froh, dass sie von der furchtbaren Plage befreit waren. Der Herzog belohnte die gescheiten und mutigen Knechte für ihren Einsatz und ließ an der Stelle des Turms ein schönes Schloss erbauen. Das umliegende Land wurde gerodet und trockengelegt. Bald dehnten sich dort, wo vorher nur wüstes Moor gewesen war, fruchtbare Felder aus. Um das Schloss entstand eine Siedlung, aus der sich später die Stadt Klagenfurt entwickelt haben soll.

Zur Erinnerung an den Kampf mit dem Drachen erhielt die Hauptstadt Kärntens ein Wappen, auf dem der Turm mit dem Lindwurm zu sehen ist. Und auf dem Neuen Platz in Klagenfurt wurde vor mehr als 300 Jahren ein großer Lindwurm aus Stein aufgestellt, dem sein Bezwinger mit erhobener Keule gegenübersteht. Dieser steinerne Lindwurm ist zum Wahrzeichen von Klagenfurt geworden.

Wer darf sich dazu zählen?

Der Drache fing zu lesen an.
Das hätt' er besser nicht getan!
Denn kaum hat er hineingeguckt,
da las er schwarz auf weiß gedruckt,
dass jeder Wurm, der Feuer spei',
ganz einwandfrei ein Lindwurm sei.

Michael Ende

Die Frage, was denn ein Drache sei, kann so oder so verstanden werden. Sie kann sich zum einen auf seinen Realitätsgehalt und zum anderen konkret auf sein äußeres Erscheinungsbild und seinen Charakter beziehen. Einige der zahlreichen Antworten, die den Realitätsgehalt des Drachen betreffen, wurden schon besprochen, und es ist deutlich geworden, dass hier nicht die geringste Einigkeit besteht. Ob Gleiches auch auf das äußere Erscheinungsbild des Drachen zutrifft, bleibt nun zu untersuchen.

Wie schaut er aus?

So Viehzeugs, grün bis blässlich,
Mit Flederflügeln (grässlich!)
Und langem Dornschwanz – kurz:
Entsetzlich hässlich.

Wohl die meisten Menschen in unseren Breiten würden die Flederflügel und den Dornschwanz, wie sie hier der englische Dichter Richard Harris Barham im 19. Jahrhundert beschrieb, durchaus als typische Drachenmerkmale gelten lassen. Auf Kinderzeichnungen besitzen Drachen obendrein in der Regel vier mit Krallen bewehrte Beine und einen zackigen Kamm auf dem Rücken. Sie sind unförmig, haben meist einen langen Schwanz und ein breites Krokodilsmaul mit deutlich ausgeprägten Zähnen.

Der letzte Punkt wurde in Drachensagen häufig besonders betont. Da ist etwa, wie in Edmund Spensers *Faerie Queene,* von mehreren Reihen von Zähnen die Rede, die vielleicht sogar immer wieder nachwachsen, oder sie werden der Anschaulichkeit halber wenigstens mit denjenigen einer Säge verglichen. In der persischen und türkischen Kunst spielen die Zähne beim Drachen kaum eine Rolle, gelegentlich sind drolligerweise nur zwei Zähne oben und zwei unten auszumachen. Bei diesen malerischen Drachen ist wie bei den Kinderzeichnungen weit wichtiger die aus dem Maul sprühende wunderbar rot- oder orangefarbene Feuerlohe.

Zuweilen sind auch Flügel und oft die Schuppen abgebildet. Dass die Haut durch die Schuppen gepanzert und damit undurchdringlich ist, war in früheren Drachengeschichten noch wichtiger als die Zähne und spielt auch bei den heutigen Fantasy-Drachen eine große Rolle. Die Pfeile, die in übler Absicht auf Drachen abgeschossen wurden, bewirkten also oft nicht das Geringste, und die Menschen wurden den Lindwurm manches Mal nur dadurch los, dass er – wie etwa in einer Sage aus Suffolk –, um endlich seine Ruhe zu haben, freiwillig das Feld räumte.

Die von Kindern gemalten Drachen sind häufig grün, manchmal auch schwarz, wie etwa Irina Korschunows kleiner Drache, ansonsten auch lila oder rot ausgemalt – ebenso wie die Lego- und Überraschungseier-Drachen. Während das Grün heute keineswegs mehr als etwas Negatives betrachtet wird, waren die Drachen früher häufig deshalb grün, weil diese Farbe im Mittelalter als Farbe des Giftes galt.

Dass er giftig ist, und zwar entweder ganz und gar oder teilweise, ist übrigens eines der wesentlichen, wenngleich nicht sichtbaren Charakteristika des Drachen. Für mittelalterliche Muslims war er das giftigste Tier überhaupt.

Es ist nun gewiss nicht anzunehmen, dass die Kinder ihre Vorstellungen vom Aussehen des Drachen von Urururur-Vorfahren ererbt haben. Sie empfinden vielmehr die Drachen nach, die sie vor allem in Kinderbüchern oder anderswo gesehen haben. Ein Nachbarskind zeichnete beispielsweise seinen Schmusetier-Tabaluga-Drachen. Und da dieser lieb dreinschaut und viele »Buchdrachen« ausgesprochen freundliche Wesen sind, fallen auch die Kinderdrachenbilder entsprechend aus. *Sie* sind keineswegs »entsetzlich hässlich« und »grässlich«, sondern oft richtig niedlich, und neben ihnen gaukeln zuweilen Schmetterlinge. Bei Harry Potter murmelt Hagrid angesichts eines schlüpfenden Drachenkindes gar bewundernd: »Ist es nicht schön?«

Kein Wunder also, dass auch ein für Schultüten zu bastelnder Pappdrache, wie die Abbildung in der Anleitung zeigt, zwar alle bislang genannten Charakteristika aufweist – einschließlich einer knallroten Feuerlohe –, dennoch aber kein bisschen Furcht erregend wirkt! Auch ein von dem Nachbarskind Simon für die Schule gebastelter und ausgemalter Buchzeichendrache hat ein kugelrundes freundliches Auge und gleicht in seiner aufrechten Haltung am ehesten einem netten Känguru.

Das Drachenbild der heutigen *Jugendlichen* ist dagegen vor allem durch Filme, Comics, Computerspiele und Fantasy-Bücher und -Bilder geprägt. Dementsprechend werden die Drachen dieser Altersgruppe mit Schlangenaugen, Ohren, einer oft an einen Tyrannosaurus Rex erinnernden Gestalt und – weit häufiger als bei Kindern – mit »Flederflügeln« ausgestattet.

Es gibt sogar Zeichenbücher, die erklären, wie man einen »richtigen« Fantasy-Drachen zeichnet. Diese Drachenvorstellung wird also regelrecht kanonisiert. Eine bestimmte Farbgebung ist allerdings nicht vorgeschrieben, denn in diesem Punkt ist auch bei uns inzwischen eigentlich alles erlaubt – wie dies schon vor Jahrhunderten die Künstler in Persien und der Türkei für sich in Anspruch nahmen. *Sie* versahen ihre Drachen je nach Lust und Laune auch mit bunten Punkten oder Streifen, während der Schweizer Naturgelehrte und Arzt Conrad Gesner im 16. Jahrhundert lediglich die Drachenfarben Schwarz, Feuerrot, Aschefarben und Gelb erwähnte. Bei den Fantasy-Drachen kommen außer dem Grün nun noch Weiß und vor allem die Metallfarben zum Zuge, allen voran Bronze, Silber und Gold. Viele dieser Wesen sind, und das unterscheidet sie deutlich von den Kinderdrachen, von einer wirklich Ehrfurcht gebietenden Schönheit, worin sie manchen chinesischen Drachen gleichen.

Die zahlreichen schriftlich überlieferten älteren Sagen und Märchen sind, was das Aussehen der Drachen angeht, dagegen wenig ergiebig. Sie beschränken sich oft genug auf Wendungen wie: »Vor vielen vielen Jahren hauste auf dem Berg sowieso ein grässlicher Lindwurm.« Dabei wurde als selbstverständlich vorausgesetzt, dass die Leser eine deutliche Vorstellung davon hatten, wie ein Lindwurm beziehungsweise ein Drache aussah. Und wer es nicht wusste, konnte sich eine der zahlreichen Abbildungen dieser Ungeheuer zu Gemüte führen, die im Wesentlichen die von den Kindern und Jugendlichen dargestellten Details zeigen, nur zumeist viel schrecklicher wirken. Da sieht man zudem jede Menge grauslicher Zutaten wie Tintenfischsaugnäpfe auf dem Rücken, Löwenköpfe, die sogar aus dem Schwanz hervorwachsen, Kuhohren, Froschbäuche, Vampirzähne, zottiges Fell samt Hunde- oder Wolfsköpfen, ja, zuweilen richtige Fratzen, und sehr häufig extrem standfeste Dinosaurierbeine.

Manch einer hatte auch das Glück, sich einen der in betrügerischer Absicht aus verschiedenen Tieren fantasievoll zusammengebastelten Drachen anschauen zu können, die etwa auf Jahrmärkten zum Gruseln der Betrachter ausgestellt wurden. Die im Englischen so genannten »Jenny Hanivers« erregten beispielsweise viel Aufsehen, und diejenigen, die sie herstellten, verdienten damit nicht wenig Geld.

Nicht alle solchen Pseudo-Drachen waren aber aus unterschiedlichen Tieren zusammengestoppelt; bei manchen handelte es sich offenbar einfach um in Europa (noch) unbekannte Reptilien. So sah Cardanus, ein großer Arzt und Mathematiker des 16. Jahrhunderts, in Paris fünf »ausgetrocknete« Drachen. »Ihre Flügel waren so klein, dass sie meiner Ansicht nach damit kaum hätten fliegen können. Ihre Köpfe waren klein und hatten die Form von Schlangenhäuptern, von hübscher Farbe und ohne Federn oder Haare.«

Da Drachen die Menschen seit jeher interessierten, gab es daneben auch genügend »wissenschaftliche« Werke, die deren Aussehen beschrieben. Hier fallen neben den bereits genannten vor allem zwei weitere charakteristische Merkmale auf.

Eines davon erscheint auch am Anfang einer Sage, die ein Zehnjähriger nach der Erzählung seiner Mutter folgendermaßen im Internet wiedergibt: »In einer Höhle unter dem Wawel-Berg hatte sich ein böser Drache niedergesetzt. Er hatte drei Köpfe, und sein ganzer Körper war mit Schuppen bedeckt. Wenn er wütend war, tobte er so stark, dass der ganze Berg bebte, aus seinem Maul spie er Feuer und Rauch …«

Ein Drache muss also nicht unbedingt nur *einen* Kopf haben – im Gegenteil. Während dieses Merkmal in den Kinderzeichnungen und auf Fantasy-Bildern so gut wie nie auftaucht, erscheint es etwa bei der griechischen Hydra und beim schon erwähnten apokalyptischen Drachen sowie auf zahlreichen Drachentötergemälden. Bei Johannes (Off. 12,3) lesen wir:

»Ein anderes Zeichen erschien am Himmel: ein Drache, groß und feuerrot, mit sieben Köpfen und zehn Hörnern und mit sieben Diademen auf seinen Köpfen.«

Bei näherer Überlegung verwundert es nicht, dass die Drachen in ausführlicheren Sagen und in älteren Märchen und Gemälden auffallend oft mit dieser Eigentümlichkeit gesegnet sind. Bei Letzteren ist der Einfallsreichtum der Maler bemerkenswert: Mal kommen die Köpfe aus einem einzigen Hals hervor, mal sind sie wie an einer Stange übereinander angeordnet, mal kleben sie richtiggehend aneinander, dann wieder sitzen sie auf unterschiedlichen sich schlängelnden Hälsen.

Man könnte es auf folgenden einfachen Nenner bringen: Je mehr Köpfe ein Drache hat und je absonderlicher diese sind, desto gruseliger oder Furcht erregender wirkt er. Und je mehr Köpfe er aufweist, desto größer die Action, auf die sich die Zuhörer oder Leser freuen dürfen: Denn da jeder Kopf praktisch ein Drachenleben bedeutet, bekommt der Recke, Ritter oder sonstige Held der Geschichte ordentlich was zu tun – zumal wenn die endlich abgehauenen Köpfe sofort nachwachsen. Aber als umso heldenhafter erweist sich dadurch der Held und umso verdienter sein Lohn. In heutigen Fantasy-Rollenspielen dienen mehrere Köpfe ebenfalls dazu, die Spannung zu erhöhen und die Fähigkeiten des Drachentöters zu erproben. Bei manchen Spielen besteht die Möglichkeit, die Köpfe so gegeneinander aufzuhetzen, dass sie sich gegenseitig vernichten und ein weiteres Eingreifen von außen überflüssig wird.

Ein zusätzlicher Spannungsfaktor ist die Fähigkeit vieler Drachen, ihre eigenen Wunden zu heilen oder sämtliche abgehauenen Körperteile wieder an ihrem Rumpf anwachsen zu lassen. In diesen Fällen muss sich der Drachentöter nicht nur damit abplagen, sie dem Drachen zunächst abzuschlagen, er muss sie anschließend irgendwie aus der Reichweite seines gefährlichen Gegners bringen, und das Ganze auch noch im Eiltempo, weil sonst dessen Wunden wieder verheilen würden. Ja, manch einer hat es wahrlich nicht leicht mit seinem Drachen, und nur die von ferne winkende Belohnung in Form eines hübschen Mädchens oder eines halben Königreiches hilft ihm durchzuhalten.

Richtige Superhelden schlagen sich mit üblen Drachen aber auch ohne Aussicht auf materiellen Lohn herum. Bei Herakles war der Drachenkampf lediglich eine von zwölf »Arbeiten«, die er, um eine Untat zu sühnen, für den König Euristheus verrichten musste.

Da es eine ziemlich alte Geschichte ist, wollen wir sie Gustav Schwab selbst nach den griechischen Quellen nacherzählen lassen:

Die zweite Arbeit des Helden war, die Hydra zu erlegen, die eine Tochter des Typhon und der Echidna war. Sie war zu Argolis, im Sumpfe von Lerna, aufgewachsen und pflegte aufs Land herauszukommen, die Herden zu zerreißen und das Feld zu verwüsten. Dabei war sie unmäßig groß, eine Schlange mit neun Häuptern, von denen acht sterblich, das in der Mitte stehende aber unsterblich war.

Herakles ging auch diesem Kampfe mutig entgegen; er bestieg sofort einen Wagen. Sein geliebter Neffe Iolaos setzte sich als Rosselenker ihm an die Seite, und so ging es im Fluge Lerna zu. Endlich wurde die Hydra auf einem Hügel bei den Quellen der Amymone sichtbar, wo sich ihre Höhle befand. Hier ließ Iolaos die Pferde halten, Herakles sprang vom Wagen und zwang durch Schüsse mit brennenden Pfeilen die vielköpfige Schlange, ihren Schlupfwinkel zu verlassen. Die kam zischend hervor, und ihre neun Hälse schwankten emporgerichtet auf dem Leibe, wie die Äste eines Baumes im Sturm.

Herakles ging unerschrocken ihr entgegen, packte sie kräftig und hielt sie fest. Sie aber umschlang einen seiner Füße, ohne sich auf weitere Gegenwehr einzulassen. Nun fing er an, mit seiner Keule ihr die Köpfe zu zerschmettern. Aber er konnte nicht zum Ziele kommen. War ein Haupt zerschlagen, so wuchsen deren zwei hervor. Zugleich kam der Hydra ein Riesenkrebs zu Hilfe, der den Helden empfindlich am Fuße fasste. Den tötete er jedoch mit seiner Keule und rief dann den Iolaos zu Hilfe. Dieser hatte schon eine Fackel gerüstet. Er zündete damit einen Teil des nahen Waldes an, und mit den Bränden überfuhr er die neu wachsenden Häupter der Schlange bei ihrem ersten Emporkeimen und hinderte sie so, hervorzutreiben.

Auf diese Weise wurde der Held der emporwachsenden Köpfe Meister und schlug nun der Hydra auch das unsterbliche Haupt ab; dieses begrub er am Wege und wälzte einen schweren Stein darüber. Den Rumpf der Hydra spaltete er in zwei Teile, seine Pfeile aber tauchte er in ihr Blut, das giftig war. Seitdem schlug des Helden Geschoss unheilbare Wunden.

Wie man sieht, ging Herakles also doch nicht ganz ohne Lohn aus! Was uns an der Geschichte aber hier mehr interessieren sollte, ist die Beschreibung des Drachen. Viel wird über ihn zwar nicht ausgesagt, aber abgesehen von den neun Köpfen erfahren wir, dass die Hydra sehr groß war und »eine Schlange«. War das Ungeheuer denn nun eine Schlange oder ein Drache? Die Antwort liegt in diesem Fall im Wort »Drache« selbst. Es ist griechisch-lateinischen Ursprungs (griechisch *drakon,* lateinisch *draco*), hängt mit dem Verbum für »scharf sehen, fixieren« zusammen und diente zur Bezeichnung von Schlangen und ähnlichen Wesen, eben »Drachen«, weil sie, wie Georgius Agricola im 16. Jahrhundert erklärte, schärfer sehen »als die anderen Schlangen«. Überhaupt wird seit alter Zeit oft genug vom Drachen behauptet, er sei eine große (oft geflügelte) Schlange. Johann Christoph Adelung erklärt in seinem Wörterbuch, der Drache sei »eigentlich eine ungeheure Schlange mit Flügeln, welche mit der Zeit eine ungewöhnliche Größe erlangt«. Der arabische Universalgelehrte al-Qazwini schrieb im 13. Jahrhundert, wenn die Schlange eine Länge von 300 Ellen erreiche und hundert Jahre alt sei, würde sie Drache genannt. In etwa das Gleiche – jedoch abzüglich der Flügel – berichtet die von Johann Heinrich Zedler 1732–1754 herausgegebene 64-bändige Enzyklopädie, die vom Drachen bemerkenswerterweise im Präsens spricht. Gerade die Flügel dagegen sind es, die bei den Brüdern Grimm den Unterschied zwischen Schlange und Drachen ausmachen. Schlangendrachen wurden, nebenbei gesagt, in der Heraldik als »Amphistere« und »Amphibaene« bezeichnet.

Angesichts dieser unterschiedlichen Meinungen, die nur einige wenige von vielen sind, wird jedenfalls deutlich, dass die Grenze

zwischen Schlange und Drachen schwer zu bestimmen und ausgesprochen fließend ist.

Eine Auflistung der bisher gesammelten wesentlichen äußerlichen Drachenmerkmale ergibt: zwei oder vier stämmige Beine mit Krallen, Flügel, langer Schwanz, Kamm, schuppiger Körper, großer Krokodilskopf an eher langem Hals oder aber sogar mehrere Köpfe, Ohren, scharfe Zähne, feuriger Atem, schlangen- oder saurierähnliche Gestalt, scharf sehende, starr blickende Reptilienaugen.

An dieser Stelle sei noch einmal auf die Offenbarung verwiesen, die ein weiteres auf bildlichen Darstellungen und in älteren Beschreibungen immer wiederkehrendes Detail an erster Stelle nennt: die Hörner. Wie die erwähnten zehn Hörner auf die sieben Köpfe des Drachen zu verteilen waren, behält Johannes für sich und braucht uns hier auch nicht weiter zu kümmern, die Hörner als solche allerdings schon. Denn während unsere hiesigen Drachen durchaus auch ohne diese Zutat auskommen, ist etwa ein chinesischer Drache ohne Hörner – wenn auch nicht unmöglich – so doch eher ungewöhnlich. Wie nämlich einer alten, sehr detaillierten Beschreibung aus dem Reich der Mitte zu entnehmen ist, muss ein rechter Drache Ähnlichkeit mit neun verschiedenen Lebewesen haben. Genauer gesagt muss er folgende Merkmale aufweisen: den Kopf des Kamels, *die Hörner des Rehbocks*, die Ohren der Kuh, einen Schlangenhals, den Hinterleib der Muschel, die Schuppen des Fischs, die Klauen des Adlers, die Augen des Teufels (oder eines Dämons) und die Tatzen des Tigers. Ob diese Merkmale sich ursprünglich aus den Totemtieren bestimmter großer Clans zusammensetzten, wie manche vermuten, sei dahingestellt, denn beweisen kann diese Hypothese ohnehin niemand.

Ein Vergleich beider Listen ergibt immerhin einige Überschneidungen: Beide nennen krallenbewehrte Tatzen, Schuppen, Schlangenhals, besonders auffällige Augen, Hörner, und der »Kopf des Kamels« kann vielleicht als dinosaurierähnlich abgesetzter großer Kopf gedeutet werden.

Flügel und Drachenkamm werden im chinesischen Text aber nicht erwähnt (obwohl chinesische Drachen durchaus Flügel haben können) – und bei der Hydra und dem apokalyptischen Drachen ist von diesen beiden Merkmalen ebenfalls keine Rede. Übrigens auch nicht davon, was viele Drachen doch besonders auszeichnet oder gerade ihren Reiz ausmacht: vom Feuerspucken.

Zu diskutieren bliebe auch der Faktor »Größe«. In den meisten Sagen, Legenden und Märchen wird – explizit oder zumindest implizit – erklärt, dass Drachen *sehr groß* sind; andernfalls wären sie ja auch nicht sonderlich Angst einflößend. Nicht umsonst ist der kleine Drache in Korschunows *Hanno malt sich einen Drachen* »höchstens so groß wie ein Meerschweinchen«.

Aber »groß« oder »riesig« ist ein recht unbestimmter Begriff. Macht man sich auf die Suche nach genaueren Angaben, trifft man gelegentlich auf »Augen wie Wagenräder« und einen Rumpf »groß wie ein Haus«. Konkreter sind auch etwa Angaben wie die, unter dem Gerippe eines Drachen hätten 18 Rinder Platz gehabt, oder das Ungeheuer sei 150 Fuß lang gewesen. In mittelalterlichen Bestiarien wurden die Drachen zum Gruseln der Betrachter oft dabei abgebildet, wie sie gerade einen Elefanten verschlangen, was doch immerhin auf einen ziemlich umfangreichen Magen schließen lässt. Wie uns schon Plinius und Aelian informieren, herrschte zwischen diesen beiden Riesentieren eine arge Feindschaft. Um sich der Elefanten zu bemächtigen, ließen sich die Drachen halb von Bäumen herabhängen – was natürlich an Riesenschlangen denken lässt – und warfen sich dann auf ihre Widersacher, wenn die auf der Suche nach Zweigen vorbeikamen. Ähnlich erzählte der heilige Isidor von Sevilla Anfang des siebten Jahrhunderts, die Drachen würden sich verstecken und dann die Elefanten hinterrücks erdrosseln.

Lässt man Kinder- und manche Fantasy-Drachen (vor allem aus Rollenspielen) außer Acht, ist der Drache also überwiegend ziemlich groß. *Zu* riesig darf er oft aber auch wieder nicht sein, weil er sonst ja gar nicht in seine Höhle passen würde oder der Held seinen Kopf im Nahkampf nicht mal von ferne zu sehen bekäme. Daher schrumpft der Drache bei Bedarf eben wieder ein bisschen zusammen – ein verblüffendes Phänomen, dass in Drachenfilmen wie etwa *Dragonheart* sehr hübsch zu beobachten ist. Es gibt allerdings auch Sagen, wie die folgende aus der Pfalz, die von gigantischen Drachen sprechen:

Graue Vorzeit. In jenem Gebiet, das wir heute Rheinebene heißen, wogte ein Meer. Darin lebte ein Drache, ein Riesenvieh, ein Gefangener, denn ringsumher türmten sich Berge auf. Er war so groß, dass sein Kopf dort lag, wo wir heute Bingen finden, und sein letztes Schwanzstück endete bei Basel. Nur alle tausend Jahre legte sich der Drache auf die andere Seite. Das Wasser schwappte über die Berge ins Land, so als wenn du dich in eine volle Waschschüssel setztest. In der übrigen Zeit lag er wie tot.

Bei solchen Dimensionen wird man an die »Drachenadern« erinnert, die nach chinesischer Vorstellung das ganze Land durchziehen.

Wenn nun aber oft genug die Größe eher im Unbestimmten gelassen wurde, dann lag das wohl weniger daran, dass Drachen, wie Heimito von Doderer in seiner Drachengeschichte hypothetisch annimmt, als reptilische Wesen theoretisch unbegrenzt wachsen können. Vielmehr könnte es zum Teil damit zusammenhängen, dass sich Drachen nach europäischem ebenso wie chinesischem und japanischem Glauben ganz nach Belieben verwandeln können und daher auch keine »eigentliche« Größe haben. In einer südjapanischen Geschichte verwandelt sich ein Drache zunächst in eine Schlange, die von einem Kobold geraubt wird, und dann in ein kleines Kind. In dieser Gestalt bringt er einen Mönch und sich selbst vor dem Kobold in Sicherheit. Schließlich wird er zu einem Einsiedler und erschlägt den bösen langnasigen Kobold.

Nach altem deutschen und Schweizer Volksglauben nehmen die feurigen Hausdrachen, wenn sie Lust oder Grund dazu haben, die Gestalt eines Wiesbaumes (Stange zur Befestigung des Heufuders), eines Fasses oder eines Seiles an. Meist in Märchen und seltener in Sagen heißt es dagegen zuweilen umgekehrt, der Drache sei eigentlich eine für eine begangene Freveltat verwunschene Jungfrau oder ein schöner Königssohn; hierzu ein Fall aus der Schweiz:

Zum Drachen verwünscht war die Jungfrau in der Geltenfluh bei Engelberg, weil sie ihrem Vater nicht gehorcht hatte. Nur ein reiner Jüngling sollte sie erlösen können. Andere wurden immer von der Drachenjungfrau über die Fluh hinabgeworfen. Endlich kam ein Unschuldiger, der im Ringen mit dem Drachen samt diesem über den Felsen hinabfiel, aber ohne sich zu schädigen. Gleichzeitig zerborst die Drachenhülle und eine schöne reiche Jungfrau stand vor ihm, die seine Frau ward.

Bedeutet dieses Kuddelmuddel denn nun, dass jedes Monsterwesen nach Belieben als Drache bezeichnet werden kann? Eine Sichtung der Literatur, die sich mit Drachen befasst, ergab in der Tat, dass die vielen verschiedenen Autoren nicht immer dieselben Wesen zu den Drachen rechneten. Beispielsweise sind für die einen Basilisken und Seeungeheuer Drachen, für andere nicht. Gleiches gilt auch für die Midgardschlange oder etwa die indischen *Nagas*. Da viele Mischwesen auf alten Abbildungen und in alten Texten verständlicherweise nicht ausdrücklich als Drache bezeichnet werden konnten, sind hier Interpretationen und Spekulationen ebenfalls Tür und Tor geöffnet.

Um das Drachendurcheinander ein wenig in Bahnen zu lenken, entschlossen sich »Drachenexperten« der verschiedensten Jahrhunderte zu teilweise recht abenteuerlichen oder absonderlichen Klassifikationen. Eine sich zum Teil anbietende Gliederung übernahm Karl Shuker in seinem Drachenbüchlein. Hier wird zwischen »Schlangendrachen«, »Halbdrachen«, »Klassischen Drachen«, »Himmelsdrachen« und »Neo-Drachen« unterschieden:

Schlangendrachen zeichnen sich in der Hauptsache durch einen riesigen Schlangenleib, einen gehörnten Drachenkopf und ein Krokodilsmaul aus; sie haben weder Beine noch Flügel.

Halbdrachen besitzen im Gegensatz dazu zwei Beine und manchmal Flügel. Zu ihnen zählen laut Shuker beispielsweise die Lindwürmer.

Die *klassischen Drachen* sind diejenigen, die schon weiter oben beschrieben wurden – mit vier Beinen, Schuppenpanzer, manchmal Flügeln und mehreren Köpfen und dergleichen mehr.

Während diese Kategorien auf den ersten Blick nachvollziehbar sind und daher auch im Internet von zahlreichen heutigen Drachenfans übernommen wurden, bleiben bei den »Himmelsdrachen« und vor allem den »Neo-Drachen« einige Fragen offen. Das Wesentliche bei den *Himmelsdrachen* scheint zu sein, dass sie fliegen können, weshalb für Shuker vor allem die chinesischen Drachen dazugehören. Aber schon hier gibt es große Probleme mit der Einordnung. Eine wirklich unglückliche Wahl scheint jedoch die Bezeichnung *Neo-Drachen* zu sein. Hierzu zählen nämlich keineswegs »Neo«-Drachen wie etwa Tabaluga, Nepomuk oder bekannte Fantasy-Drachen, sondern sämtliche Ungeheuer, die Shuker in keine der anderen Gruppen zu passen schienen. Während dieser

Gesichtspunkt im Falle des Basilisken (beziehungsweise des damit identischen englischen »Cockatrice«) nachvollziehbar ist, fragt man sich, warum auch die Hydra und die Seeungeheuer darunter fallen sollen – und was an ihnen denn nun eigentlich »Neo« sein soll.

Kurz und gut, diese Klassifikation ist nicht vorbehaltlos zu übernehmen! Sie erscheint bei näherer Betrachtung ein wenig gewollt, und außerdem gibt es eine Vielzahl von anerkannten Drachenwesen, bei denen nicht klar wäre, zu welcher Kategorie man sie eigentlich zählen sollte.

Der erwähnte Lindwurm beispielsweise, dessen Name sich vom althochdeutschen *lint* (»weich, zart, biegsam«) und *wurm* (»Wurm, Schlange«) ableitet, besaß laut Duden und zahlreichen Autoren ursprünglich *keine* Flügel.

In den verschiedenen Sagen mit zugehörigen zeitgenössischen Abbildungen wird der Lindwurm vollkommen unterschiedlich beschrieben oder dargestellt – mal mit Flügeln, mal mit vier Beinen, mal als riesige Schlange oder als Monsterkrokodil. Er ist also nach den Mutationen, die er im Lauf der Jahrhunderte durchmachen musste, keineswegs eindeutig den »Halbdrachen« zuzuordnen.

An dieser Stelle sollte vielleicht eingeschoben werden, dass nicht nur die neuzeitlichen Drachenforscher die Drachen zu klassifizieren versuchten. Vor allem die Chinesen kennen eine ganze Reihe verschiedener Drachenarten, wie etwa die Erddrachen, die Wasserdrachen, die Schätze hütenden Drachen und die Himmelsdrachen. Das ist allerdings gar nichts, gemessen an der Vielzahl von Drachenarten, die heutzutage im Fantasy-Bereich ersonnen, mit allen nur denkbaren Merkmalen und Charakteristika ausgestattet und ausführlich beschrieben werden. Es gibt nicht nur zahlreiche unterschiedliche Arten, die Drachen wohnen auch an jeweils verschiedenen Orten, sehen unterschiedlich aus und haben jeweils typische Angewohnheiten. Da aber allein bei dem Rollenspiel *Das schwarze Auge* mehr als zehn verschiedene Drachenarten erwähnt werden – darunter Baumdrache, Kaiserdrache, Purpurwurm, Perldrache, Westwinddrache –, könnte man allein mit den Fantasy-

Drachenarten ein ganzes Buch füllen. Wir beschränken uns hier also auf *den* Drachen, sagen wir als Familie oder Gattung, und ignorieren weitgehend die kleinkrämerische Unterteilung in Arten und Unterarten.

Die Durchsicht vieler vieler Abbildungen und Beschreibungen von Wesen, die weltweit als Drachen bezeichnet wurden und werden, machte nämlich klar – und auch die Fantasy-Literatur widerspricht dem nicht –, dass bei aller Unterschiedlichkeit bestimmte Details immer wieder zu beobachten sind. Wir lassen also das apokalyptische »Tier« mit seinem Pantherkörper, seinen Bärentatzen und seinem Löwenmaul (Off. 13,2) sowie zahlreiche andere vor allem in bildlichen Darstellungen zu findende »Missgeburten« außer Acht und bezeichnen als *Drachen solche Wesen, die einen mehr oder weniger schlangen- oder reptilienartigen Körper besitzen, sich aber von dem entsprechenden »normalen« Tier durch ungewöhnliche Größe und/oder artfremde Zutaten wie Beine, Flügel, Hörner, Ohren und dergleichen mehr unterscheiden*. Trotz der genannten »Zutaten« sollten sie außerdem nach Möglichkeit noch wie *ein* einziges Tier wirken, also nicht – wie etwa Hippokampen oder Kentauren – wie ein anorganisch zusammengestücktes Mischwesen. Unter anderem aus diesem Grund wird hier der Basilisk ausgenommen, dessen Kopf, Füße und Flügel mehr Merkmale eines Hahns als eines Drachen besitzen. Allerdings sind auch in diesem Punkt Kompromisse, wie etwa im Fall des Bibeldrachen, der Nagas und des Muschchuschu auf dem Ischtartor, unumgänglich. Die obige vorsichtige Definition ist also lediglich als eine Leitlinie, als ein roter Faden zu betrachten und nicht als eine kategorische Forderung.

Damit ein Wesen als Drache bezeichnet werden kann, genügt es aber nicht, dass es die verlangten äußerlichen Merkmale aufweist. Ein Drache ist nicht nur ein lebloses Bild, sondern ein Wesen, das sich wie jedes andere durch bestimmte Charaktereigenschaften, Vorlieben und Aktivitäten sowie einen besonderen Lebensraum auszeichnet. Und das ist der zweite Grund, weshalb etwa der Basilisk nicht als Drache eingestuft werden kann.

Wenn der kleine Simon unbedingt einen Drachen auf seiner Schultüte haben wollte, dann sicher nicht nur, weil Drachen so malerisch aussehen. Nein, er wollte einen Tabaluga wie sein Stofftierchen – einen Drachen, der so harmlos und freundlich dreinschaut, dass er mit Fug und Recht eine Schultüte verzieren darf.

Aber »lieb« ist eine Charaktereigenschaft, die Simon (natürlich ohne dass es ihm bewusst wäre) wegen des niedlichen Aussehens auf den Drachen projiziert. Sein Tabaluga ist lieb, nicht böse. Aber hat er Recht? Haben Drachen, wenn sie nicht gerade Ochsen verzehren und Feuer speien, einen netten Charakter? Oder sind sie wie der Drache in Michael Endes und Manfred Schlüters Kinderbuch *Der Lindwurm und der Schmetterling*, der sich nicht damit abfinden kann, »lind« zu sein:

Der Drache schrie, vor Wut fast blind:
»Ich bin nicht lind! ich – bin – nicht – LIND!!!«
Das Buch zerriss er kurz und klein,
er wollte halt kein LINDWURM sein.
Und zum Beweise seines Grimmes
tat er den ganzen Tag nur Schlimmes.

So bin ich und so leb ich

In einem See sehr groß und tief,
Ein böser Drach sich sehen ließ.
Dem ganzen Land er Schrecken bringt,
Viel Menschen und viel Vieh verschlingt,
Und mit des Rachens bösem Duft
Vergiftet er ringsum die Luft.

Clemens Brentano

In den Bergen oberhalb von Laufen wohnte vor langer Zeit in einer finsteren Höhle ein gewaltiger Lindwurm, der das ganze Umland mit Furcht und Schrecken erfüllte. Wochen- und monatelang schlief das Monstrum in seiner vom Volk ängstlich gemiedenen Behausung und rührte sich nicht; nur das rasselnde Schnarchen des Ungeheuers drang nach außen. Wenn aber der Hunger den grässlichen Wurm aus dem Schlaf weckte, kam er aus seinem düsteren Loch gekrochen, und alle Geschöpfe, ob Mensch oder Tier, die in den Einflussbereich seines giftigen Atems gerieten, waren dem Tod verfallen: Betäubt fielen sie zu Boden und wurden vom Drachen aufgefressen.

Um zu verhindern, dass das Untier aus seiner Höhle herauskomme, im Land herumstreife und so noch größeres Unheil anrichte, beschlossen die Bewohner von Laufen, ihm von nun an sein Futter, Ochsen und Kühe, frei Haus zu liefern. Aber der Futterverbrauch des Drachen war so gewaltig, dass sich die Rinderbestände auf den Almen immer mehr lichteten. Da entschloss man sich, den Lindwurm zu töten.

Dazu ersann man folgenden Plan: Ein ausgehungerter Ochse, dem man einen Futtersack vor das Maul gehängt hatte, würde mit verbundenen Augen zum Drachenloch getrieben werden. Um den Rumpf des Tieres hatte man mehrere Beutel mit ungelöschtem Kalk gebunden und hoffte nun, der Drache werde sie beim Fressen mit hinunterschlingen und daran elendiglich verrecken. Nun stellte sich aber die Frage, wer den Ochsen zum Lindwurm treiben sollte. Das war eine gefährliche Aufgabe; denn wenn der Treiber vom pestilenzialischen Hauch des Ungeheuers erfasst wurde, war er verloren; deswegen sollte das Los entscheiden. Es traf den Schulzen des Ortes; der arme Mann verabschiedete sich von seiner jammernden Familie und wollte sich schon auf den Weg zur Drachenhöhle machen. Da sprang ein junger Bursche vor, der die Tochter des Schulzen liebte, und erklärte sich bereit, an seiner Stelle den gefährlichen Gang zu unternehmen. Er hoffte nämlich, im Fall des Erfolgs mit der Hand der Geliebten belohnt zu werden.

Nachdem er einen langen Strick an einen Baum gebunden und das andere Ende an seinem Leibriemen befestigt hatte, trieb er, mit einem langen Spieß bewaffnet, den Ochsen vor sich her zum Lindwurmloch. Derweil sahen ihm die Dörfler voller Bangen nach. Als der Ochse in die Nähe der Höhle gekommen war, witterte der hungrige Lindwurm seine Beute und wälzte sich knurrend ins Freie.

Noch ehe der Ochse kehrtmachen konnte, hatte das Untier ihn mit seinen Klauen gepackt und zerrte ihn in seine Behausung hinein. Der Jüngling hatte zwar seine Waffe abgeschleudert, aber das Geschoss prallte von dem stahlharten Schuppenpanzer des Drachen ab und hinterließ darauf nicht einmal eine Schramme.

Während aus der Höhle das Knacken der Knochen und das schmatzende Schlingen des Lindwurms zu hören war, spürte der junge Bursche, wie ihm allmählich die Sinne schwanden. Ein Schwall des verpesteten Drachenatems hatte ihn gestreift und drohte ihn zu betäuben. Schnell versuchte er, sich an der Rettungsleine zurückzuziehen, doch schon nach wenigen Schritten brach er bewusstlos zusammen. Die Dörfler aber, die am Ende des Seils standen, hatten alles mitverfolgt und zogen den Ohnmächtigen aus der Gefahrenzone auf sicheren Boden zurück.

Aus der Höhle drang das ekelhafte Schlürfen des Lindwurms, der nach dem üppigen Mahl aus einer Pfütze soff. Dann ertönte ein schauriges Brüllen, ein Rumpeln und Toben: Im Verein mit dem Wasser fing der Kalk an zu wirken! Immer schwächer und schwächer wurde das Getöse, bis es schließlich vollends verstummte; da wusste man, dass der Drache verreckt war. Aber nun stellte sich ein neues Problem ein: Das Wasser, das aus der Höhle floss, war vom verwesenden Drachen vergiftet und brachte die Pest unter die Menschen.

Doch auch diese Heimsuchung ging schließlich vorüber, und es kehrten wieder Ruhe und Frieden ins Land. Der tapfere Jüngling, der sich zur Drachenhöhle gewagt hatte, kam bald wieder zu Kräften und erhielt zum Lohn für seine Heldentat – wie es sich für Drachentöter ziemt – das geliebte Mädchen zur Frau.

Diese Sage aus Oberösterreich und auch die davor angeführten Verse von Clemens Brentano zeigen den Drachen als das Scheusal, für das man ihn in unseren Breiten viele viele Jahrhunderte lang hielt. Man braucht nur einige der »einschlägigen« Wörter aneinander zu reihen, um den richtigen, schauerlichen Eindruck vom Ungeheuer zu bekommen: »finstere Höhle, gewaltig, Furcht, Schrecken, rasselndes Schnarchen, pestilenzialischer Hauch …«

Es ist nichts Heiteres oder Freundliches an diesem Wesen, das Ochsen und Kühe verschlingt und außerdem auch noch giftig ist, so giftig, dass es die Pest verbreitet. Ihm den Tod zu wünschen, es von der Erde tilgen zu wollen, ist also vollkommen legitim und nachvollziehbar. Und genau dieses üble Monster begegnet uns mit jeweils anderen, aber sehr ähnlichen Worten beschrieben in unzähligen alten Sagen.

Drachen wohnen zumeist in Höhlen, in einem unzugänglichen Waldstück oder einer Schlucht (wie der berühmten Drachenschlucht bei Eisenach), im Norden auch in Hünengräbern – Orten also, die von Menschen in der Regel gemieden werden, weil sie entweder schwer zu erreichen oder von der Aura des Unheimlichen umweht sind. Conrad Gesner, der schon erwähnte Schweizer Naturforscher, bezeichnet »Spelunckenl« als bevorzugte Aufenthaltsorte von Drachen, die Zedlersche Enzyklopädie spricht von »abgelegenen Wüsteneyen, Bergen und Stein-Klüfften«, in denen sich der Drache »aufzuhalten pfleget«. Dass sie solche wüsten Orte lieben, liegt allerdings wohl weniger daran, dass sie der Hitze entgehen wollen, wie Adamus Lonicerus in seinem Kräuterbuch für orientalische Drachen vermutet, als daran, dass sie möglichst ungestört sein wollen.

Auf alten Landkarten wurde dort, wo die erforschte Welt aufhörte und die Wildnis anfing, vermerkt: »Hier gibt es Drachen.« Wie die vielen deutschen, österreichischen und Schweizer Sagen zeigen und Jacqueline Simpson für die englischen Drachen untersucht hat, lagen die Drachenschlupfwinkel aber zumeist gar nicht weit von Dörfern und Städten entfernt, und auffällig häufig ist sogar der genaue Wohnort beschrieben und benannt.

Wo immer sie nun aber hausen mögen, sie halten sich jedenfalls allein durch ihren Feueratem, den sie aus ihren großen Nüstern über die Umgebung blasen, alles vom Leib, was ihnen ansonsten zu nahe käme. Die heilige Hildegard von Bingen erklärt, der Atem des Drachen sei so stark und so scharf, »dass er sich, sowie er ausgestoßen wird, entzündet wie ein Feuer, das aus einem Stein geschlagen wird«. Der gleichen Ansicht waren im Übrigen auch die alten Chinesen. Weil der Drache die Natur des Teufels habe, so meint Hildegard weiter, würden bisweilen Geister die Luft bewegen, wenn er ausatmet.

Vom Aschaffenburger Lindwurm heißt es, er habe in der Rückersbacher Schlucht gewohnt. »Leute, die dort vorbeifuhren, sahen oft in der Nähe der Schlucht giftige, stinkige Wolken aufsteigen. Wenn der Wurm seinen feurigen Atem herausblies, ward die ganze Gegend westlich der Schlucht versengt und sieht heute noch teilweise wie eine Mondlandschaft aus.« Und eine alte englische Ballade schildert die Umgebung der Höhle einer Drachin mit den Worten:

> Acht Meilen nach Ost, acht Meilen nach West,
> Nach Süden acht und nach Norden auch
> Kein Korn, ja nicht ein Grashalm wuchs,
> so pestilenzialisch ihr Hauch.

Alles ist düster dort, wo solche bösen Drachen leben, einschließlich sie selbst. Pechschwarz ist der böse Bolligru-Drache in Robert Bolts *Der kleiner dicke Ritter* und dort, wo einst grünes, saftiges Weideland war, dehnt sich nun eine »ungeheure graue Aschenfläche mit vielen frischen schwarzen Brandflecken; im gegenüberliegenden Berg, auf dem gespenstisch die schwarzen Stümpfe eines halb verkohlten Waldes ragten, drohte eine schwarze Höhle, ein gewaltiges Loch, groß und dunkel wie ein Eisenbahntunnel«.

Der Jesuit und Universalgelehrte Athanasius Kircher (1602–1680) hatte, was den Wohnort der Drachen anging, eine ziemlich ausgefallene Idee. Er meinte, die Erde sei wabenartig von Höhlen durchzogen, in denen alle möglichen Ungeheuer, darunter auch die Drachen, hausten. Die Drachen, die sich an der Erdoberfläche zeigten und von Helden bekämpft wurden, seien ganz einfach solche, die sich verirrt und den Weg zurück in die Erde nicht gefunden hatten.

Nicht alle Drachen allerdings leben auf dem Land, es gibt auch diverse, die sich in zumeist tiefen Seen, im Meer, in Flüssen oder anderen Gewässern aufhalten: die »Wasserdrachen« eben. *Sie* kommen mit Feuerpusten natürlich nicht weit, dafür haben sie – neben anderen, spezifischen Möglichkeiten – auch ein mit ihren Land bewohnenden Vettern gemeinsames Schreckmittel: das unheimliche Brüllen. Conrad Gesner zufolge gab es auf der griechischen Insel Chios auch Drachen, die durch ihr »großmächtig Pfeiffen« die Einwohner zu erschrecken pflegten, bis sie durch einen Waldbrand samt und sonders ausgerottet wurden.

Wohlgemerkt, wir reden hier von den bösen Sagendrachen unserer Breiten. Manche Märchendrachen und viele Drachen der Chinesen und Japaner wohnen dagegen in Palästen am Meeresgrund oder in einem See. Dass diese repräsentativen Behausungen, wie in einem russischen Märchen, ganz aus Knochen gebaut sind, ist aber die Ausnahme, denn im Allgemeinen sind sie ebenso prächtig wie die Paläste von Königen und Kaisern. Und oft genug sind solche Drachen von einem ganzen Hofstaat umgeben und besitzen jede Menge hübscher Töchter, die es standesgemäß unter die Haube zu bringen gilt.

Von Drachen*familien* ist im Abendland allerdings sehr selten die Rede. Überwiegend waren (und sind auch in der heutigen Fantasy-Szene und sogar in Kinderbüchern) ordentliche Drachen letzten Endes Einzelgänger, und fast nie werden in Sagen Drachenväter und -mütter zusammen mit ihren Kindern erwähnt. *Wenn* Drachenjunge vorkommen, dann zumeist in Verbindung mit einem einzigen Elternteil, der Mutter. In der Wolfdietrichsage beispielsweise sieht der Held fünf Drachenjunge vor dem Eingang der Höhle raufen, während die Mutter auf Nahrungssuche ist. Da allerdings im weiteren Verlauf der Geschichte die Drachenmutter mit einem – für den deutschen Wald nicht eben typischen – Löwen kämpft, könnten auch die Drachenkinder hier wie auch in manchen anderen

Geschichten auf das Konto eines fantasievollen Erzählers gehen, der die Spannung nach dem Prinzip »nicht kleckern, sondern klotzen« erhöhen wollte.

Ob nun aber zu Land oder zu Wasser und ob mit oder ohne Familie, Drachen sind jedenfalls außerordentlich gefräßig und zwar so sehr, dass Stanislaw Lem eine Geschichte speziell um die Gefräßigkeit eines (allegorischen) Drachen herum konstruierte. Doch anders als bei ihm, wo der Drache Breichen, Grieß und andere Getreideprodukte bevorzugt, ernähren sich die richtigen Drachen (von den *Hausdrachen* reden wir noch) in der Hauptsache von Fleischernem, vor allem von Schafen, Ochsen und Schweinen, und wenn die alle sind, dann auch von Menschen. Wer das jeweilige Opfer ist, spielt für sie in der Regel keine allzu große Rolle, Hauptsache, sie werden davon satt. Wenn sie allerdings wählen können, sind ihnen zarte Jungfrauen am genehmsten – aber nicht etwa, wie man denken könnte, besonders fette! Doch davon später. Die chinesischen Drachen mögen als besondere Leckerli gebratene Schwalben. Die übrigen bevorzugen allem Vernehmen nach Tauben, die sie indes nicht eben häufig erwischen, obgleich sie nach Ansicht früherer moslemischer Experten ihre Nahrung auch aus der Ferne herbeiholen und verschlucken können.

Die Kinderbuchdrachen dagegen sind längst zu Vegetariern geworden und ihre angebliche Liebe für Menschenfleisch und gestohlene Ochsen wird als üble Nachrede bezeichnet. Auch im Film *Dragonheart* erklärt der Drache, er habe Drachentöter immer nur »aus Notwehr gekaut, aber nie runtergeschluckt«, und er würde, wenn man ihn in Ruhe ließe, keiner Menschenseele etwas zuleide tun. Schlimmstenfalls ernähren sich solche neuzeitlichen Drachen von Lava, wie Michael Endes Halbdrache Nepomuk, oder, um ihr eigenes Depot aufzufrischen, von (mit Schokolade verfeinertem) Feuer, wie der kleine Drache bei Irina Korschunow.

Zu trinken verlangen Drachen, wenn überhaupt davon die Rede ist, überwiegend Milch, die dann wagenladungsweise herbeigeschafft werden muss. Vor allem der berühmte englische Lambton-Drache war für seine Vorliebe für dieses Getränk bekannt. So heißt es in einem Lied über ihn:

Und wenn er nachts das Land durchkroch,
Zu hörn, was ihm so blühe,
Und kriegte Durst auf halbem Weg,
Melkt' er ein Dutzend Kühe.

Um ihre Häuser und ihr Vieh vor seinen wütenden Ausfällen zu schützen, brachten ihm die Bewohner der Umgegend jeden Tag Tröge voll Milch, bis er schließlich so gewachsen war, dass er die Milch von 70 Kühen soff. In dieser Sage lesen die Einwohner von Lambton dem Drachen seinen Wunsch nach Milch gewissermaßen von den Augen ab. In anderen gibt es keine Probleme bei der sprachlichen Kommunikation zwischen den Lindwürmern und den Menschen. Wie sonst hätten die Bürger von Syrau (Vogtland) einen Pakt mit einem Drachen schließen können, der sie plagte? Sie sollen mit ihm das nicht sehr fremdenfreundliche Übereinkommen getroffen haben, dass er alle Wanderer, die die Straße durch den Wald zogen, fressen durfte, die Syrauer aber verschonen musste.

Die zivilisierteren Drachen können sich also durchaus mit den Menschen verständigen. Wie in der heutigen Fantasy-Literatur, sind es aber auch in den alten Sagen, wenn überhaupt davon die Rede ist, vor allem Menschen mit magischen Kräften, die zu solcher Kommunikation befähigt sind. Anders als in der Fantasy sind solche Konversationen den älteren Quellen zufolge allerdings thematisch ziemlich beschränkt, ja, sie drehen sich – lassen wir die geraubten Jungfrauen und die Bewachung von Schätzen einmal außer Acht – in der Regel immer nur ums Fressen. Kein Wunder, dass bei den Bulgaren das Wort für Drache *(lamja)* auch ein Synonym für Fresssack ist!

Ein wesentlicher Punkt ist, dass die Menschen den Drachen gezwungenermaßen Futter beschaffen oder selbst als Nahrung zur Verfügung stehen. Das Verhältnis ähnelt demnach in dieser Hinsicht dem zwischen Raubtier und angsterfüllter Beute.

Nur wenige Sagen berichten von Menschen, die keine Furcht vor den Drachen hatten, die sie gar beherrschten und für ihre Zwecke einspannten – und fast immer waren es Personen äußerst zwielichten Rufes, die außerhalb der menschlichen Gesellschaft standen, wie Hexen oder Hexenmeister. Sie übten ebenso Macht über Drachen aus wie die Geister und sonstigen übernatürlichen Wesen, zu denen sie Beziehungen unterhielten:

Vor Zeiten hat in der Gemeinde Sonntag, im oberen Walsertal, ein fürchterlicher Drache gehaust, der unter Leut und Vieh großen Schaden anrichtete. Kein Mensch wusste, wie der Plage abzukommen sei. Da kommt einmal ein Venedigermännlein; das setzt sich ohne Furcht auf das Ungetüm, reitet darauf durch das Lutztobel hinaus und schwenkt unter der Lutzbrücke lustig noch sein Hütlein. Von der Zeit an ward von dem Drachen nichts mehr gesehen.

Mit »Venedigermännlein« wurden in Vorarlberg, wo die Sage spielt, die Zwerge oder Erdmännchen bezeichnet. Normalsterbliche – mit Ausnahme, wie gesagt, der Zauberer und Hexen – hätten sich ein solches Kunststück nie getraut und sicher auch nicht ungestraft wagen dürfen! »Fahrende Schüler« (d. h. Zauberer) hingegen benutzten Drachen, wie eine andere Sage aus Vorarlberg uns aufklärt, unter anderem dazu, von ihnen versteckte Schätze zu hüten. Und auch in der Fantasy-Szene sind es vor allem Zauberer, die mit Drachen auf gewaltlose Weise fertig werden. In Harry Potters beziehungsweise Newt Scamanders *Phantastische Tierwesen* ist zu lesen: »Nur sehr geschickte und entsprechend ausgebildete Zauberer sollten sich einem Drachen nähern.«

Nach allem bis jetzt Gesagten scheint klar zu sein, dass zwischen den »bösen« Drachenungeheuern der alten europäischen Sagen und den »guten« Drachen heutiger Kindermärchen eine fast unüberbrückbare Kluft liegt. Sehen wir uns zum Beispiel die Geschichte der Drachendame Gertrud an:

Gertrud wohnte mit ihrem Mann Gigantolos in Drahtigistan auf einem Drachenberg. Die beiden hatten das Königreich mit ihrem Feueratem vor einer Sintflut bewahrt und waren daraufhin vom König persönlich eingeladen worden, sich dort niederzulassen. Ihnen wurde ein ganzer Wald als Weide zur Verfügung gestellt, denn natürlich waren sie Vegetarier! Sie beschützten das Land und lebten in Eintracht mit sich und den Menschen, bis der Drachenmann eines schönen Tages starb. Da wurde die alternde Gertrud nicht nur kurzsichtig, sondern auch ein wenig unleidlich. Sie zertrampelte in ihrem Missmut und in ihrer Blindheit aus Versehen ein paar Bauernhöfe (ohne jemanden dabei zu töten, versteht sich) und verbrannte hier und dort ein wenig das Land.

Der König ließ verkünden, der solle belohnt werden, der die Drachendame von ihrem Tun abbringen könne, und nach einigem Hin und Her fand sich schließlich ein Schmied, der ihr erstens ein Monokel verfertigte und zweitens in ihrer Höhle ein vergessenes Drachenei aufstöberte. Bis dato hatte sie keine Kinder bekommen können, weil das Land nicht heiß genug zum Ausbrüten eines Dracheneis war. Der Schmied setzte sich deshalb auf ihren Rücken, und so flogen sie (samt Ei) in eine Wüste, wo aus dem Ei schließlich ein kleiner niedlicher Drachenjunge schlüpfte ... Gertrud war wieder glücklich und ausgeglichen, der Schmied wurde belohnt, und alles war gut.

Wenn man sich dieses moderne Märchen ein wenig genauer ansieht, merkt man, dass trotz der kinderfreundlichen Motive des traulichen Ehelebens und des Vegetarismus die typischen traditionellen Drachenmerkmale durchaus erhalten sind. So richtig »lieb« sind die Drachen also nicht; mit ihnen ist *nicht* immer gut Kirschen essen, und sie müssen, wenn sie schlechter Laune sind, *sehr* behutsam angefasst werden. Einer Frau, die das nicht so recht begriffen hatte, wurden von der unwirschen Gertrud immerhin die Haare abgesengt!

Das Positive an diesen zwei Drachen, der Grund, warum der König sie überhaupt bei sich aufnahm, ist aber ein Aspekt, den wir bislang außer Acht gelassen haben, weil er zu den »Tätigkeiten« des Drachen gehört – und die werden erst im nächsten Kapitel besprochen.

Genau damit aber lässt sich vielleicht eine Brücke von den »bösen« zu den »guten« Drachen schlagen.

Was Drachen so treiben

Vielleicht sind alle Drachen unseres Lebens Prinzessinnen,
die nur darauf warten, uns einmal schön und mutig zu sehen.
Vielleicht ist alles Schreckliche im Grunde das Hilflose,
das von uns Hilfe will.

Rainer Maria Rilke

Auf tannen, einer hohen und wilden Alp in Obwalden, den Kilchern von Kerns gehörig, gibt's eine Höhle, deren Ende man noch nie erreichen konnte. Man nennt sie das Vikeloch. Darin soll eine verwunschene Jungfrau sein. Sie und ihren Kasten voll Geld bewacht ein feuerspeiender Drache und beide kann nur ein kühner Jüngling gewinnen und erlösen, der es trotz Drache und all' seinem Treiben wagt, die Jungfrau bei der Hand zu ergreifen und zu heirathen.

Diese Schweizer Sage bringt kurz und knapp auf den Punkt, was den Drachen seit jeher als Lieblingsbeschäftigung unterstellt wurde. Man könnte sagen, das Bewachen sei geradezu ihr Hauptlebenszweck gewesen. Was sie jeweils bewachten, variierte je nach Land und Umständen, fast immer aber handelte es sich um etwas, das unter einen der drei folgenden Oberbegriffe zu fassen ist: Mädchen, Schätze oder Wasser.

Viele Forscher wollen die drei eigentlich auf einen einzigen Nenner bringen, denn schließlich ist etwa eine Quelle in der Wüste ein wahrer Schatz. Und was die Mädchen angeht, so würde jedenfalls kein heterosexueller Mann bezweifeln, dass sie, zumal wenn hübsch, willig und tugendhaft, gleichfalls als solcher zu bezeichnen wären. Wir aber schließen uns solchen spitzfindigen Gleichsetzungen nicht an, sondern erklären die Jungfrau für das, was sie ist, und den Schatz und das Wasser ebenso – und behandeln also jedes für sich.

Die Schöne und das Biest

Unter den Bergen des Siebengebirges hebt sich der Drachenfels mit seinen Ruinen am kühnsten am Rhein empor. In uralten Zeiten lag hier in einer Höhle ein Drache, dem die heidnischen Bewohner der Gegend Verehrung erwiesen und Menschenopfer darbrachten. Gewöhnlich wurden dazu Leute ausgewählt, die im Krieg gefangen worden waren. Unter ihnen befand sich einst eine Jungfrau, die sich bereits zum Christentum bekehrt hatte. Sie war von hoher Schönheit, und zwei Anführer stritten sich um ihren Besitz. Da entschieden die Ältesten, dass sie dem Drachen geopfert werde, damit keine Zwietracht unter den Häuptern des Volkes entstehe.

In weißem Gewand, einen Blumenkranz im Haar, wurde die Jungfrau den Berg hinaufgeführt und in der Nähe der Felsenhöhle, worin der Lindwurm lag, an einen Baum gebunden. Viel Volk hatte sich in einiger Entfernung versammelt, um dem Schauspiel zuzusehen; aber es waren wenige, die das Los der Armen nicht von Herzen bedauerten. Die Jungfrau stand ruhig da und schaute mit frommer Ergebung zum Himmel auf.

Eben stieg die Sonne hinter den Bergen hervor und warf ihre ersten Strahlen an den Eingang der Höhle. Bald kroch das geflügelte Untier heraus und eilte nach der Stätte, wo es seinen Raub zu finden gewohnt war. Die Jungfrau erschrak nicht, sie zog vielmehr ein Kreuz mit dem Bilde des Erlösers aus ihrem Gewande hervor und hielt es dem Drachen entgegen. Dieser bebte zurück und stürzte mit fürchterlichem Gezische und Dröhnen in den nahen Abgrund. Man hat ihn niemals mehr gesehen.

Da eilte das Volk, aufs Tiefste ergriffen von dem Wunder, zur Jungfrau hin, löste ihre Bande und sah mit Erstaunen das kleine Kreuz an. Die Jungfrau aber erklärte ihnen die Bedeutung des heiligen Zeichens, und alle fielen zur Erde und baten sie, zu den Ihrigen zurückzukehren und ihnen einen Priester zu schicken, der sie unterweisen und taufen möge.

So kam das Christentum in die Gegend des Siebengebirges, und bei der Drachenhöhle wurde eine Kapelle erbaut.

In dieser stark christlich gefärbten Sage begegnet uns eine der möglichen Formen, in denen die Jungfrau zum Drachen kommt: Sie wird nicht vom Ungeheuer, sondern von den Menschen als Opfer ausgewählt. Zumeist ist es allerdings nicht ein Ältestenrat, sondern das unparteiische Los, das entscheidet, wer als Nächstes dem

Drachen als leckerer Happen zu dienen hat. Und vor allem in Märchen ist es ausgerechnet die Tochter des Königs, die dran glauben muss, zu guter Letzt aber vom tapferen Helden gerettet wird. In den Sagen dienen dagegen oft einfach namenlose Mädchen als Drachenfutter.

Doch der nach diesen schlichten Sagen gewonnene Eindruck, dem Drachen sei es letztlich gleich, ob er einen fetten alten Bauern oder ein hübsches Mädchen verspeist, trügt. Wie schon ein scharfsinniger Drachenforscher richtig bemerkte, müsste es dem Drachen, wenn es ihm nur ums Fressen ginge, umso lieber sein, je dicker eine Maid ist. Schließlich hat er ja an einem dicken Dorftrampel weit mehr zu kauen als an einer gertenschlanken Schönen. Aber nie ist ihm, so der Forscher, eine Geschichte untergekommen, in der davon die Rede war, das zu opfernde Mädchen sei gut im Fleische gewesen – im Gegenteil. Das immer wieder genannte Hauptattribut der Maid ist ihre Schönheit, denn sonst würde sie der Drachentöter anschließend ja auch nicht heiraten, also durfte sie allenfalls ansprechend drall sein.

Während dicke und dünne Männer, Kinder, Kühe und Schafe dem Drachen schlicht dazu dienen, sich den Bauch zu füllen, ist die Sachlage in puncto Jungfrauen also längst nicht so klar. Da ist eben noch etwas anderes in der mehr oder weniger kurzzeitigen Beziehung zwischen Jungfrau und Drache, etwas, das über das schlichte Hungerstillen des Letzteren und Gefressenwerden der Ersteren hinausgeht. Was das ist, lässt die folgende englische Sage anklingen:

In alten Zeiten, aber ob unter den nackten Briten, den Griechen oder den Römern, weiß man nicht, war der Wald von Handale von einem riesigen Drachen bewohnt. Er hatte, wie der Versucher von Eden, die Gabe, junge Mädchen von ihren Pflichten fortzulocken und sich anschließend an ihren zarten Gliedern gütlich zu tun. Nun lebte in jener Gegend auch ein tapferer und edler Jüngling namens Scaw, den die Verheerungen, die der Drache unter seinen hübschen Bekanntschaften anrichtete, zunehmend in Wut versetzten. Und so beschloss er, dem bösen Mädchenschänder den Garaus zu machen, und wenn er auch selbst bei dem Unterfangen sein Leben lassen sollte.

Eines schönen Tages legte er also unter den Tränen und Gebeten seiner Verwandten und seines Liebchens (denn er war ein gut aussehender Mann) seine Rüstung an und brach zur Drachenhöhle auf. Als er mit dem Schwert gegen den Felsen schlug, kam das Ungeheuer sofort hervor, blies Feuer und Tod in seine Richtung und hob das Haupt, um den wagemutigen Eindringling mit seinem giftigen Biss an den Boden zu nageln. Der junge Held aber, nicht verzagt, kämpfte lange Zeit um sein Leben und schaffte es schließlich auch, den Drachen zu töten. Der junge Scaw heiratete daraufhin die Tochter eines Grafen, die er in der Höhle vorgefunden und durch sein mutiges Vorgehen gerettet hatte; sein Liebchen ging leer aus. Der Wald aber, in dem er den Drachen tötete, heißt heute noch nach ihm der Scaw-Wald.

Die Tochter des Grafen muss recht hübsch gewesen sein, wenn Scaw für sie sein Liebchen sitzen ließ – schließlich wollen wir einem so edlen Helden nicht unterstellen, dass es ihm auf Rang und Namen ankam! In jedem Fall wird klar, dass in der Beziehung zwischen Drachen und Jungfrau auch die Erotik eine *gewisse* Rolle spielte. Dass der Drache seine hübschen Opfer süß fand und sie am liebsten mit Haut und Haar verspeisen wollte und es schließlich auch tat, ist vielleicht noch verständlich. Aber irgendetwas muss er bei all seiner Scheußlichkeit doch an sich gehabt haben, das ihn seinerseits für die Damenwelt attraktiv machte. Wie sonst sollte er es geschafft haben, »wie der Versucher im Garten Eden«, die Mädchen von ihren Pflichten wegzulocken?

Und diese Geschichte ist kein Einzelfall. Beispielsweise im Märchen von der Schwanenfrau wird die schöne Jungfrau von einem siebenköpfigen Drachen auf eine abgelegene Insel entführt und bewacht. Er frisst sie nicht etwa, sondern lässt sich von ihr umsorgen. Worin das unter anderem besteht, sieht der Held mit eigenen Augen: »Als der Junge auf der Insel ankam, legte er Hut und Mantel ab, nahm nur das Schwert und ging auf die Burg los. Der Drache sonnte sich eben vor derselben, und die schöne Jungfrau musste ihn lausen.«

Das Lausen ist nicht etwa ein für die hübsche Jungfrau entwürdigender Akt, sondern ein Ausdruck der Intimität, die zwischen ihr und dem Drachen besteht – oder wie es ein Forscher ausdrückt, »ein symbolischer Verlobungsakt«. Dass diese »Verlobung« zwischen der Schönen und dem Biest nicht einseitig vom Drachen ausgeht, wird in Untersuchungen auch ausdrücklich betont. Demnach kann der Drache die dämonische Schönheit und Anziehungskraft des Bösen darstellen, der die Heldin widerstandslos verfällt – eine Möglichkeit, an die übrigens auch Rainer Maria Rilke in seinem Drachentötermärchen dachte. Hier sympathisiert die vom Drachen gefangene Königstochter insgeheim mit dem Drachen, »denn es bestehen geheime Beziehungen zwischen dem Schönen und dem Schrecklichen«.

Es ist möglich, dass sich hier, wie behauptet wird, zwei oder mehr unterschiedliche alte Vorstellungen überlagern und vermischen. Wir halten einstweilen aber nur fest, dass die Jungfrau keineswegs immer nur zum Fressen gut war. Und dass der Drache zuweilen wirkliche Zuneigung empfindet, wird nicht nur in Märchen gesagt, sondern sogar in Volksliedern besungen. In japanischen Märchen gehen die Drachen (in Gestalt schöner Männer oder Frauen) mit den Auserwählten des jeweils anderen Geschlechts innige Liebesbeziehungen ein, die allerdings meist schlecht enden. In bulgarischen Liedern wird dagegen das wider seinen Willen vom Drachen inbrünstig geliebte Mädchen mit einem speziellen Kräuterabsud übergossen, damit das Ungeheuer sie endlich in Ruhe lässt, oder aber die Bedrängte selbst mischt dem unerwünschten Verehrer einige schön giftige Dinge ins Essen, damit er stirbt.

Das Bild des Drachen, der wegen seiner Liebe vergiftet wird, unterscheidet sich jedoch nicht unwesentlich von dem, das wir zuvor von ihm hatten. Und von hier ist es auch eigentlich kein allzu weiter Weg mehr bis zu dem Wesen, das in einem modernen Internetmärchen von Berengi beschrieben wird:

Eine Prinzessin findet beim Spielen einen kleinen verletzten Drachen namens Kantano. Sie baut ihm ein Nest aus Stroh, hegt und pflegt ihn, bis er wieder fliegen kann, und unterhält sich dabei mit ihm (denn: »Alle Drachen können sprechen«). Der Drache verliebt sich in sie und kommt deshalb immer wieder in ihren Garten zurück, bis sie zu einer schönen Jungfrau herangewachsen ist und fremde Prinzen sich für sie zu interessieren beginnen. »Doch sie sprach lieber mit ihrem kleinen Freund, dem Drachen, der ihr immer etwas vorsang, wenn sie sich nicht wohl fühlte, und immer für sie da war, wenn sie ihn brauchte.«

Eines Tages aber wird sie mit einem der Prinzen verlobt, und traurig vertraut sie Kantano die Neuigkeit an. Da erzählt ihr der Drache von seinem Reich und seiner Liebe zu ihr, und sie beschließt, mit ihm zu gehen. Am Abend vor ihrer Hochzeit wollen sie miteinander ins Drachenland fliegen. Der Drache wartet zum verabredeten Zeitpunkt sehnsüchtig im Garten. »Doch die Prinzessin, seine Prinzessin, erschien nicht. Stattdessen hörte er den Lärm der Feier, das Lachen der Gäste, und nach Einbruch der Dunkelheit sah er die bunten Lichter, mit denen das Schloss geschmückt worden war. Der Drache saß dort ganz allein und weinte still vor sich hin. Die Tränen rannen über sein Gesicht und fielen zu Boden, und dort, wo sie die Erde berührten, verwelkte sofort das Gras. So bitter waren seine Tränen.

Die Hochzeit war zu Ende, das Paar lag im Hochzeitsbett, das Fenster war wegen der Hitze geöffnet. Gerade wollte der Prinz sie küssen, da wehte der Wind den Gesang des Drachen durch das Fenster in den Raum. ›Was ist denn das?‹, fragte er gereizt. ›Das weiß ich auch nicht‹, antwortete sie und gab sich ihm hin, mit einer Träne im Auge. Nur ein Betrunkener sah den Drachen im Licht des Vollmondes verschwinden, aber er konnte sich am nächsten Tag nicht mehr daran erinnern. Kein Mensch hat den Drachen seitdem je wieder gesehen.«

Die Prinzessin bereute später ihre Entscheidung und trauerte ihrem Drachen nach. Mit ihrem Mann, so heißt es, »konnte sie nicht träumen«. Was aber den Drachen außerdem so anziehend machte, war, dass sich sein Leben nur um sie allein zentrierte, er sich einzig um sie kümmerte. Dies ist ein wesentlicher Aspekt der Faszination, die »heutige« (Märchen- oder Fantasy-)Drachen auf die Menschen ausüben. Negatives »Bewachen« kann nämlich auch positiv als *Beschützen* ver-

standen werden, und von einem so mächtigen Wesen wie einem Drachen behütet zu werden, hat unleugbar seine Vorteile. Gerade in der gegenwärtigen Zeit dürfte sich angesichts drohender Kriege, Terroranschläge oder Ökokatastrophen manch einer eine sichere Höhle wünschen, deren Eingang von einem liebenden Wesen bewacht wird, auf dass nichts Böses eindringen kann. Und wenn es in der Höhle obendrein noch einen schönen großen Schatz gibt, umso besser!

Die Drachen und ihr Wurmbett

Tritt zwischen den Drachen nicht und seinen Grimm!
William Shakespeare

Es war einmal ein armer Mann, der hatte einen Sohn. Der Sohn war sehr neugierig und schlau, stark war er auch. Der Junge hieß Florian, als er groß war, zog er in die Welt hinaus. Der Vater wollte ihn nicht gehen lassen. Aber dann sagte er: »Wenn du so darauf bestehst, lasse ich dich gehen.« Also gab er ihm sein Pferd, etwas zu essen und eine Lampe. Er ging viele Tage und Nächte, bis er eine seltsame Fußspur fand. Er ging ihr nach und sie endete vor einer großen Höhle. Sein Herz raste vor Angst, aber die Neugier siegte. Da saß ein großer Drache und bewachte einen Schatz. Der Drache fragte: »Was machst du hier?« »Ich bin auf der Suche nach dem Glück!« Der Drache sagte traurig: »Ich möchte auch das Glück suchen.« »Komm doch einfach mit!« Sie zogen los und nahmen den Schatz mit. Überall wo sie vorbeikamen, verteilten sie den Schatz an arme Leute und machten sich und die Leute glücklich. Und so waren sie auf der ganzen Reise unzertrennliche Freunde geworden.

Lisa Dreßel

Ginge es nach dem, was seit alter Zeit auf der ganzen Welt erzählt und, wie – neben vielen ähnlichen – das Internetmärchen der kleinen Lisa zeigt, auch heute noch geglaubt wird, müssen Drachen steinreich gewesen sein. Denn von keinem anderen Tier, die Schlange ausgenommen, wird so oft behauptet, dass es Schätze hüte, oder, wie der Hausdrache, Geld bringe. Bereits im ersten Jahrhundert n. Chr. schrieb Phädrus eine Fabel, in der ein Fuchs auf die Höhle eines Gold hütenden Drachen stößt. Was übrigens die Schlangen betrifft, so meinen nicht wenige, der Drache habe diese Vorliebe für Schätze früher gar nicht besessen, sondern der Glaube an Schatz hütende Schlangen sei irgendwann nach und nach auf den Drachen übertragen worden. Wobei natürlich zu fragen bliebe, wie dann die *Schlange* dazu kommt, Schätze zu hüten. Ob da die vielfach zu lesende Erklärung, diese Beschäftigung zeige ihre und des Drachen enge Verbindung zum chthonischen Element, also zur Erde, wirklich ausreicht? Auch die Vermutung, die Beziehung käme daher, dass die Schlangen angeblich oft in alten Ruinen wohnten, wo eben häufig Schätze verborgen seien, erscheint etwas weit hergeholt.

Aber Schlangen beiseite: Wie (so könnte man auch wissen wollen) häuften die Drachen eigentlich ihre Schätze an – all das viele Gold, das den Brüdern Grimm zufolge »Wurmbett« genannt wurde? Die Antwort bleiben uns die Sagen und Märchen mehr oder weniger schuldig. Die Drachen hüten und bewachen ihre Schätze – und Punkt.

Denkbar wäre immerhin die folgende Lösung des Problems, die uns beispielsweise ein Internet-Drachenmärchen anbietet:

»Der Drache wartete also in seiner Höhle und schlief und zählte das Gold seines Schatzes, den unermesslichen Reichtum, den er sich in den vielen Jahren angesammelt hatte, als er regelmäßig die menschlichen Siedlungen überfallen hatte. Es waren unzählige Goldstücke und Schmuck und Juwelen, ein ganzes Königreich hätte man dafür kaufen können.«

Wenigstens für *einen* Drachenhort gibt es eine sehr detaillierte und dazu berühmte Erklärung; und wer sie uns in Wiedergabe größtenteils altnordischer Sagenmotive vorträgt, ist niemand anders als Richard Wagner in seinem *Rheingold*. Die Geschichte lautet kurz gefasst wie folgt:

Der Zwerg Alberich stiehlt den Rheintöchtern das Rheingold und schmiedet aus einem Teil davon einen magischen Ring, der dem Träger übermenschliche Macht verleiht. Szenenwechsel. Die zwei Riesen Fasolt und Fafner haben für Wotan die Burg Walhall gebaut und verlangen nun ihren vereinbarten – und redlich verdienten – Lohn: die Göttin Freia. Nun aber will Wotan nichts mehr davon wissen, weil die Götter ohne die Äpfel der Jugend, die Freia hütet, dem Altern unterworfen sind. Und wer will das schon! Sie verhandeln also mit den Riesen, und die willigen nach vielem Hin und Her ein, die liebreizende Göttin gegen den Schatz der Nibelungen auszutauschen.

Mit List und Tücke beschaffen sich die Götter den Schatz von Alberich und verlangen daraufhin die Herausgabe von Freia. Die Riesen aber bestehen darauf, dass die Göttin im Austausch vollständig mit Gold bedeckt sein muss. Als noch ihre Haare aus dem Goldhaufen herausschauen, fügen die Götter zähneknirschend Alberichs magischen Tarnhelm hinzu. Und als Fasolt erklärt, ein Auge sei noch zu sehen, muss auch der Ring des Nibelungen übereignet werden. Nun erst sind die Riesen zufrieden, und Freia darf gehen.

Direkt anschließend entbrennt zwischen Fasolt und Fafner ein Streit, weil sie sich über die Teilung des Schatzes nicht einig werden können, und Fasolt wird von seinem Bruder erschlagen. Damit jedoch auch sonst niemand mehr ihm sein Gold streitig machen kann, verwandelt sich Fafner (allerdings nicht mehr in dieser Oper!) kurzerhand in einen Drachen – ebenden Drachen, mit dem sich Siegfried später anlegen wird.

Gewöhnliche Drachen dürften ihre Schätze allerdings auf weniger umständliche – und weniger rechtmäßige – Weise erworben haben. Raub ist die eine Möglichkeit, obgleich man sich irgendwie nicht recht vorstellen kann, wie ein nicht eben kleiner Drache in die Häuser der Leute eindringt und in deren Kommoden nach Ringen, Goldstücken und Halsketten wühlt ... Da ist eine andere Möglichkeit schon plausibler. Wie uns zahlreiche Sagen belehren, stehen die Drachen in engem Kontakt zu den Zwergen. Neben den ominösen »fahrenden Schülern« und anderen zwielichtigen Menschen, sind sie, wie die Geschichte mit dem Venedigermännlein zeigt (→ S. 46), die Einzigen, die mit ihnen fertig werden, ohne sie zu töten.

Die Zwerge bauen bekanntlich in den Bergen die Goldvorkommen und Erze ab und was es dort sonst noch an edlen Dingen zu finden gibt. Was liegt also näher, als dass der Drache diese Kostbarkeiten für sie hütet und sich derweil daran erfreut?

Jeder, der Tolkiens *Kleinen Hobbit* gelesen hat, wird an dieser

Stelle protestieren. Der böse Drache Smaug *raubte* dort den Zwergen ja ihre angehäuften Schätze. »Wahrscheinlich, denn das ist Drachengewohnheit, hat Smaug alles tief in der Erde auf einen großen Haufen gestapelt und schläft darauf wie auf einem Bett.« Die meisten Zwerge brachte er dabei um, und die Überlebenden zogen später, unterstützt durch den kleinen Hobbit und den Zauberer Gandalf, aus, um sich an Smaug zu rächen und sich ihre Reichtümer zurückzuholen.

Die Geschichte vom kleinen Hobbit ist ein Fantasy-Märchen und erhebt keinen Anspruch auf Wahrheit, aber um die Tolkien-Fans nicht zu verärgern, lassen wir die »Freundschaft« zwischen Drachen und Zwergen auf sich beruhen; dass zwischen beiden aber *überhaupt* eine engere Beziehung besteht, wird auch durch den kleinen Hobbit bestätigt.

Immerhin ist als eine weitere Erklärung die Möglichkeit in Betracht zu ziehen, dass Drachen sich mit Vorliebe dort niederließen, wo es *von Natur aus* Reichtümer gab. So erklärte Mitte des 19. Jahrhunderts ein Schweizer: »Man kannte hier in Obwalden auch Golddrachen, welche ihren Aufenthalt da haben, wo Gold oder Silber sich in Felsen oder Höhlen befindet. Man habe sie auch von einem Berge zum anderen fliegen gesehen. Besonders soll es am Pilatus solche Golddrachen gegeben haben.«

Andererseits wird eben auch von Drachen berichtet, die nicht selbst über Reichtümer verfügten oder sie sich zusammengestohlen hatten, sondern die treu und brav für andere als Schatzhüter fungierten.

Genau dieser Aspekt des Drachen ist es, der die Überleitung zu den »guten« Drachen bilden könnte. Die Autoren der Gertrud-Geschichte (→ S. 46) drückten es, um ihren kleinen Lesern die Drachen schmackhaft zu machen, so aus: »Sie dienten gewissermaßen als etwas zu groß geratene Wachhunde. Noch heute kann man im Wappen vieler hochherrschaftlicher Häuser einen Drachen finden.«

Das stimmt. Und nicht nur das. Drachen finden sich ebenso in Familien- wie in Stadt- und Länderwappen. Sie wurden bei den Wikingern und in China als Bugfiguren verwendet, und etliche Völker trugen sie in ihren Standarten. Von all dem wird noch zu reden sein, an dieser Stelle ist lediglich von Bedeutung, dass der Drache in allen genannten Beispielen eine beschützende beziehungsweise abwehrende Funktion erfüllt: Er beschützt denjenigen, der ihn in seinem Wappen oder Banner führt, und wehrt durch sein Aussehen alles ab, was seinem Schützling, dem Wappen- oder Bannerträger, schaden könnte. Da der Drache außerordentlich stark und mächtig ist, scheint der Wunsch, unter seine Fittiche genommen zu werden, ein solches Wesen zum Freund zu haben, nur allzu nachvollziehbar. In China wurde dieser Aspekt des Drachen seit langem besonders geschätzt und zwar so sehr, dass sich ganze Fürsten-, ja, sogar Kaiserhäuser unter seinen Schutz stellten.

Aber nicht nur die chinesischen, sondern auch römische Kaiser sahen sich in enger Beziehung zu diesen Wesen. So soll Tiberius einen Drachen besessen haben, den er eigenhändig fütterte! Als dieser eines Tages von Ameisenbissen entstellt war und der abergläubische Tiberius sich entsetzt nach der Bedeutung dieses Ereignisses erkundigte, wurde ihm erklärt, er, der Kaiser, müsse sich vor einem Aufstand der Plebejer hüten.

Aber auch aus einem anderen, konkreteren Grund ist es empfehlenswert, sich mit den Drachen nach Möglichkeit gut zu stellen, denn diese Tiere sind mit einem lebenswichtigen Element ganz besonders eng verbunden: dem Wasser.

»Ein Drach ist ausgefahren«: Von Sturmdrachen und Regenwolken

Es ist lange her, da saß Wu, der Sohn eines Bauern, am Gartentor und überschaute die weite Ebene, die von einem Fluss durchschnitten wurde. Wu, ein stiller Junge, gab sich seinen Gedanken hin, als er plötzlich einen Reiter und vier Begleiter direkt auf sich zukommen sah. Bei ihm angelangt, zügelte der ganz in Gelb gekleidete Reiter sein Pferd, grüßte Wu und bat darum, in seinem Haus ein wenig rasten zu dürfen.

Wu verneigte sich, und sein Vater bewirtete die Gäste mit allem, was das Haus zu bieten hatte. Als sich die Fremden verabschiedeten, bemerkte Wu, wie der eine von ihnen, als er das Gartentor passierte, seinen Sonnenschirm nach unten hielt. Der Reiter aber dankte ihm und sagte: »Morgen werde ich wiederkommen.«

Als alle in Richtung Westen in der Ferne verschwunden waren, bemerkte Wu leise zu seinem Vater, die Gäste hätten ungesäumte Gewänder getragen, sie hätten den Boden beim Gehen nicht berührt, und das weiße Pferd des Reiters habe Schuppen statt Haare gehabt und Flecken von fünferlei Farbe. Und er fügte hinzu: »Ich habe ihnen nachgeschaut. Am Horizont tauchten dicke Regenwolken auf, und als sie in deren Nähe gekommen waren, erhoben sie sich in die Lüfte und verschwanden in ihnen.«

Der Vater war bei diesen Worten sehr alarmiert und stürzte ins Haus, um die betagte Großmutter nach der Bedeutung dieser Beobachtungen zu fragen. Die alte Frau zögerte nicht mit der Antwort. Das Pferd sei ein Drachenpferd, der gelbe Reiter aber kein anderer als der gelbe Drache. »Es wird ein großer Sturm kommen. Möge uns kein Übel befallen!« Als sie hörte, dass der eine Begleiter des Drachen den Sonnenschirm nach unten gehalten hatte, war sie beruhigt. Sie wusste, es war ein gutes Zeichen.

Wie die Großmutter prophezeit hatte, so geschah es. Am nächsten Morgen brach ein Sturm los, wie die Bauern noch nie einen erlebt hatten. Es donnerte unentwegt, und der Regen prasselte mit solcher Wucht hernieder, dass in wenigen Stunden der Fluss über die Ufer trat, das Land überschwemmte und Vieh und Häuser mit sich riss. Wus Vater schaute besorgt aus dem Fenster und bereute, nicht wie seine Nachbarn in die Berge geflohen zu sein. Wu aber schaute zum Himmel auf und sagte ruhig: »Ich habe gerade den Drachen über uns gesehen. Er beschützt uns. Sieh nur, kein Tropfen fällt auf unser Haus.«

Der Vater sah, dass sein Sohn die Wahrheit sprach und schwieg vor diesem Wunder.

Am anderen Tag, als sich die Fluten ein wenig verlaufen hatten, erschien wiederum der gelbe Reiter bei ihnen. Er händigte Wu eine der Schuppen seines Pferdes aus und sprach zum Abschied: »Bewahre sie gut auf, und ich werde mich an dich erinnern.« Als die Großmutter von diesem

Geschenk erfuhr, war sie hocherfreut. »Nun wird der Kaiser nach dir schicken«, verkündete sie, »und alles wird gut sein.«

Und wieder hatte sie Recht. Die Dörfler, die in die Berge geflohen waren, hatten gesehen, wie das Haus von Wu und seiner Familie vom Wasser und der Flut verschont geblieben war, und die Berichte über dieses Wunder drangen schließlich auch zu Ohren des Kaisers. Er ließ Wu rufen und sich die Schuppe des Drachenpferdes zeigen. Und da Wu damit die Zukunft vorhersagen, Siege garantieren und jede Art von Krankheit heilen konnte, behielt der Kaiser den Jungen an seinem Hof, und dieser gelangte dort als Prophet und Magier zu Ruhm und Ehren. Den Drachen, der all dies für ihn bewirkt hatte, aber sah er nie wieder.

Diese chinesische Geschichte, die in unterschiedlichen Varianten seit dem fünften Jahrhundert bekannt ist, verrät einiges über das Leben und Wirken der Drachen, deren magische Fähigkeiten und über ihr Gut- und Bösesein. Deutlich wird schließlich auch – und darum geht es uns hier – ihre enge Verbindung zum Wasser.

Der Drache kann die Regenwolken nach Belieben herbeirufen, um zu ihnen aufzusteigen, und ebenso mühelos ein wahres Unwetter auslösen. Auch wenn er, wie man glaubt, Wind und Regen zum Aufsteigen benötigt, kann man durchaus behaupten, der Drache beherrsche die Wasser und alles mit ihnen Verbundene wie die Wolken, den Regen, die Flüsse und Überschwemmungen. Nicht nur in China, sondern auch in Osteuropa wurde er sogar mit den Regenwolken gleichgesetzt. Wer nun aber denkt, derlei Fähigkeit sei nur den östlichen Drachen zu Eigen und die hiesigen beschränkten ihre Künste im Wesentlichen aufs Feuerspucken und Schweine- und Jungfrauenfressen, der irrt gewaltig.

Besonders in den Bergregionen der Schweiz und Österreichs wussten die Menschen früher, dass es Drachen waren, die im Zorn große Unwetter verursachten. Die Brüder Grimm erklären: »Noch jetzt, wenn ein ungestümer Waldstrom über die Berge stürzt, Bäume und Felsen mit sich reißt, pflegt das Alpenvolk in der Schweiz in einem tiefsinnigen Sprichwort zu sagen: Es ist ein Drach ausgefahren.«

Wenn durch solche entfesselten Gewässer Dörfer verschüttet oder überflutet wurden, war der Drache schuld. In einer Vorarlberger Sage heißt es: »Der Drache ist es auch, der die entsetzlichen Wetter macht, die das Tobel noch heutigstags durchtoben.« Auch wenn ein See über die Ufer trat und dadurch Verheerungen anrichtete, wurde es dem Drachen angelastet.

In dem Vorsäss Sonderdach etwa eine Stunde von Bezau liegt ein Bergsee, da soll ein ungeheurer Drache hausen. Wie tief der See sei, das sei nicht zu ergründen. Als einmal Knechte es versuchten und schon ein paar Kluge Zwirn an einem Stein hinabgelassen hatten, tönten aus dem Wasser herauf die Worte: »Ergründst du mich, verschling ich dich.«

Seit der Zeit wurde kein Versuch mehr angestellt, den See zu messen. Den Bezauern aber ist die Angst vor dem Drachen geblieben. Es heißt, wenn er sich rühre und mit dem Schwanz um sich schlage, dann könne es leicht geschehen, dass er das Ufer des Sees durchstoße und dass dann der See mitsamt dem Ungeheuer unter fürchterlichem Tosen und Brausen in das Tal herabstürze und das ganze schöne Dorf überschwemme und verheere.

War der Zorn eines Drachen erst einmal erregt, war es schwer, ihn wieder zu besänftigen. Bei anhaltenden Regengüssen versuchten die Menschen trotzdem, ihn zu beschwichtigen. Entweder sie beteten oder murmelten Beschwörungen oder sie brachten den Drachen Opfer dar, die jeweils aus etwas bestanden, das diese besonders liebten; in China beispielsweise war es nicht selten ein hübsches Mädchen, das man ertränkte.

Eine weniger drastische Maßnahme wandte einmal ein indischer buddhistischer Priester an: Er formte einige Drachen aus Lehm, legte sie in Wasser und beschimpfte sie ausführlich. Anschließend holte er sie wieder heraus, legte sie an einen trockenen Ort und lachte laut und herzhaft. Kurz darauf hörte es, wie in einem alten chinesischen Text überliefert ist, auf zu regnen.

Ebenso wie Drachen für Überschwemmungen sorgten, wenn ihnen aus irgendeinem Grund danach war, konnten sie nach Belieben das Gegenteil tun, nämlich die Quellen am Sprudeln und den Regen am Regnen hindern. Noch zu Anfang des letzten Jahrhunderts wurden in Bulgarien bei anhaltender Dürre die »Drachen ausgetrieben«, die sich, wie man glaubte, in der Nähe angesiedelt hatten. Dann versammelten sich die jungen Männer des Dorfes um Mitternacht, zogen sich nackt aus und zündeten ein Feuer an, um das sie dann einen rituellen Tanz vollführten. Anschließend liefen sie schweigend durch das Dorf und stocherten mit ihren Krummstäben überall herum, wo sich ein Drache versteckt haben konnte. Hatten sie alle entsprechenden Stellen untersucht, badeten sie im Fluss und zogen sich schweigend wieder an. Niemand aber durfte sie bei ihrem Tun beobachten.

Es ist nicht ganz klar, ob mit »Austreiben« *Ver*treiben gemeint ist oder, wie bei den Chinesen, das »Mobilmachen« der Drachen. In China versuchte man nämlich seit alten Zeiten bei anhaltender Trockenheit die Drachen dazu zu bewegen, ihre Arbeit – es regnen zu lassen – endlich zu tun. Methoden, die Drachen zu aktivieren, gab es verschiedene, und dass sie oft angewendet wurden, beweisen zahlreiche Berichte.

Aus der Zeit der Ming-Dynastie (1368–1644) ist beispielsweise überliefert, auf welche Weise sich die Einwohner von Ling-nan Regen beschafften. Sie kannten die Vorliebe der Drachen für hübsche Frauen und stellten eine von ihnen nackt auf eine erhöhte Stelle, wo sie jeder Drache, der zufällig vorbeikam, bewundern konnte. Sobald sich ihr einer, von ihrer Schönheit angezogen, zu nähern versuchte, wurde er auf magische Weise davon abgehalten. Darauf geriet er so in Wut, dass er heftige Regenfälle über die Gegend sandte. Voilà!

Eine andere, im Jahr 875 sogar von einem Kaiser angeordnete Maßnahme bestand darin, aus einem Teich, von dem man wusste, dass ihn ein Drache bewohnte, das Wasser abzulassen. Anschließend wurde energisch getrommelt, gesungen und getanzt, und der erboste Drache antwortete darauf, wenn alles gut ging, mit Donnern und Regenschauern.

Eine weitere viel erprobte Taktik war das wiederholte »Absingen« eines Regengebetes an einem Drachenteich. In Japan bat der buddhistische Priester Shubin im Jahr 824 den Kaiser, es damit versuchen zu dürfen, und er schaffte es tatsächlich, dass es in Kyoto donnerte und regnete – aber leider eben nur dort. Daraufhin wurde ein gewisser Kobo Daishi damit betraut, binnen sieben Tagen Regen über das ganze Land zu beschwören. Als ihm das nicht gelang, kam er zu dem Schluss, sein Rivale im Regenmachen, Shubin, habe mittels seiner magischen Kräfte alle Drachen in einen Wassertopf eingesperrt, weshalb er selbst nichts ausrichten könne. Gleichwohl wollte er seine Bemühungen noch einmal sieben Tage lang fortsetzen. Am zweiten Tag ließ er dem Kaiser ausrichten: »In diesem Teich wohnt ein Drache namens Zennyo. Zu ihm habe ich gebetet und nun sehe ich ihn aus dem Teich aufsteigen; er ist golden und sitzt auf dem Kopf eines anderen Drachen.« Auf diese Neuigkeit hin sandte der Kaiser sofort Opfergaben für den Drachenkönig, und als die sieben Tage um waren, fing es im ganzen Land heftig an zu regnen. Kobo Daishi wurde von dem erfreuten Kaiser für seine Mühen mit dem Rang eines Bischofs belohnt.

Die am wenigsten elegante, offenbar aber sehr wirksame Methode, die Drachen zu bewegen, zum Himmel aufzusteigen und es regnen zu lassen, bestand – wenigstens in China und Japan – darin, sie gründlich zu verärgern. Und das funktionierte am besten, indem man etwas in ihren Teich, Fluss oder See warf, das sie auf den Tod nicht ausstehen konnten. Die Japaner probierten es je nachdem mit Pferdedung, alten Sandalen und anderen schmutzigen Gegenständen. Was Drachen nach übereinstimmender Ansicht aber am allerwenigsten leiden mögen, ja, sogar fürchten, sind Dinge aus Eisen. Daher durfte man an dem Tag, an dem die Drachen im Frühling zum Himmel aufsteigen, auch keine Arbeiten mit Nadeln verrichten, weil man fürchtete, die Augen der Drachen damit zu verletzen.

Wenn man sie jedoch stören oder aufregen wollte, warf man Hufeisen, Nägel und andere Metallgegenstände in ihr Gewässer, woraufhin die Drachen sich wütend und verängstigt in die Luft erhoben und mindestens ein großes Unwetter losließen. Allerdings mussten diejenigen, die sich auf ein solches Unterfangen einließen, besser ihr Heil in der Flucht suchen. Kaufleute, so liest man in alten Berichten, bedienten sich dieses Wissens um die Wirkung des Eisens, indem sie zur Erntezeit Schrott in Teiche streuten, damit aufgrund der folgenden starken Regenfälle der Reis vernichtet würde und die Preise deshalb gewaltig anzogen.

Die Furcht der Drachen vor Eisen nutzte man auch aus, als die Drachen sich einmal gegen den Bau eines Dammes wehrten und ihn donnernd immer wieder zusammenstürzen ließen. Erst als man ein paar tausend Pfund Eisen unter dem Damm vergraben hatte, hörte das Donnern auf, und der Damm blieb stehen.

Alle diese Beispiele zeigen klar und deutlich, in welch enger Beziehung Drachen ganz allgemein zum Wasser stehen. Ob in der Schweiz oder in China, es sind vor allem die »entfesselten Wasser«, Orkane, ungewöhnlich starke Regenfälle, über die Ufer getretene Flüsse, Bäche oder Seen, die auf ihr Konto gehen. Sie sind gewissermaßen Ausdruck ihres Zorns. Gleichzeitig sind die Drachen, da sie sich nach Belieben in Regenwolken verwandeln können, auch selbst diese Wasserfluten.

Eine Beziehung anderer Art besteht nach östlichem Glauben zwischen Drachen und Perlen. Und da Perlen, wie die Jungfrauen, die Schätze und das Wasser, zu dem gehören, was Drachen hüten oder verschlingen, werden wir im Folgenden erzählen, was es damit auf sich hat.

Drachenperlen

Zu den vielen Rätseln, die den Drachen umgeben, gehört unzweifelhaft seine Beziehung zur Perle. Der chinesische Drache trägt dieses mystische Kleinod alten Berichten zufolge zumeist unter dem Kinn, sonst auch im Gehirn oder im Maul. Oder die Perle liegt dicht neben ihm und noch öfter zwischen zwei Drachen, die drauf und dran zu sein scheinen, sie zu verschlingen oder aber auszuspucken. So jedenfalls sieht man es auf vielen Abbildungen seit der Ming-Zeit, und so wird die Perle auf Drachenfesten dem Drachen vorangetragen.

Das Rätsel dieser engen Beziehung, über die schon viel spekuliert wurde, wird aber noch rätselhafter dadurch, dass keiner genau weiß, ob es sich bei dem runden Ding tatsächlich um eine Perle handelt. Einerseits erzählen chinesische Märchen und Sagen vielfach von Menschen, die von Drachen mit einer Perle beschenkt werden, wobei die Gabe zumeist an eine Bedingung geknüpft ist, die am Ende – zum Schaden des Beschenkten – nicht erfüllt wird. Oder aber die Menschen selbst geben aus Angst vor der Rache der Drachen die gefundene oder gestohlene Perle zurück, sobald sie merken, wem sie gehört.

So trägt eine Grotte in Guilin (Guangxi) den Namen »Höhle der zurückgegebenen Perle«, weil dort einst ein Drache seine Perle hütete, ein Fischer sie aber in einem unbewachten Augenblick fand und ahnungslos mit nach Hause nahm. Sobald er erfuhr, was es mit ihr auf sich hatte, legte er sie, damit ihm nichts Böses geschehe, umgehend an ihren Platz zurück.

Mit diesen Drachenperlen ist mithin Vorsicht geboten, und so weist in einer Geschichte auch ein Vater seinen Sohn, der in einem Brunnen eine solche Perle findet, an, die Finger davon zu lassen.

Aus der Zeit der Tang-Dynastie (618–907) ist überliefert, dass einst ein Drache die Gestalt eines kleinen Kindes annahm und vor dem Eingang seiner Höhle mit drei Perlen spielte. Plötzlich kam ein Mann des Weges, der die Kostbarkeiten sah und sie dem Kind wegnehmen wollte. Da lief der Drache in seine Höhle, nahm seine natürliche Gestalt wieder an und versteckte die Perlen rasch in seinem linken Ohr. In seiner Gier ließ sich der Mann dadurch allerdings nicht abschrecken und schaffte es irgendwie, dem Drachen das Ohr abzuschneiden. Im selben Moment aber waren Drache, Ohr und Perlen verschwunden.

Die Drachen *spielen* nicht nur mit ihren Perlen, sie schlucken sie und spucken sie, wie man bereits im sechsten Jahrhundert wusste, allem Anschein nach auch wieder aus. Keiner weiß, was das eigentlich soll oder wie dieses Phänomen zu verstehen oder zu interpretieren ist.

Da die Drachen in China mit den Regenwolken gleichgesetzt werden, lag es für manche nahe, das geheimnisvolle runde Ding, die »Perle«, mit dem Donner zu identifizieren, der aus der Regenwolke »rollt«. Und da die Perle zuweilen als Spirale wiedergegeben wird, lässt sich im Donner auch unschwer der Blitz erkennen. Dieses Spiralsymbol diente, so die Ansicht mancher Forscher, entweder zur Abwehr des Blitzes oder aber im Gegenteil dazu, ihn anzuziehen und damit die bösen Geister zu bannen. So oder so, war also Abwehr von Bösem – welcher konkreten Art auch immer – das, was man sich von diesem Zeichen erhoffte.

Abgesehen von der Blitz-und-Donner-Theorie wird neben anderen Thesen auch behauptet, der Ball, die Perle, sei in Wirklichkeit das Leben, die Wahrheit, Yin und Yang, Symbol der Weisheit oder Erleuchtung oder aber der Mond, den der Drache, wiederum in Gestalt einer Regenwolke, verschlinge. Das sei sehr leicht nachvollziehbar, meint de Visser, ein Forscher, der sich speziell mit dem östlichen Drachen befasste. Denn jeder Chinese kann sich selbst davon überzeugen, wie bei Gewittern die rasch ziehenden Wolken den Mond verdecken. Und vom Verdecken zum Verschlingen ist es schließlich nur noch ein kleiner Schritt. Die Sonne wird bei Gewittern allerdings mindestens ebenso häufig verdeckt, und so blieben diejenigen nicht aus, die die »Perle« als »Sonne« deuteten.

Ob aber nun das eine oder das andere oder nichts von beidem: Gönnen wir dem Drachen seine Perle! Mag er sie nun ausspucken, verschenken oder wieder schlucken. Lassen wir ihn damit nach Belieben spielen und den Mond am Himmel in Frieden seine Bahn ziehen.

Die Legende vom heiligen Georg

Georgius der Ritter war geboren von Cappadocischem Geschlecht; der kam einst in das Land Lybia, in die Stadt Silena. Nahe bei der Stadt war ein See, so groß als ein Meer, darin wohnte ein giftiger Drache, der hatte schon oft

FLEGEL sc

das ganze Volk in die Flucht getrieben, wann es gewappnet wider ihn zog. Dann kam er bis unter die Mauern der Stadt und verpestete alles mit seinem Gifthauch.

Also gaben ihm die Bürger täglich zwei Schafe, dass sie seinen Grimm stilleten; sonst kam er unter die Mauern der Stadt und verpestete die Luft mit seinem Gifthauch, dass viele daran starben. Als aber der Schafe wenig wurden und man ihrer nimmer genug mochte finden, kam man überein, dass man dem Wurm täglich opfern sollte einen Menschen und ein Schaf. Also warf man das Los, welchen Mann oder welches Weib man dem Drachen geben sollte; und niemand mochte dem entrinnen. Als nun schon fast alle Söhne und Töchter der Stadt geopfert waren, geschah es, dass das Los auf des Königs einzige Tochter fiel, dass man sie dem Drachen sollte geben. Da ward der König traurig und sprach: »Nehmt mein Gold und Silber und die Hälfte meines Königreiches, aber lasst mir meine Tochter, dass sie nicht also jämmerlich sterbe.« Das erzürnte das Volk und sie sprachen: »König, du hast das Gebot selber gegeben: wir mussten alle unsre Kinder verlieren, und du willst deine Tochter behalten? So du an ihr das Gesetz nicht erfüllest, das du gegeben hast, verbrennen wir dich und dein Haus.« Als der König ihren Ernst sah, hub er an, um seine Tochter zu klagen, und sprach: »Weh mir, mein Kind, was soll ich mit dir tun, was soll ich sprechen? Ach, nimmer werde ich deine Hochzeit sehen.« Und zum Volk sprach er: »Ich bitte euch, lasst Sie mir nur noch acht Tage, dass ich um sie klage.« Das gewährten sie ihm. Aber am achten Tage kam das Volk zuhauf und schrie mit Zorne: »Warum verdirbst du dein Land um deiner Tochter willen? Denn wir müssen alle von dem Anhauch des Drachen sterben.« Da sah der König, dass er seine Tochter nicht erretten mochte; und ließ ihr königliche Kleider anlegen, umarmte sie und sprach zu ihr mit Tränen: »O weh, liebe Tochter, ich hoffte, königliche Kinder von deinem Schoße zu erziehen; nun wirst du von dem Drachen verschlungen!« Und küsste sie und rief: »O Tochter; ich wäre besser vor dir gestorben, denn dass ich dich also muss verlieren.« Da fiel sie zu des Vaters Füßen nieder und bat um seinen Segen. Den gab er ihr unter Tränen, und sie machte sich auf zum See. Da kam Sanct Georg von ungefähr dahergeritten, und da er sie weinen sah, fragte er, was ihr wäre. Sie antwortete: »Guter Jüngling, steiget schnell auf euer Ross und fliehet, oder Ihr werdet mit mir verderben!« Sprach Georg: »Fürchte dich nicht, liebe Tochter, sondern sage mir, worauf du hier harrest unter den Augen all des Volkes?« Sie antwortete: »Herr, ich sehe, dass

Ihr edlen Herzens seid, aber begehrt Ihr, mit mir zu sterben? Fliehet eilends von hinnen!« Sprach Georg: »Ich werde nicht eher gehen, bis du mir sagst, was dir sei.« Da erzählte sie ihm alles. Er aber sprach: »Liebe Tochter, sei ohne Furcht, ich will dir helfen im Namen Christi.« Sie sprach: »Guter Ritter, du sollst nicht mit mir sterben, es ist genug, so ich untergehe; denn retten magst du mich nicht, sondern du wirst mit mir verderben.« Da sie noch sprachen, siehe, so hob der Drache sein Haupt aus dem See. Die Jungfrau zitterte vor Schrecken und rief: »Flieh, guter Herr, flieh so schnell du kannst!« Aber Georg sprang auf sein Ross, machte das Kreuz vor sich und ritt gegen den Drachen, der wider ihn kam; er schwang die Lanze mit großer Macht, befahl sich Gott, und traf den Drachen also schwer, dass er zu Boden stürzte. Dann sprach er zu der Jungfrau: »Nimm deinen Gürtel und wirf ihn dem Wurm um den Hals, und fürchte nichts!« Sie tat es, und der Drache folgte ihr nach wie ein zahm Hündlein. Als sie ihn nun in die Stadt führte, erschrak das Volk und floh auf die Berge und in die Höhlen und sprach: »Weh uns, nun sind wir alle verloren!« Da winkte ihnen Sanct Georg und rief: »Fürchtet euch nicht, denn Gott der Herr hat mich zu euch gesandt, dass ich euch erlöse von diesem Drachen. Darum glaubet an Christum und empfanget die Taufe allesamt, so will ich diesen Drachen erschlagen.« Da ließ der König sich taufen und alles Volk mit ihm, und Sanct Georg zog sein Schwert und erschlug den Drachen. Darnach gebot er, ihn aus der Stadt zu schaffen, und vier Paar Ochsen zogen ihn heraus vor die Stadt auf ein großes Feld. Es wurden aber an jenem Tage 20000 Menschen getauft, die Weiber und Kinder nicht gerechnet. Der König ließ der Jungfrau Maria zu Ehren und Sanct Georg eine schöne Kirche bauen, und auf dem Altar entsprang ein lebendiger Quell, der machte alle Kranken gesund, die daraus tranken. Sanct Georgen bot der König unermessliche Schätze an, aber der wollte sie nicht nehmen, sondern ließ sie unter die Armen teilen. Darnach gab er dem König gute Lehre und sprach, er sollte vier Dinge halten: dass er die Kirche in seine Hut nehme, die Priester ehre, fleißig Messe höre und der Armen sei eingedenk. Darnach küsste er den König und ritt hinweg.

So stirbt der Drache

Dann rannt er an mit seinem Spieß
Den er tief in den Rachen stieß

Clemens Brentano

Selten finden sich in älteren Sagen Angaben über die Lebensdauer von Drachen. Wenn überhaupt davon die Rede ist, dann wird mit den Jahrhunderten nicht gegeizt. Da heißt es also etwa, alle tausend Jahre würde sich der Drache umdrehen oder mit dem Schwanz schlagen und damit ein Erdbeben verursachen oder den See zum Überschwappen bringen. Mehrere tausend Jahre werden dem Drachen ohne weiteres zugestanden, und das Bild, das sich alles in allem ergibt, ist das einer völlig unbestimmten Lebensdauer. In China glauben viele, Drachen seien unsterblich, andere sagen, dass sie irgendwann doch sterben, allerdings nach einem sehr langen Leben – zumal die Drachen dadurch Kräfte sparen, dass sie Winterschlaf halten. Der gleichen Meinung sind auch die Japaner. Ein berühmter buddhistischer Priester, Genko, befand das menschliche Leben für zu kurz, um die buddhistische Lehre erfolgreich verbreiten zu können, und beschloss deshalb, sich nach seinem Tod in einen Drachen zu inkarnieren. Zu diesem Zweck meditierte er am Rand des Kirschbaumteiches so lange, bis er starb und als Drache wiedergeboren wurde. Fortan konnten zweimal im Jahr Menschen mit besonderen Anliegen zu diesem Teich pilgern. Je nachdem, ob die mitgebrachte Reisopfergabe unberührt blieb oder verschwand, merkten sie, ob ihr Gebet Gehör gefunden hatte oder nicht.

Drachen sind demnach vielleicht nicht buchstäblich unsterblich, können aber wie die Schlangen so unsagbar alt werden, dass man sie als *fast* unsterblich bezeichnen könnte.

Drachen, die an Altersschwäche sterben, begegnen uns im Grunde erst in neueren Märchen und der Fantasy-Literatur. Da gibt es beispielsweise in einem Internetmärchen den Drachen Kunibert, der, weil schon recht alt, kaum noch etwas sieht. Die Dorfbewohner haben sich in der langen Zeit, die sie ihn kennen, mit ihm arrangiert und besuchen ihn teilweise auch in seiner Höhle, denn sie wissen, »dass er längst zu schwerfällig und alt war, um eine wirkliche Gefahr zu bedeuten«.

Genau das ist einer der Gründe, warum Drachen in modernen Märchen alt werden: weil man vor ihnen keine Angst mehr zu haben braucht! Alte, fast blinde Drachen sind tolpatschig und damit gleichzeitig rührend und ein wenig lächerlich und jedenfalls ganz gewiss nicht mehr zum Fürchten.

In der Fantasy-Literatur dagegen werden Drachen mit Vorliebe als Reittiere eingesetzt und sind damit, ähnlich den Pferden, sterblich wie die Menschen. Auch erfüllt beispielsweise der Tod einer Drachenkönigin den Zweck, Platz für eine junge Drachin und damit auch für eine neue sie hütende Heldin zu schaffen, so etwa in dem Romanzyklus *Die Welt der Drachenreiter* von Anne McCaffrey.

Alte Sagen, Märchen, Mythen, Legenden und wohl die gesamte neue Literatur sind sich in dem Punkt einig, dass Drachen verwundbar sind und getötet werden können. Ebenso einig sind sie sich auch darin, dass Letzteres mit einigen Schwierigkeiten verbunden ist, und zwar selbst unter normalen Umständen. Mit »normalen Umständen« meinen wir den Kampf gegen einen *einköpfigen* Drachen; einen ganz hundsgewöhnlichen Drachen, der keine Zauberkünste einsetzt, um am Leben zu bleiben, oder mit sonstigen unfairen Spielchen aufwartet. Selbst solch ein ordinärer Drache hat immerhin die Faktoren Größe, Klauen, Maul, dicke Schuppenhaut, Gift und Feuerspucken auf seiner Seite – und oft genug obendrein den Heimvorteil. Schließlich hat er in der Regel seine Höhle im Rücken, der Held aber nichts dergleichen.

Trotzdem gab es allem Vernehmen nach genügend Beherzte, die den Lindwürmern (je nach Sichtweise mutig oder größenwahnsinnig) lediglich mit einem Schwert, einem Messer, einer Keule oder Lanze bewaffnet entgegentraten, um sie zu vernichten. In vielen Fällen zogen sie selbst dabei den Kürzeren. Etliche aber gingen aus dem Kampf als Sieger hervor, auch wenn sie sich nicht so gewissenhaft vorbereiteten wie der gescheite Ritter Gozione, von dem Athanasius Kircher erzählt, er habe auf Rhodos einen schrecklichen Drachen erlegt, nachdem er zuvor samt Pferd und Hunden an einer Pappmaché-Nachahmung ausgiebig geübt hatte.

Aber selbst wenn ein Ritter es wirklich schaffte, »seinen« Drachen zu töten, war er damit nicht unbedingt aus dem Schneider.

Wie auch schon andere Drachenforscher feststellten, ist doch recht häufig von einem nachträglichen Unglück die Rede, das den Helden oder dessen Familie als Folge des Drachenmordes ereilt. Er stirbt anschließend an einer Feueratemvergiftung, an seinen Verbrennungen oder Wunden oder an einem Fluch, daran, dass sein Hund ihn ableckt oder dass er in einen Teich oder Abgrund stürzt.

Die nicht so zahlreichen Superhelden unter den Drachentötern, denen es besser erging, schafften es, ehrlich gesagt, auch nicht immer ganz allein mit ihres Armes Kraft, das Untier zu erledigen. Selbst der Halbgott Herakles hatte einen Gehilfen, der ihm zuarbeitete.

Auf der sichereren Seite waren in jedem Fall diejenigen, die sich im Kampf gegen den Drachen nicht auf ihre schiere Körperkraft verließen, sondern zuvor ihre kleinen grauen Zellen aktivierten. Mit die simpelsten Methoden waren, das Domizil des Drachen in Brand zu stecken, wenn er etwa praktischerweise in einem Heuschober hauste, oder seinen Höhleneingang zu verbarrikadieren, auf dass er von selbst abzog (falls er draußen war) oder verhungerte (falls er drinnen saß).

Daneben gab es eine Vielzahl weiterer Möglichkeiten. Obwohl in den entsprechenden Sagen nicht explizit darauf hingewiesen wird, dass Drachen zwar stark, aber gelinde gesagt ein *bisschen* arglos sind, drängt sich dieser Schluss bei etlichen Drachentötungsmaßnahmen zuweilen auf:

Am Ostabhang der Seekoppe liegt der Riednersee. In diesem See hauste einst ein großer, zweiköpfiger Lindwurm. Er richtete großen Schaden an, weil er Menschen und Tiere verzehrte. Das Vieh, das zur Tränke kam, umschlang der Drache mit seinem mächtigen Schwanz und zog es in die Tiefe des Sees hinab. Niemand konnte sich des Untiers erwehren.

Da geschah es, dass ein Mann eines Verbrechens beschuldigt und dafür zum Tode verurteilt wurde. Er bat jedoch um Gnade und versprach, den Lindwurm zu töten, wenn man ihm das Leben und die Freiheit schenkte. Der Richter war damit einverstanden, verlangte aber, dass er die abgezogene Haut als Wahrzeichen mitbringen müsse. Nun schlachtete der Verurteilte ein Kalb, weidete es aus und warf es dem Drachen zum Fraße vor, nachdem er den Bauch des Tiers mit Kalk gefüllt hatte. Sofort verschlang der Lindwurm das ganze Kalb. Und weil es ihn nach dieser Mahlzeit dürstete, trank er recht viel Wasser.

Bald zeigte sich die Wirkung des Kalkes. In seinem Schmerz begann der Lindwurm zu toben und schlug mit seinem Schwanz so heftig auf den Boden, dass die Erde erzitterte und im Tal in allen Häusern die Fensterscheiben klirrten. Schließlich verendete er. Der Mann zog ihm die Haut ab, brachte sie dem Richter und war frei.

Diese (uns schon aus einer anderen Geschichte bekannte) Methode mit dem Kalk (→ S. 39) war, will man den zahlreichen Sagen glauben, in denen sie erwähnt wird, äußerst beliebt – und jedes, aber auch *jedes* Mal fiel der Drache darauf herein! Bereits der Prophet Daniel soll eine vergleichbare Technik mit durchschlagendem Erfolg angewandt haben. Daniel verkündete, er werde einen von den Babyloniern als Gott verehrten Drachen ohne Schwert oder Keule töten. Er formte aus Pech, Talg und Haaren kleine Kuchen und warf sie dem Ungeheuer in den Rachen. Die Hitze im Körper des Drachen bewirkte, dass die Geschosse explodierten … und der Drache mit ihnen. Daraufhin wurde Daniel der allbekannten Löwengrube überantwortet.

Weder in der Kalkgeschichte noch in den vielen anderen ähnlichen Fällen schöpfte der Drache Verdacht und kam auf den Gedanken, dass es mit einem toten Tier vielleicht nicht seine Richtigkeit hatte und Vorsicht geboten sei. Auch der Lindwurm, der einst auf dem Wawel-Berg im polnischen Krakau hauste, bekam einen Schafkadaver vorgesetzt, der diesmal allerdings nicht mit Kalk, sondern mit Schwefel, Pech, Salz und Pfeffer gefüllt war. Der Wurm fraß das Vorgesetzte anstandslos, bekam ebenfalls einen Riesendurst und trank so viel von der Weichsel, dass ihr Grund zu sehen war – und er selbst schließlich platzte!

Der ausgesprochen üble Drache in Edmund Spensers *Faerie Queene* ist insofern entschuldigt, als er schließlich nicht wissen konnte, dass der ihn bekämpfende und schwer verwundete Held ausgerechnet in einen Lebensbrunnen fallen würde, der alle seine Wunden heilte. Als sein Gegner im Brunnenloch verschwand, dachte der Drache verständlicherweise, das sei es nun gewesen, und legte sich gemütlich schlafen – ein Trugschluss, wie sich zu seinem Nachteil dann kurz darauf herausstellte.

Ein weiterer Drache, erfährt man aus einem Bericht des 17. Jahrhunderts, fiel auf einen riesigen Angelhaken herein, den der Ritter von Trautenberg in ein totes Schaf hineinbohrte. An diesem Haken wurde der Drache nach getanem Mahl aus seiner Schlucht herausgezogen und dann so lange mit Steinen beworfen, bis er endlich tot war.

Auch bei einem anderen schlauen Drachentötungsmanöver, auf das kein Fuchs hereingefallen wäre, könnten einem entschiedene Zweifel an der Gehirnmasse der Drachen kommen – wüsste man nicht, wie überaus weise sie wirklich sind. In diesem Fall ging es um einen Wiener Lindwurm:

Der Drache wohnte um das zwölfte Jahrhundert in einer Höhle auf dem Kahlenberg und fiel, wenn ihn der Hunger packte, über die umliegenden Ställe her. Endlich kam ein Wiener auf die geniale Idee, eine Falle zu bauen. Er zimmerte einen großen Kasten, der vorne und hinten offen war, vorn allerdings nur so weit, dass der Drache gerade eben seinen Kopf durchstecken konnte.

Nun ließen er und einige weitere diese Konstruktion von oben herab, bis sie genau vor der Drachenhöhle lag, und verzurrten sie dann irgendwie. Vor der Vorderöffnung banden sie schließlich ein lebendiges Kälbchen fest, und nun hieß es warten. Genau wie berechnet, kroch der arglose Drache, als das Kälbchen jammerte, in den Holzkasten, streckte den Kopf durch das Loch – und der wesentliche Teil des Unternehmens war geschafft. In einer Version der Sage ließen die Männer am hinteren Ende in diesem Augenblick eine Klappe herunter, damit der Lindwurm nicht vor oder zurück konnte; einer anderen Variante zufolge blieb das Ungeheuer einfach so stecken. Dann schichteten die Männer ringsum Holz auf und steckten das Ganze in Brand. Und so verbrannte der Lindwurm von Kahlenberg.

Diese raffinierte, wenn auch wenig rühmliche Methode, Drachen zu töten, ließen sich offenbar nur die gewitzten Wiener einfallen. Doch auch anderswo wusste man sich zu helfen, und zwar oft genug auf den Rat eines »Fahrenden Schülers« hin, also eines in

Zauber- oder Hexenkünsten Bewanderten. So beispielsweise auch einstmals im Falle des Lindwurms vom Goggausee in Kärnten. Die überlieferte Sage dieses Ungeheuers beginnt mit einer außergewöhnlichen Information.

Hiernach soll nämlich ein siebenjähriger Haushahn in einen Düngerhaufen ein rotes Ei gelegt haben, aus dem drei Jahre später ein Lindwurm schlüpfte. Diese seltsame Art der Geburt wird an sich den Basilisken nachgesagt, die ja auch äußerlich große Ähnlichkeit mit einem Hahn aufweisen.

Sei dem aber, wie es sei, jedenfalls wuchs sich der Lindwurm zu einem riesigen Untier aus und zog, als er groß war, in den Goggausee um. Von dort aus unternahm er seine Raubzüge und ängstigte alle Menschen und Tiere weit und breit, bis ein kleines Männlein, das hexen konnte, einen guten Einfall hatte. Auf seinen Rat hin versteckten die Bauern in einem Heufuder einen großen dunklen Klumpen, der mit allerlei Gift durchmischt war. Darauf spannten sie zwei Ochsen vor den Wagen und brauchten nun nur noch jemanden, der das Gefährt an den See heranfuhr. Keiner war aber lebensmüde genug, um sich freiwillig für dieses Unterfangen zu melden. Da schickten sie menschenfreundlich den Dorfdeppen, den »Goggau-Togger«, um den es ja nicht weiter schade war.

Der wurde dann auch prompt mitsamt den Ochsen und dem Wagen vom Drachen verschluckt. Es dauerte ein Weilchen, bis sich die Wirkung des Giftes bemerkbar machte, aber schließlich bekam der Lindwurm doch enorme Bauchschmerzen, krümmte und wand sich und ging endlich elendiglich zugrunde.

Dieser Lindwurm muss ziemlich groß gewesen sein, wenn er Ochsen, Wagen und Goggau-Togger auf einen Haps verspeisen konnte! Seiner Intelligenz muss zugute gehalten werden, dass die Ochsen lecker und lebendig waren, und er das im Wagen versteckte Gift schließlich nicht sehen konnte. Dieser Trick baute also nicht auf die Dummheit der Drachen wie derjenige mit dem gefüllten toten Tier oder der Kastenfalle, und Gleiches lässt sich auch von einer anderen, wirklich einmaligen Technik sagen.

Während es aber in der Kärntner Geschichte ein Hexenmeister war, der den guten Einfall hatte, kam hier ein einfacher Handwerker auf die Idee, ein probates Hexenmittel anzuwenden: das Bilsenkraut. Bekanntlich war das Bilsenkraut eines der Ingredienzien, die Hexen zu ihrer Salbe zusammenrührten. Davon abgesehen aber diente es zu einer Reihe weiterer Zauberzwecke – so beispielsweise dazu, den Regen herbeizubeschwören. Das Kraut ist zwar giftig, aber nicht so, dass es allein durch seinen Giftgehalt einen Drachen erledigen könnte. Dass also bei dem im Folgenden beschriebenen Drachentötungsmanöver auch irgendwie Zauberei im Spiel war, steht zu vermuten.

In Eibelstadt, in Franken, hatte sich vor vielen Jahrhunderten im Stadtgraben ein Lindwurm niedergelassen. Er fraß, was ihm in die Quere kam, und bald traute sich niemand mehr aus den Stadttoren heraus. Lediglich in den wenigen Augenblicken, wenn die Glocken läuteten, konnte man es wagen, die Stadt zu verlassen oder hineinzugehen. Dann nämlich blieb der Drache, wo er war.

Keiner wusste Rat, keiner traute sich, den Kampf mit dem Lindwurm zu wagen, bis ein alter Schuster, der früher einmal Landsknecht gewesen war, seine Hilfe anbot. Er hatte sich an alte Zeiten erinnert, an Gespräche, die er mit Kameraden über Lindwürmer geführt hatte und in denen von der Kraft des Bilsenkrautes die Rede gewesen war. Wenn der Saft dieser Pflanze in das Herz des Drachen eindringe, so hatten sie gesagt, müsse er sterben.

Bilsenkraut, das wusste der Schuster, wuchs auf dem benachbarten Lindelbacher Berg mehr als genug. Und so ließ er sich also von einem Nachbarn aus dem magischen Holz der Esche einen Spieß verfertigen und vom Schmied mit einer Eisenspitze beschlagen. Außerdem bat er den Küster darum, am Freitag die Glocke so lange zu läuten, bis er ungefährdet auf dem Berg einige Bilsenkrautstängel gepflückt und in die Stadt gebracht haben würde. Alles verlief nach Plan, der Schuster zerrieb sein Bilsenkraut gründlich an der Speerspitze und machte sich dann auf den Weg zum Stadtgraben.

Der Lindwurm fuhr sofort auf ihn los, der Schuster nahm all seinen Mut zusammen und empfahl seine Seele Gott. Er wartete den geeigneten Augenblick ab und schleuderte dann dem Drachen seinen vergifteten Speer durch das geöffnete Maul bis in das Herz. Das Ungeheuer bäumte sich auf, blies feurigen Atem aus seinen Nüstern, spuckte einen Schwall Blut und starb. Der Schuster wurde von den überglücklichen Eibelstädtern als Held gefeiert und der Drachenkadaver in den Main geschleift, von wo aus er ins Meer trieb. Dort, so endet die Sage, ist Platz genug für solche Ungeheuer!

Solche sonderbaren Hausmittel gegen Drachen blieben allem Vernehmen nach aber mehr oder weniger Einzelfälle. Zumindest waren sie längst nicht so populär wie beispielsweise die Kalkmethode oder eine andere Technik, die ebenso einleuchtend ist, wie sie effektiv gewesen sein soll. Sie ist, wie zahlreiche Sagen berichten, in unterschiedlichen Variationen vor allem in England praktiziert worden und war dort sehr beliebt. Ob sie allerdings, wie behauptet wurde, dem Igel abgeschaut war, der sich auf eine solche Weise angeblich mit Schlangen auseinander setzt, wird immer eine offene Frage bleiben.

Mit am bekanntesten wurde die bereits erwähnte Geschichte des Drachen von Lambton, die in einer ihrer Versionen christlich moralisierend gefärbt ist.

Hiernach soll im 15. Jahrhundert in der Grafschaft Durham ein junger Adliger, John Lambton, die Passion gehabt haben, auch am heiligen Sonntag zu angeln und obendrein dabei zu fluchen, wenn er nichts fing. Kein Wunder also, dass ihm plötzlich eine teuflische Kreatur, ein ekliger schwarzer Wurm mit bösen Echsenaugen, an den Haken ging, der so Furcht erregend wirkte, dass unser junger Held einen Heidenschrecken bekam und ihn eilends in einen Brunnen warf.

Kurz darauf zog er auf einen Kreuzzug und bekam dadurch nicht mit, wie der Wurm sich zu einem riesigen Drachen auswuchs, der, wie üblich, alles fraß, was ihm in die Quere kam, und nur durch riesige Gaben von Milch von der Burg und deren Bewohnern ferngehalten werden konnte. Schließlich aber war der Drache so groß geworden, dass er die Milch von 70 Kühen brauchte, um satt zu werden, und nun wussten die Bewohner der umliegenden Dörfer auch nicht mehr weiter und mussten mit ansehen, wie ihr Land verwüstet und ihre Tiere gefressen wurden.

Endlich kehrte der junge Lambton, an Jahren und Weisheit gereift, nach Hause zurück, erfuhr, was geschehen war, und begriff, dass er Schuld an dem Unheil hatte. Und um sein Unrecht wieder gutzumachen, beschloss er, das Untier zu töten. Zu diesem Zweck holte er den Rat einer alten Hexe ein. Sie erklärte ihm, er müsse sich eine spezielle Rüstung anfertigen lassen, die über und über mit scharfen Klingen besetzt sei, und er dürfe den Drachen nur dort inmitten des Flusses bekämpfen, wo er ihn einst gefangen habe. Als Preis für den Erfolg aber müsse er ihr schwören, anschließend das erste Wesen zu töten, das ihm nach dem Kampf mit dem Drachen begegnen würde.

John Lambton tat wie geheißen, und alles verlief nach Plan. Der Drache griff ihn wutentbrannt an, umschlang ihn mit seinem riesigen Körper und zerschnitt sich an den scharfen Klingen so übel, dass der Ritter leichtes Spiel mit ihm hatte und ihn schließlich enthaupten konnte. Der Fluss schwemmte den Kopf und andere Körperteile fort, bevor sie wieder anwachsen konnten, und der Drache war und blieb tot.

Dann lief dem Helden allerdings nicht, wie er geplant hatte, einer seiner Hunde als Erstes entgegen, sondern sein alter Vater, und der junge Lambton brachte es nicht übers Herz, ihn zu töten. Als Rache für das nicht gehaltene Wort aber verfügte die Hexe, dass bis in die neunte Generation kein Lambton mehr eines natürlichen Todes sterben sollte. Und so geschah es.

Mit einer klingenbesetzten Rüstung soll auch hierzulande wenigstens *ein* Drache umgebracht worden sein, und zwar, wie die Sage geht, in Worms. Der Held ließ sich zu dem Zweck vom Drachen verschlucken, der an der scharfen Mahlzeit starb, woraufhin es ein Leichtes war, sich mit dem Schwert einen Weg ins Freie zu bahnen.

In Schottland benutzte man schließlich auch noch das schlichte und einfache Hausmittel Torf, um sich der heimischen Drachen zu entledigen. So wurde etwa der schreckliche Lindwurm von Cnocna-Cnoimh in Glen Cassley mit auf einen Speer gespießtem, in Pech getauchtem brennenden Torf um die Ecke gebracht.

Ob nun durch Torf, Kalk oder Kasten, im Boden vergrabene Sensen und Sicheln wie bei dem Drachen von Mixnitz in der Steiermark, Rasierklingen oder Stahlspitzen, wie sie der Ritter More von Morehall auf seiner Rüstung anbringen ließ, oder aber aufgrund anderer raffinierter Methoden – die Drachen zogen letztlich stets den Kürzeren und starben eines qualvollen Todes. Manche von ihnen schafften es allerdings noch in ihrem Todeskampf, ihr Schicksal zu beklagen, wenn auch zuweilen in nicht eben guten

Versen – wie hier, einer alten englischen Ballade zufolge, der Drache von Morehall:

»Ach«, sprach der Drach und seufzte schwach
Und drehte sich sechsmal rund,
Schluchzend und thränend, fluchend und schmähend
Aus seinem ledernen Schlund:
»More von Morehall, Du Schurke, jawohl,
Hätt' ich dich nur gesehen nimmer;
Mit dem spitzigen Zeh tatst du meinem Schlund weh,
Jetzt bin ich verratzt für immer.«

Der alte und nicht so alte Orient

Und tausend Stimmen werden laut:
»Das ist der Lindwurm, kommt und schaut!
Der Hirt und Herden uns verschlungen,
Das ist der Held, der ihn bezwungen!«

Friedrich Schiller

Das Problem mit vielen älteren und ganz alten Drachen ist, dass sie erst einmal als solche identifiziert werden müssen. Die bildlichen Darstellungen, die ein und dasselbe mythische Tier oft in unterschiedlicher Weise abbilden, gehen teilweise auf schriftliche Quellen zurück, in denen die entsprechenden Wesen unzureichend beschrieben wurden. Ob ein mit wenigen Worten in einem alten Text erwähntes Ungeheuer später als Drache bezeichnet wurde, hing von der Meinung der Wissenschaftler ab, die sich mit den entsprechenden Schriften befassten oder diese übersetzten. Wir möchten uns Heinz Modes Worten anschließen, der erklärt: »Wir können dieses Wort [Drache] auch gar nicht in den Beschreibungen mesopotamischer, ägyptischer, indischer oder chinesischer Mischwesen finden, da es ja erst klassisch-antiker Herkunft ist. Wenn dennoch in unserer Literatur der Ausdruck Drache vorkommt, so handelt es sich jeweils um Freiheiten der Übersetzer, die den Ausdruck Drache weder in seiner ursprünglichen Bedeutung noch in seiner späteren, zunächst christlich-europäischen bildlichen Auslegung, sondern als Allgemeinbegriff verwenden, der dem von Misch- oder Fabelwesen nahe kommt.«

Alle im Folgenden genannten Drachen sind daher unter diesem Vorbehalt zu betrachten – und dass hier keine Einigkeit herrschte, ja, herrschen konnte, sondern die unterschiedlichsten Vorstellungen und Meinungen zusammenflossen, lässt sich denken. *Wie* verschieden die Ansichten von Übersetzern sein konnten, zeigt etwa, dass ein und dasselbe Wort in der Bibel einmal mit »Eule«, ein andermal mit »Igel« übersetzt wurde. Hinzu kommt, dass Verfechter der Theorie, die Wiege der Drachen liege in Mesopotamien oder aber Ägypten, etliche der in dem entsprechenden Kulturkreis vorkommenden Monsterwesen zur Untermauerung ihrer These ohne viel Federlesens für Drachen *erklärten*.

Aber selbst bildliche Darstellungen solcher Mischwesen – zum Beispiel Bronzen, Gemälde, Mosaiken, Rollsiegel und Steingravuren – sind keineswegs immer eindeutig als Drachen zu identifizieren. Zu den Ausnahmen gehört die bereits erwähnte, aus Muschelschalen ausgelegte Drachenfigur, die man in einem mehr als 6000 Jahre alten Grab in China (Provinz Henan) entdeckte. Sie gleicht tatsächlich einem flügellosen Drachen oder aber zumindest einem Krokodil. Aus etwa derselben Zeit stammt ein weiterer chinesischer Krokodil-Drache, der aus Flusskieseln besteht.

Als Krokodil (oder Walfisch) verstehen die Übersetzer auch den biblischen Leviatan (Hiob 40,25 bis 41,26). Dargestellt wurde er in späterer Zeit zwar, außer als Drache mit mehreren Köpfen, oft auch als Schlange oder als Fisch, doch *ein* Merkmal widerspricht jedem naturalistischen Deutungsversuch: »Aus seinem Maul fahren brennende Fackeln, feurige Funken sprühen hervor. Rauch dampft aus seinen Nüstern, wie aus kochendem, heißem Topf. Sein Atem entflammt glühende Kohlen, eine Flamme schlägt aus seinem Maul hervor.« (Hiob 41,11–13) Aufgrund dieser Beschreibung darf er also, Luther und Kollegen zum Trotz, durchaus zu den echten Drachen gezählt werden.

Leviatan wurde am fünften Tag der Schöpfung erschaffen, und bis zum Tag der Auferstehung wird er als Herrscher der Meere den Ozean unsicher machen, denn keine menschliche Waffe kann seinen Schuppenpanzer durchdringen, niemand vermag ihm Angst einzujagen, kein Lebewesen kann es mit ihm aufnehmen. Töten wird ihn dem Talmud zufolge schließlich der Erzengel Gabriel. Der wird anschließend sein Fleisch an die Gerechten verteilen, die in einem aus der Schuppenhaut des Untiers gefertigten Zelt wohnen werden. Andererseits heißt es in einem Psalm, Jahwe habe die Häupter des Leviatan zermalmt (Ps. 74,12 ff.). Mit anderen Worten: keiner weiß Genaueres über den Verbleib dieses Ungeheuers – und das Meer ist groß!

Recht übereinstimmend werden die mesopotamische Urgöttin Tiamat und deren Nachkomme Muschchuschu (der aufgrund einer falschen Lesart auch als Sirrusch bekannt ist) als Drachen bezeichnet. Der Heidelberger Assyriologe Stefan M. Maul ist ebenfalls dieser Ansicht und bestätigt, eine häufig genannte Tierdarstellung auf dem Ischtartor zeige ebendiesen von Marduk gezähmten Drachen. Seine Geschichte haben wir bereits erzählt (→ S. 14) und gesehen, dass auch die alte Beschreibung dieser Deutung nicht unbedingt widerspricht. Auf einem babylonischen Rollsiegel ist Marduk zusammen mit Muschchuschu zu sehen, der hier, anders als auf dem Ischtartor und auf der folgenden Abbildung, als gehörntes Schlangenwesen mit einem gewaltigen Maul und zwei krallenbewehrten Beinen dargestellt ist.

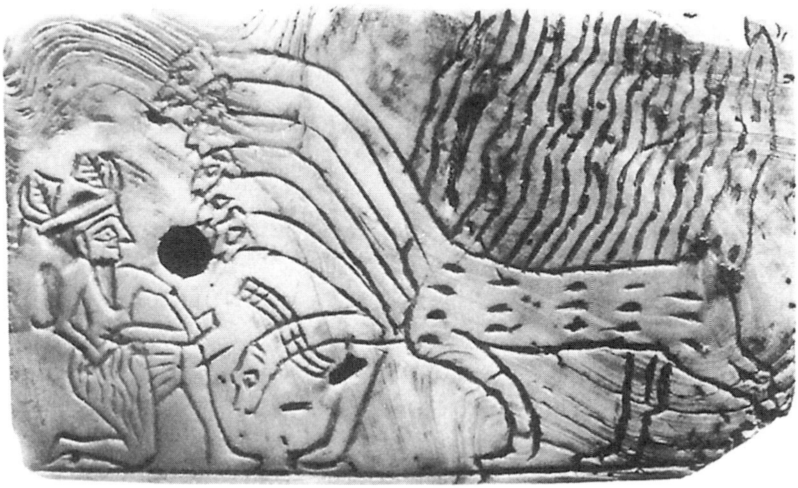

Ein weiteres altorientalisches Monster, das neben dem von Baal erschlagenen Meeresungeheuer Jam oft genug als Drache gehandelt wird, spielt im akkadischen Gilgamesch-Epos (2. Jt. v. Chr.) eine Rolle. Im Wesentlichen geht es hier darum, dass der Held Gilgamesch sich mit Gedanken an den Tod quält und beschließt, vor seinem Lebensende wenigstens Ruhm zu erwerben. Er sichert sich die Hilfe des Sonnengottes Utu und macht sich mit zahlreichen Begleitern auf den Weg zum Land, »das den Menschen leben lässt«. Sie ziehen über sieben Gebirge und gelangen schließlich zum Zedernbergland, das von dem schrecklichen Chumbaba bewacht wird.

Gilgamesch schlägt jede Warnung vor dem Ungeheuer in den Wind; er und seine Mannen fällen unverfroren die heiligen Zedern, und es kommt zum Kampf zwischen Gilgamesch und Chumbaba, wobei Letzterer unterliegt und um sein Leben fleht. Der Held will ihn eigentlich verschonen, auf Drängen seiner Begleiter hin tötet er ihn aber schließlich doch.

Chumbaba wird *nicht* eindeutig als Drache beschrieben. Aber einiges ist immerhin über ihn zu erfahren: »Sein Brüllen ist Sintflut, ja, Feuer sein Rachen, sein Hauch der Tod!« (Zweite Tafel 109f. und 196f.) Weiter heißt es, er sei stark, schlafe nie und sehe »gar unheimlich« aus. Wenigstens für den Assyriologen Noah Kramer genügten diese Angaben sowie der Kampf mit Gilgamesch, um Chumbaba als Drachen und Gilgamesch als den ersten St. Georg zu bezeichnen. Andere seines Faches äußern sich vorsichtiger und sprechen lediglich von einem Ungeheuer.

Will man den Rollsiegeln, Reliefen, Figuren, Kultbildern und Inschriften glauben, wimmelte es in früheren Zeiten im Vorderen Orient nur so von Ungeheuern. Für einige von ihnen ist eine Identifikation als Drache, wie Stefan Maul erklärte und auch van Buren annimmt, gerechtfertigt. Auf manchen dieser Drachen sitzen Gottheiten, und auch wenn es nach van Buren nur solche waren, die mit Fruchtbarkeit in Verbindung standen, beweisen sie, dass die heute so beliebten Drachenreiter keine moderne Erfindung sind.

Interessant ist aber auch das Fazit, das van Buren aus den zahlreichen mesopotamischen Drachendarstellungen zieht: Er erklärt nämlich, es gebe keinerlei Beweise dafür, dass der Drache den Göttern oder Menschen feindlich gesonnen oder »böse« gewesen sei. Er war seiner übernatürlichen Fähigkeiten wegen Ehrfurcht einflößend, und da mit allem Übernatürlichen nicht zu spaßen ist, musste man auch dem Drachen mit Vorsicht und Ehrerbietung begegnen; aber im strengen Sinne des Wortes *gefürchtet* war er nicht.

Einige weitere Wesen des alten Orients werden ebenfalls wiederholt als Drachen bezeichnet. Das eine ist der berühmte ägyptische Schlangendrache Apophis. Hier sprechen die drachenähnlichen »Funktionen« des Untiers sowie seine riesige Größe für eine Identifizierung als Drache. Der Ägyptologe Wolfgang Helck erklärt, Apophis sei die Verkörperung der Mächte, die der Sonne feindlich gesonnen sind. Am Abend tritt er Re, dem Sonnengott, vor der Einfahrt in die Unterwelt entgegen und muss immer aufs Neue von Seth bekämpft werden. Das Gleiche spielt sich dann am Morgen noch einmal ab. Helck bezeichnet Apophis übrigens nicht als Drachen, sondern als Riesenschlange.

Ähnlich liegt der Fall bei einem hethitischen Monster, dem Illujanka. Er wird überwiegend als Drache bezeichnet, und sogar dessen »Name« soll in Wirklichkeit ein Appellativ sein und so viel wie »Schlangenungeheuer, Drache« bedeuten. Illujanka konnte sich, der Überlieferung zufolge, sowohl im Meer aufhalten als auch auf dem Festland in einer Höhle wohnen und nach Belieben menschliche Gestalt annehmen. Wie er eigentlich aussah, weiß allerdings niemand ganz genau. Auf einer Abbildung sieht er aber wie eine riesige Schlange aus.

Von der Geschichte, die den Tod des Illujanka beschreibt, gibt es eine ältere und eine jüngere Version. In beiden geht dem Hauptkampf eine Niederlage des Wettergottes Teschub voraus, der sich deshalb an Illujanka rächen will. In der älteren Fassung wird der Drache betrunken gemacht und dann gefesselt, damit ihn anschließend der Wettergott bequem erschlagen kann – eine recht unheldenhafte Weise, mit einem Drachen fertig zu werden!

Die jüngere Fassung dagegen erzählt Folgendes:

Illujanka raubt dem Wettergott anlässlich seines früheren Sieges das Herz und die Augen. Der blinde Wettergott hat nun viel Zeit, seine Rache vorzubereiten, und heiratet zunächst die Tochter eines Mannes mit Namen »Armer«. Mit ihr bekommt er einen Sohn, der wiederum die Tochter des Illujanka zur Frau nimmt. Als Hochzeitsgeschenk verlangt der Schwiegersohn von Illujanka Herz und Augen seines Vaters zurück und bekommt sie auch.

Damit ist Teschub wieder ganz der Alte und zieht aus, um den Drachen ein für alle Mal unschädlich zu machen. Als Teschub eintrifft, befindet sich sein eigener Sohn zufällig gerade bei Illujanka, und der Wettergott weiß nicht recht, wie er sich jetzt verhalten soll. Da erklärt der Sohn ihm uneigennützig, er solle auf seine Person keine Rücksicht nehmen, und Teschub tötet im folgenden Kampf Illujanka und seinen eigenen Sohn.

Der Mythos von Illujanka gelangte bis zu den Griechen, und vor allem die neuere Version beeinflusste (so von Schuler) die Geschichte des Drachen Typhon, die wir im nächsten Kapitel erzählen werden. Vorerst aber begeben wir uns in den Iran, denn auch dort gab es Drachen (persisch *tannin*, türkisch und arabisch *tinnin*), an denen echte Männer ihre Kräfte messen konnten.

In der persischen Literatur sind die Drachen im Allgemeinen wilde Bestien, die ganze Landstriche terrorisieren – sie sind streitsüchtig und böse, ja, der Teufel selbst verkleidet sich zuweilen als Drache. Doch gibt es auch einige rühmliche Ausnahmen. Im *Darabname*, einem im 16. Jahrhundert fixierten, aber älteren volkstümlichen Roman, erklärt ein netter Drache dem Titelhelden Darab, wo er seine Mutter finden kann.

Die persischen und türkischen Drachen haben in der Regel vier Füße, unterschiedlich viele Zehen und können Feuer nicht nur aus dem Maul, sondern auch von ihren Schultern aus, und zwar nach vorn wie nach hinten, verschießen. Trotz ihrer grundsätzlichen Bösartigkeit wurden sie sehr oft in Manuskripten, auf Buchdeckeln, Kunstgegenständen, auf Keramik, Thronen, Türklopfern, Gürteln, Schuhlöffeln, Satteldecken, Teppichen und dergleichen mehr abgebildet. Neben vielen namenlosen Exemplaren wurden auch solche Drachen verewigt, die gegen berühmte Helden gekämpft und dadurch einen ehrenvollen Tod gefunden hatten.

Da gab es zum einen den *Azhi Dahaka*, den dreiköpfigen, starken Drachen, der Jungfrauen zu rauben pflegte, bis er vom Helden Feredun getötet wurde. Nach einer viel älteren Version der Geschichte wurde das Ungeheuer, das der Erzböse Ahriman erschaffen hatte, damit er das Universum verschlinge, von Atar, dem Sohn des guten Gottes Ahura Mazda, überwunden, allerdings dann nur gefesselt; später wird er sich, genau wie die Midgardschlange, losreißen und am endzeitlichen Kampf des Guten gegen das Böse teilnehmen.

Der Held Kirsasp setzte sich dagegen ahnungslos auf den Rücken eines Drachen und kochte dort gemütlich und nichts Böses ahnend sein Mittagessen. Das Feuerchen ließ den Drachen aber allmählich doch ein wenig ins Schwitzen geraten. Und als es ihm schließlich zu heiß wurde, sprang er auf und warf Feuer, Kochtopf und Kirsasp um. Der, ausgesprochen tapfer, nahm die Beine in die Hand und rannte um sein Leben. Schließlich besiegte er den Drachen aber doch noch, indem er ihm eine Keule auf den Schädel haute. Dass er zunächst die Flucht ergriff, war verzeihlich, denn sein Gegner besaß nicht nur elend große Hörner, sondern auch Zähne so lang wie ein Arm, von denen verwesende Leichen herabbaumelten – und Augen groß wie Wagenräder.

Der aus dem persischen Raum aber mit Abstand bekannteste Drachentöter war eindeutig Rostam, dessen Taten – neben denjenigen zahlreicher anderer Drachen tötender Helden – in Ferdousis *Shahname*, dem berühmten »Buch der Könige«, verewigt wurden.

Rostam ist gerade auf dem Weg, seinen König zu befreien, als er (als eine von sieben Prüfungen) auch mit einem Drachen konfrontiert wird. Er liegt also eines Nachts im Freien und schläft friedlich, als sich ein Drache nähert, um sein Pferd anzugreifen. Das treue Tier bemerkt das Monster, wiehert laut und rennt zu seinem Herrn, um ihn zu warnen. Als Rostam erwacht, ist der Drache jedoch verschwunden und Rostam ziemlich verärgert über sein Pferd, das ihn, wie er meint, grundlos geweckt hat. Das Ganze wiederholt sich, und dieses Mal droht Rostam seinem Pferd damit, es zu bestrafen. Als aber der Drache ein drittes Mal kommt, kann das brave Pferd den Helden rechtzeitig wecken, und gemeinsam schaffen sie es, mit dem Ungeheuer fertig zu werden (→ Farbtafel).

Auf welche Weise das vor sich ging, darüber gibt es verschiedene Überlieferungen, wovon eine die altbekannte Methode mit den scharfen Klingen nennt, die der Drache zu seinem Nachteil verschluckt (→ S. 79). Wie auch immer Rostam es anstellte, fortan jedenfalls trug er, wie manch anderer persischer Drachentöter, König und Adliger, in seiner Flagge das Emblem des Drachen.

Auch der Sohn des persischen Königs Guschtasp, Rostams Rivale Isfandiyar, der allerdings längst nicht ein so großer Held war wie jener, hatte eine Auseinandersetzung mit einem rabenschwarzen Drachen. Da *er* aber nicht über ein Heldenross verfügte, ließ er sich, bevor er in den Kampf zog, einen mit Schwertklingen besetzten zweispännigen Wagen bauen. Erwartungsgemäß verschlang der Drache Pferde und Wagen, der sperrige Bissen blieb ihm im Halse stecken, und Isfandiyar konnte ihm den Kopf abhauen. Anschließend wurde er von den Giftdämpfen ohnmächtig und musste mit Rosenwasser wiederbelebt werden.

Ein anderer Held, Bahram Gur, tötete einen Drachen und schlitzte ihm anschließend den Bauch auf, um einen kurz zuvor verschluckten Mann zu befreien. Und da sich diese Vorgehensweise bewährte, verfuhr er bei einem anderen Drachen ebenso und fand im Magen des Ungeheuers das noch lebende Fohlen einer Eselin.

Ja, und schließlich darf auch Alexander der Große unter den Drachentötern von Rang und Namen nicht fehlen. Auch ihm wird nämlich im *Shahname* eine entsprechende Begegnung nachgesagt. Sein Drache war selbstredend ein Ausbund an Grausamkeit, seine Giftdämpfe reichten bis zum Mond, und er fraß mehrere Ochsen täglich. Alexander kam, sah und ordnete an, den Drachen erst einmal einen Tag lang hungern zu lassen und in der Zwischenzeit Ochsenhäute mit Erdöl zu füllen. Als dann der Drache mit leerem Magen und entsprechend wütend angestürmt kam, warfen ihm die Leute die Häute vor; er fraß sie – und das war sein unrühmliches Ende. Das Ganze ist eigentlich kaum als eine Heldentat Alexanders zu bezeichnen, da er lediglich aus sicherer Entfernung zusah – aber immerhin war es klug von ihm ausgedacht!

Häupter und Heroen

Von seinem Vater, König Agenor von Phönikien, ausgesandt, um seine von Zeus geraubte Schwester Europa zu suchen, ließ sich Kadmos, da er Europa nicht fand, nebst seiner Mutter in Thrakien nieder. Nach deren Tod ging er nach Delphi und wurde, nach Angabe des Orakels, von einem Rind nach Böotien zu der Stelle geleitet, wo er die Stadt Theben gründen sollte. Kadmos wollte zuvor den Göttern opfern und sandte seine Genossen nach Wasser; die Quelle wurde aber von einem Drachen bewacht, der die meisten tötete.

Lassen wir nach diesem etwas dürren Bericht aus *Pierer's Universal-Lexikon* von 1860 nun den wortgewaltigeren Gustav Schwab weitererzählen: Als er vom Schicksal seiner Freunde erfährt, schwört Kadmos, sie zu rächen oder ihnen in den Tod zu folgen …

Mit diesen Worten ergriff er ein Felsstück und sandte es gegen den Drachen. Mauern und Türme hätte wohl der Stein erschüttert, so groß war er. Aber der Drache blieb unverwundet, sein harter schwarzer Balg und die Schuppenhaut schirmten ihn wie ein eherner Panzer. Nun versuchte es der Held mit dem Wurfspieß. Diesem hielt der Leib des Ungeheuers nicht stand, die stählerne Spitze stieg tief in sein Eingeweide nieder. Wütend vor Schmerz drehte der Drache den Kopf gegen seinen Rücken und zermalmte dadurch die Stange des Wurfspießes, aber das Eisen blieb im Leibe stecken. Ein Streich vom Schwerte steigerte noch seine Wut, der Schlund schwoll ihm auf, und weißer Schaum floss aus dem giftigen Rachen. Aufrechter als ein Baumstamm schoss der Drache hinaus, dann rannte er mit der Brust wieder gegen die Waldbäume. Agenors Sohn wich dem Anfalle aus, deckte sich mit der Löwenhaut und ließ die Drachenzähne an der Lanzenspitze sich abmüden. Endlich fing das Blut an, dem Untier aus dem Halse zu fließen, und rötete die grünen Kräuter umher; aber die Wunde war nur leicht, denn der Drache wich jedem Stoß und Stiche aus und gestattete den Streichen nicht, fest zu sitzen. Zuletzt jedoch stieß ihm Kadmos das Schwert in die Gurgel, so tief, dass es hinterwärts in einen Eichbaum fuhr und mit dem Nacken des Ungeheuers zugleich der Stamm durchbohrt wurde. Der Baum wurde von dem Gewichte des Drachen krumm gebogen und seufzte, weil er seinen Stamm von der Spitze des Schweifes gepeitscht fühlte. Nun war der Feind überwältigt.

Jetzt brach der Held dem Ungeheuer die Zähne aus und steckte sie in die Erde. Bald entsprangen aus der Saat geharnischte Männer, die sofort wütend übereinander herfielen. Nach einem erbitterten Kampf waren nur noch fünf von ihnen am Leben: Sie halfen Kadmos, Theben zu erbauen und wurden die Ahnen der thebaischen Adelsgeschlechter.

Der Triumph über den Drachen brachte dem Helden allerdings keinen Segen. In Ovids *Metamorphosen* geht die Geschichte folgendermaßen weiter: »Besiegt durch Gram und gereihete Übel des Hauses« verließ Kadmos schließlich das von ihm gegründete Theben und quälte sich mit Zweifeln: »Sollte vielleicht«, so sagte er zu seiner Frau Harmonia, »der Drache da, den ich durchbohrte, gar ein Geheiligter sein?« Und weiter sinnierte er: »Wenn ihn sorgsame Götter gerächt mit so treffendem Zorne; Mög' ich doch selbst auf dem Bauch als langer Drache mich winden!« Da verwandelte er sich tatsächlich in einen Drachen und seine treue Gattin, die er in dieser Gestalt umschlang, mit ihm. Und dann entschwanden beide in den Wald.

Das war ausgleichende Gerechtigkeit, könnte man meinen, schließlich hatte der Drache dem Kadmos nichts getan. Jener saß stillvergnügt in einem Hain und bewachte eine Quelle – *seine* Quelle – und verteidigte sie gegen Eindringlinge. Das ist das gute Recht jedes Hausherrn. Man hätte ihn einfach nur in Ruhe zu lassen brauchen!

Kadmos hatte übrigens nicht alle Drachenzähne ausgesät. Ein paar davon behielt Athene, und sie spielen in einer weiteren Drachengeschichte eine Rolle. Der Held Iason soll im Auftrag seines Onkels das Goldene Vlies besorgen, das sich im Gewahrsam des Königs Aietes befindet. Dieser willigt auch ein, es ihm zu geben, unter der Voraussetzung allerdings, dass Iason einige praktisch nicht zu bewältigende Aufgaben erfüllt. Der Gott der Liebe, Eros, aber lässt Iason in Liebe zu Aietes' Tochter, der Zauberin Medea, entbrennen, und mit ihrer Hilfe gelingt es ihm, wie verlangt, zwei Feuer speiende Ochsen anzuschirren und ein riesiges Feld mit ihnen zu pflügen. Dort hinein muss er anschließend die restlichen Drachenzähne säen, aus denen, wie bei Kadmos, wilde Krieger erwachsen, die sich auf ihn stürzen. Iason gelingt es, deren Wut auf sich selbst zu richten. Sie erschlagen sich gegenseitig, und Iason hat seine Aufgaben erfüllt.

Der König aber hält sich nicht an die Abmachung, und Iason bleibt nichts anderes übrig, als das Goldene Vlies, das von einem riesigen Drachen bewacht wird, mit Gewalt an sich zu bringen. Wiederum bedarf es der Hilfe der Zauberin. Medea bedient sich einer Reihe von Kräutern und Formeln und bewirkt damit, dass der Drache friedlich einschläft, so dass Iason das Vlies stehlen kann, ohne ihn töten zu müssen.

Einer anderen Version zufolge, die, weil malerisch, auf griechischen Vasen dargestellt ist, verschluckt der Drache Iason im Kampf und ist nur durch das Eingreifen Athenes dazu zu bewegen, den Helden wieder auszuspucken – worauf er ermordet wird!

Um einen Drachen anderer Art handelte es sich bei Typhon. Seine Aufgabe bestand nicht darin, ein magisches Vlies, eine Quelle oder, wie Ladon (von dem gleich erzählt werden soll), goldene Äpfel zu bewachen – sein einziges Lebensziel war die Rache! Nur zu diesem Zweck war er geboren worden. Gaia nämlich, seine Mutter, die Göttin der Erde, hatte zuvor mit ansehen müssen, wie Zeus die Titanen vernichtete. Sie waren zugegebenermaßen zwar ziemlich hässlich mit ihren Schlangenschwänzen und außerdem schlimme Wüteriche, aber sie waren auch ihre Kinder. Darum schuf sie zusammen mit Tartaros den Typhon, der die Titanen, sowohl, was das Aussehen, als auch, was den Charakter anging, an Schrecklichkeit bei weitem übertraf.

Hesiod beschreibt in seiner *Theogonie* das Monstrum wie folgt:

> Ungeheuer kräftige Arme sind ihm gegeben,
> Unermüdlich auch sind die Füße des Starken; den Schultern
> Wie von Schlangen entwachsen hundert grässliche Häupter,

Züngelnd mit schwärzlichen Zungen, ihm glomm aus zahllosen Augen
Seiner göttlichen Häupter hervor unter Brauen ein Feuer,
Ja, es brannte von Feuer der Blick aus sämtlichen Häuptern.
Stimmen auch waren in sämtlichen grässlichen Häuptern enthalten,
Von sich gebend unsägliche, unverständliche Laute,
Nur den Göttern verständlich, dann wieder wie eines Stieres
Wütend lautes Gebrüll von ungebändigter Stärke.

Woanders heißt es auch, von den Hüften abwärts sei der Drache schlangenförmig gewesen, er habe Flügel besessen, und um Häupter und Wangen hätten wild Haare geweht. Dieses Ungeheuer, das nicht nur grässlich, sondern obendrein, wenigstens laut Apollodor, größer als alle Berge war, sollte also Menschen und Göttern Verderben bringen. Zeus jedoch sah mit seinen scharfen Augen, was vor sich ging, stieg mit solcher Energie vom Olymp, dass er wackelte und die Erde bebte, und drang mit Blitz und Donner auf Typhon ein. Der Drache wehrte sich mit seinem Feueratem, und so kämpften die beiden miteinander, bis Erde, Himmel und Wasser glühten. Je nach Überlieferung gewann mal der eine mal der andere die Oberhand, und so jagten sie durch alle Himmels- und Erdenräume, bis Zeus schließlich den entscheidenden Schlag führen konnte und sämtliche Häupter des Typhon absengte.

Es ist nicht so ganz klar, ob der Drache dann auch wirklich tot war oder aber noch immer am Leben ist; denn warum hätte Zeus anschließend den Ätna und ein paar Städte über den Drachen stülpen sollen, wenn er nicht mehr lebendig war? Zumindest laut Ovid ist er tatsächlich nicht gestorben, denn ab und an rührt er sich, schleudert Sand aus und speit Glut »aus dem greulichen Schlunde«. Und das tut der Ätna nachweislich heute noch.

Es kann also keineswegs eindeutig entschieden werden, ob Typhon tot oder nur lebendig begraben ist, und so muss auch bei einer anderen Sage der Beweis erst noch erbracht werden, dass der Drache wirklich getötet wurde – und wenn, dann von wem.

Die Rede ist von Ladon. Er war riesengroß und mit hundert Köpfen ausgestattet und so extrem wachsam, dass er niemals schlief. Daher eignete er sich ausgezeichnet als Wachhund, oder besser gesagt als Wachdrache.

Ladon wurde dazu eingesetzt, zusammen mit den Hesperiden, den Töchtern der Nacht, in einem heiligen Garten einen Apfelbaum zu bewachen, der voller goldener Äpfel hing. Ihn hatte Gaia, die Erde, einst als Hochzeitsgeschenk für Zeus und Hera wachsen lassen. Nun aber konnte sich, dank des Drachen, niemand unbemerkt und ungestraft dem Baum und seinen Früchten nähern, den Symbolen ewiger Jugend, Fruchtbarkeit und Liebe. So lange wenigstens, bis Herakles auf der Bildfläche erschien.

Herakles tat dies allerdings nicht aus freien Stücken. Er hatte inzwischen die Hydra besiegt und kannte sich mit Drachen also aus. Nun, als er schon dachte, er hätte alle Aufträge des Eurystheus bewältigt, ließ der König zwei davon nicht gelten und gab dem Helden unter anderem die Ersatzaufgabe, die goldenen Äpfel der Hesperiden zu stehlen.

Herakles macht sich also auf den Weg, der entsprechend lang ist, da der Held zunächst gar nicht weiß, wo sich Ladon überhaupt aufhält. Das stört ihn aber nicht weiter, er geht unverdrossen fürbass und fragt jeden, den er trifft, nach den Gärten der Hesperiden. Endlich wird er auf den Flussgott Nereus verwiesen; Herakles braucht nur ein klein wenig handgreiflich zu werden, und schon hat er die gewünschte Auskunft. Nun zieht er durch viele Länder, besteht Abenteuer nach Abenteuer und erreicht schließlich sein Ziel.

An diesem Punkt aber wird die Sache problematisch, denn es heißt, Ladon sei neben allem anderen auch unsterblich. Dementsprechend bringt Herakles nach einer Version der Geschichte den Ladon nicht um, sondern lässt ihn durch die Hesperiden einschläfern – und kann sich der Äpfel bemächtigen. Das ist natürlich wenig heldenhaft und eines Halbgottes wie Herakles nicht würdig. Also weiß eine andere Fassung der Sage, dass Herakles doch den Kampf gegen Ladon aufnahm und ihn – Unsterblichkeit hin oder her – zuletzt tötete. Es gibt allerdings auch noch eine dritte Überlieferung. Gustav Schwab zieht diese vor, selbst wenn Herakles keine besonders gute Figur dabei abgibt.

Demnach überredet Prometheus Herakles, nicht selbst in den Garten einzudringen, um die Äpfel zu stehlen, sondern Atlas, den Träger des Himmelsgewölbes, vorzuschicken. Atlas erklärt sich auch dazu bereit und übergibt die Himmelskuppel (»Halt mal so lange!«) an Herakles. Er schläfert den sich um den Baum ringelnden Drachen ein, tötet ihn anschließend und nimmt die Äpfel an sich. Jetzt aber genießt er es so sehr, einmal nichts auf den Schultern zu haben, dass er nicht daran denkt, Herakles wieder abzulösen. Der aber lässt sich eine List einfallen. Er will, wie er Atlas versichert, nur mal eben einen »Bausch aus Stricken« um seinen Kopf binden, damit die kosmische Last nicht so drückt, bittet den einfältigen Atlas, so lange den Himmel zu halten – und macht sich von dannen!

Das Motiv der Schlange oder des Drachen, die goldene Äpfel bewachen, begegnet uns übrigens nicht nur im griechischen Mythos, es taucht auch in den unterschiedlichsten Märchen auf. Ob es aber, mit Uwe Steffen, als »gefährliche Seite des Unbewussten, das zurückschlingen will«, zu deuten ist, mag dahingestellt bleiben. Vielleicht weil er in treuer Erfüllung seiner Pflicht gestorben war, wurde Ladon übrigens an den Himmel versetzt, wo er seither als das Sternbild des Drachen zu sehen ist.

Auch ein weiterer griechischer Drache brachte es nach seinem Tod zu einer gewissen Unsterblichkeit, indem er einer Riesenschlange seinen Namen lieh; die Rede ist von Python.

Python war ein Sohn der Erdgöttin Gaia und hütete getreulich deren Orakel zu Delphi. Manche behaupten zwar, er sei erstens nicht männlich und zweitens die Schwester des Typhon gewesen und habe Delphyne geheißen; bekannt geworden ist der Schlangendrache allerdings als Python, daher bleiben wir dabei.

Es war sein Unglück, dass ausgerechnet der Gott, der neben seinen zahllosen Liebschaften auch schon genügend anderes zu tun hatte, der schöne Apollon, es sich in den Kopf gesetzt hatte, die Kunst der Prophezeiung zu erlernen. Und nachdem er durch den bocksfüßigen Pan darin unterwiesen worden war, beschloss er, selbst das Orakel von Delphi zu übernehmen. Dafür aber musste erst der Drache aus dem Weg geräumt werden. Mithilfe der Göttin Leto, seiner Mutter, gelang es Apoll schließlich auch, Python zu erschießen »und das Gift floss aus durch schwärzliche Wunden«. Mit dieser aus reiner Eigensucht vollbrachten Tat gewann Apoll zunächst allerdings keine Freunde und um den Mord zu sühnen, arbeitete er erst einmal ein Jahr lang als Hirte für den thessalischen König Admetos. Erst dann kehrte er nach Delphi zurück und nahm die Dienste der Orakelpriesterin Pythia in Anspruch. Seine Ehre war wiederhergestellt, und zum Andenken an seinen Sieg über den Drachen stiftete der Gott alle vier Jahre abzuhaltende Festspiele:

Und dass nimmer den Ruhm des Werkes vertilge das Alter,
Stiftet' ein heiliges Fest mit gefeierten Kämpfen Apollo,
Nach dem gebändigten Tiere die pythischen Spiele geheißen.

Auch bei Malern überaus beliebt war schließlich ein weiterer Drachenkampf, der sich im alten Griechenland zutrug. Und dieses Mal war neben dem Zeussohn Perseus ein im Wasser hausendes Ungeheuer der unglückliche Hauptheld.

Perseus war auf dem Rückflug von seinem großen Abenteuer, dem Kampf mit der Medusa. Er hatte deren Kopf im Rucksack und flog in seinen von Hermes geliehenen geflügelten Sandalen gerade über das Meer, als er plötzlich ein bildschönes nacktes Mädchen sah, das an eine Klippe gebunden stand und lauthals weinte.

Perseus bremste, landete und fragte sie, was los sei. Sie erzählte ihm, ihre Mutter habe die Töchter des Meereskönigs Poseidon beleidigt, indem sie behauptet habe, sie und ihre Tochter Andromeda seien schöner als die Seenymphen. Zur Strafe sandte der erzürnte Vater Sturmfluten und außerdem einen Seedrachen, um damit das Land zu verwüsten. Nur wenn ihm Andromeda geopfert werde, würde er seine Rache beenden, ließ Poseidon durch ein Orakel verkünden.

So wurde also das unschuldige Mädchen an den Felsen gefesselt und wartete nun darauf, dass der Drache kam, um sie zu verschlingen. Perseus verliebte sich augenblicklich in die Unglückliche. Er ließ sich von ihren Eltern versichern, dass er sie nach ihrer Befreiung zur Frau nehmen durfte, und erhob sich dann wieder in die Lüfte. Sobald er den Drachen nahen sah, stürzte er von oben wie ein Habicht auf ihn nieder. Je nach Version bewarf er ihn nun mit Steinen, erstach ihn mit seinem Schwert, enthauptete ihn oder zeigte ihm das Haupt der Medusa, woraufhin der Drache versteinert im Meer versank. Gleich wie er es nun anstellte, jedenfalls war der Drache anschließend tot und Andromeda frei. Und nachdem noch einige kleinere Schwierigkeiten aus dem Weg geräumt waren, konnten die beiden auch heiraten und miteinander glücklich sein.

Während alle bisher referierten Drachengeschichten selbstverständlich keinerlei Zweifel unterliegen, würden wir bei einer weiteren, die Conrad Gesner in seinem Schlangenbuch erwähnt, doch gewisse Bedenken anmelden. Hiernach soll nämlich Jupiter die Proserpina ausgerechnet in Gestalt eines Drachen verführt und mit ihr einen Sohn in Stiergestalt gezeugt haben! Aber andererseits sind die Wege der Gottheiten bekanntlich unerforschlich …

Im Zeichen des Kreuzes

In einem früheren Kapitel haben wir einige zum Teil sehr erfolgreiche Methoden aufgezählt, wie man Drachen zu Leibe rücken konnte. Eine in verschiedenen Variationen immer wieder erprobte Technik allerdings haben wir bislang nicht gebührend besprochen: Die Rede ist vom Einsatz christlicher »Waffen« wie Kreuz, Weihwasser oder ähnlicher sakraler Utensilien. Man erinnere sich an die Geschichte der Jungfrau im Siebengebirge, die dem Drachen als Opfer bestimmt war und das Ungeheuer nur dadurch bezwang, dass sie ihm ihr Kreuz vor die Nase hielt, woraufhin es mit Getöse in den Abgrund stürzte (→ S. 49). Und das war nicht etwa ein Einzelfall! Nein, Drachen reagierten auf das Kreuz offensichtlich ähnlich panisch wie Vampire; kein Wunder also, dass sich diese Drachenkampfmaßnahme allmählich herumsprach.

Berühmter als diese namenlose christliche Jungfrau war die heilige Margareta. Sie, die später zur Patronin des Bauernstandes und der Frauen wurde, lebte, so die Legende, einst in Antiochia; da sie eine gläubige Christin war, schlug sie die Ehe mit einem heidnischen Stadtpräfekten, der sie heiß begehrte, entschieden aus. Daraufhin ließ der Verschmähte sie in den Kerker werfen und, als sie ihrem Glauben nicht abschwören wollte, auf die unterschiedlichste Art foltern. Damit nicht genug, erschien ihr, als sie vollkommen zerschlagen in ihrer Zelle lag, ein fürchterlicher Drache und stürzte sich auf sie, um sie zu verschlingen. In einer Version der Geschichte tat er das auch tatsächlich, und Margareta verschwand in seinem Bauch. Da schlug sie in ihrer Verzweiflung das Zeichen des Kreuzes, und der Drache zerplatzte. Der weniger dramatischen Fassung zufolge machte sie lediglich vor dem Drachen das Kreuzzeichen, woraufhin er sang- und klanglos verschwand (→ Farbtafel).

Der Drache, der Margareta im Kerker erschien – und mit dem die Heilige zumeist abgebildet wird –, war, so die immer wieder gegebene Erklärung, niemand anderer als der Teufel. Und hier müssen wir auf die bereits in der Bibel explizit geäußerte Deutung des Drachen als das Böse, das Negative, das Dunkle schlechthin zurückkommen. Niemandem konnte eine solche Gleichsetzung nämlich willkommener sein als denjenigen, die das Heidentum mit Stumpf und Stiel ausrotten und damit den dämonischen Drachen der Finsternis zertreten wollten. Jeder also, der unter der Fahne des Christentums einen Drachen besiegte und nicht gerade wie Margareta im Gefängnis saß, befreite damit das in der Nähe wohnende Volk nicht nur von einer Landplage, sondern auch vom Dämon des Unglaubens und errichtete damit eine weitere christliche Bastion.

Angesichts einer so simplen wie effektiven Bekehrungsmaßnahme könnte man sich eigentlich darüber wundern, dass sich offenbar nur vergleichsweise wenige christliche Missionare ihrer bedienten, während die anderen es, anstatt unter den Drachen aufzuräumen, mit Bäumefällen und ähnlich gefährlichen Taten probierten! Allgemein bekannt und populär sind eigentlich nur zwei christliche Drachentöter, wovon einer, nämlich Michael, gar kein Mensch ist, sondern ein Erzengel; der andere ist Georg, dessen Geschichte wir schon erzählt haben (→ S. 66).

Michael ist nicht nur Patron der katholischen Kirche, sondern auch der armen Seelen, der Friedhöfe, der Kaufleute, Maler, Apotheker und einer Reihe weiterer Berufsstände. Er war, wie daraus zu ersehen ist, lange Zeit außerordentlich beliebt, zumal er mehrmals auf der Erde erschien und beispielsweise die Römer von einer Pestepidemie befreite. Er war es auch, der den Drachen, der Offenbarung zufolge, aus dem Himmel auf die Erde schleuderte – eine nicht unbedingt menschenfreundliche Tat, da der Drache den Sturz überlebte und nun nicht mehr die Himmlischen, dafür aber die Irdischen drangsalieren konnte. Jedenfalls kann man den heiligen Michael damit als den ersten berühmten Drachenkämpfer des Christentums bezeichnen, und unter seinem Namen wurden folglich auch die beiden ersten Kreuzzüge durchgeführt.

Als allerdings der zweite Kreuzzug nicht gerade erfolgreich endete, konnte der heilige Georg Michael in der Gunst der Menschen verdrängen und erfreut sich seither einer ungeheuren Beliebtheit. Er avancierte nicht nur beim einfachen Volk, sondern auch bei Herrschern und Adligen zum beliebtesten Heiligen. Darüber hinaus ist er einer der 14 Nothelfer, Schutzpatron von mehreren Königreichen, Orden, Bruderschaften, zahlreichen Berufsständen, Gefangenen, Wanderern, Pferden und Vieh und obendrein »Groß-Märtyrer«. Sein Abbild – stets mit dem Drachen zu seinen Füßen – findet sich auf unzähligen Hauswänden, Kirchen, Denkmälern aller Art, Bildern, Münzen, Fahnen, Wappen, Wirtshausschildern und, wie man im Drachenmuseum zu Furth im Wald sehen kann, auch auf Bierseideln. Eben in Furth findet zu Ehren des heiligen Georg, der samt Drachen auch als Relief auf dem dortigen Rathaus abgebildet ist, seit dem 16. Jahrhundert alljährlich der am Sonntag nach Fronleichnam gefeierte berühmte »Drachenstich« statt. Was für uns der Further Drachenstich, war übrigens in England der *Snap Dragon*, der in Norwich viele Jahrhunderte lang in feierlichen Umzügen durch die Straßen geführt wurde – ursprünglich ebenfalls zu Ehren des heiligen Georg.

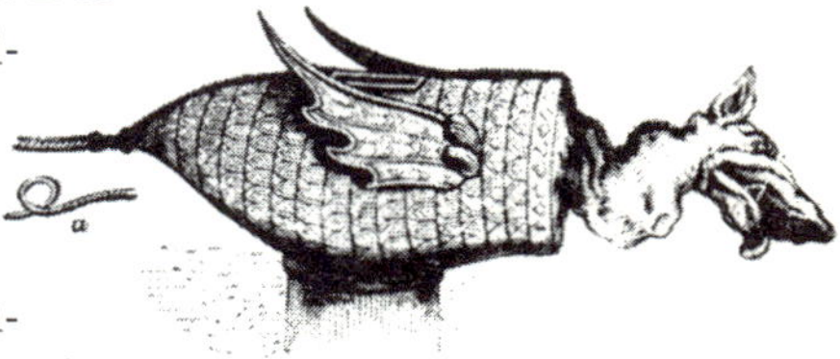

Georg gilt als der Sieger schlechthin, und so diente sein Name früher den Engländern als Schlachtruf. Ja, die armen kolonisierten Iren mussten dafür sogar das so wirkmächtige eigene Feldgeschrei *Aboo* aufgeben. Und das alles, obwohl lange Zeit in den Legenden und auch auf bildlichen Darstellungen des Heiligen von einem Drachen »weit und breit«, wie es Ludwig Rohner ausdrückt, nichts zu sehen beziehungsweise zu hören oder zu lesen war!

Man könnte sagen, Georg kam zum Drachen wie die Jungfrau zum Kinde. Und nicht etwa er allein; er ist zwar der mit Abstand bekannteste Drachenheilige, aber bereits in der im 13. Jahrhundert von dem Dominikaner Jacobus de Voragine verfassten »Legenda aurea« ist von 30 Heiligen die Rede, die sich auf die ein oder andere Weise mit Drachen herumschlugen. In den darauf folgenden Jahrhunderten hat sich diese Zahl sogar rund verdoppelt. Auch wenn das gemessen an den insgesamt gut 25 000 christlichen Heiligen eine Quantité négligeable ist, sind es doch weit mehr, als man gemeinhin annimmt. Zu diesen heiligen Drachentötern zählen etliche, die heutzutage kaum einer mehr kennt, wie beispielsweise Urgin oder Tiro (Theodorus von Euchaita); andere dagegen kennt man zwar, bringt sie aber landläufig nicht mit Drachen in Verbindung – wie beispielsweise den Papst und Heiligen Silvester:

Zu seinen Lebzeiten hauste, so die Legende, auf dem Forum Romanum ein Drache. Mit seinem Gifthauch tötete er alles, was in seine Nähe kam, und verpestete auf lange Zeit die ganze Umgebung. Als nun Papst Silvester von dieser Sache hörte, begab er sich unerschrocken dorthin, wo das Ungeheuer sich aufhielt, befahl seinem Gefolge zurückzubleiben und ging betend direkt auf den Drachen zu. Alle zitterten um sein Leben, aber das Wunder geschah, und der Lindwurm war entweder vom Anblick des dreisten (oder heiligen!) Papstes oder von dessen Gebet so gelähmt, dass man ihn mit einem Seidenfaden fesseln und problemlos töten konnte. Anschließend wurde das Ungeheuer, so heißt es weiter, unter drei Säulen des Dioskurentempels begraben, und Papst Silvester ließ zum Dank für die Hilfe des Himmels an Ort und Stelle eine Kirche errichten.

Ganz Kluge wollen allerdings wissen, dass der Pesthauch, unter dem die Bewohner jahrhundertelang gelitten hatten, nicht von einem Drachen herrührte, sondern von einer sumpfigen Quelle, die man bei Ausgrabungen unter dem Forum Romanum entdeckte. In diesem Fall müsste auch die heldenhafte Tat des Drachenbannens von den sonstigen Verdiensten des heiligen Silvester abgezogen werden.

Unumstritten ist allerdings, was von der heiligen Martha berichtet wird, die vor noch nicht langer Zeit ein wenig prosaisch zur Schutzpatronin der italienischen Hoteliers ernannt wurde. Sie lebte zusammen mit ihrem Bruder, dem später auferweckten Lazarus, und ihrer Schwester Maria in Bethanien, und wie bei Lukas zu lesen, nahm sie Jesus gastlich auf und machte sich seinetwegen »viele Sorgen und Mühen« (Lk. 10,38 ff.). Was *uns* aber interessiert, kam erst später: Nach Jesu Tod ging sie nämlich, wie die Legende berichtet, mit ihren beiden Geschwistern nach Südfrankreich, um dort zu missionieren.

Zu dieser Zeit lebte nahe bei einem südfranzösischen Städtchen namens Nerluc in einem großen See (oder aber in der Rhône – so ganz klar ist das nicht), ein schrecklicher Drache, den man Tarasque nannte. Er war riesengroß und hatte blau schimmernde stählerne Schuppen. Er kam immer wieder an Land, um sich in der Nähe grasendes Vieh oder auch einen Wanderer oder Bauern zu greifen und zu fressen. Die Bewohner der Umgegend wurden zunehmend verzweifelter und schickten schließlich eine dringende Botschaft an ihren König mit der Bitte um baldige Hilfe. Der aber hatte im Augenblick Besseres zu tun, und auch die vielen edlen Ritter hatten keine Lust, sich mit einem Drachen zu befassen, der nicht einmal einen Schatz oder eine schöne Jungfrau bewachte, die man anschließend als Lohn für seine Mühe erhalten würde. Und da der Drache nur dumme Bauern fraß, war die Sache auch keine Staatsaffäre.

Kurzum, niemand nahm Notiz von den Problemen der Einwohner von Nerluc, bis Martha, eine zarte, hübsche Jungfrau, des Weges kam oder vielmehr aus einem Boot stieg, in dem sie in diese Gegend gekommen war. Ihr Ruf hatte sich längst bis hierher verbreitet, und nun wurde sie von den Leuten angefleht, ihnen doch aus ihrer Not zu helfen.

Martha besann sich nicht lange: Mutig begab sie sich dorthin, wo der Drache gerade lag und die Reste eines armen Hirten vertilgte. Er war damit so beschäftigt, dass Martha unbemerkt nahe an ihn herantreten konnte. Zuvor hatte sie zwei Äste vom Boden aufgehoben, die sie, als sich der Lindwurm zu ihr umwandte, kreuzförmig vor sich hielt. Außerdem begann sie mit ihrer schönen Stimme Loblieder auf den Herrn zu singen – und das Wunder geschah, dass sich der Drache sanft wie ein Hündchen zu ihren Füßen hinkuschelte und lauschte.

Da bespritzte sie ihn mit Weihwasser, schlang ihren Gürtel um den Hals des Lindwurms und führte ihn, der ihr lammfromm folgte, in das Städtchen, wo er von den aufgebrachten Bewohnern, die sich anschließend natürlich zum Christentum bekehrten, zu Tode gesteinigt wurde. Ihre Stadt nannten sie zur Erinnerung an dieses Ereignis fürderhin Tarascon und feierten von da an jährlich ein Fest, in dem der Befreiung von diesem Drachen gedacht und eine Tarasque-Attrappe im Triumphzug durch die Stadt gezogen wurde.

Angesichts so großer Tapferkeit erscheint es ein wenig ungerecht, Martha, wie es häufig der Fall ist, als schlichte Hausfrau mit einem Kochlöffel in der Hand abzubilden. Ein weiterer Punkt, der für sie spricht, ist übrigens die Tatsache, dass sie versuchte, den Drachen vor der Wut der Menschen zu retten – was mehr ist, als man von anderen Heiligen behaupten kann. Die heilige Juliana von Komedien etwa warf »ihren« Drachen zu Boden, verprügelte ihn kurzerhand mit der Kette, mit der sie selbst gefesselt war, und warf ihn dann auf dem Weg zu ihrer Hinrichtung in eine Latrine!

Eine solch rüde Vorgehensweise war bei weiblichen Heiligen allerdings nicht die Regel; im Allgemeinen zähmten sie die Drachen lediglich mithilfe von Kreuz und Weihwasser oder frommen Gesängen und überließen die Drecksarbeit dem Pöbel. Die Ritter unter den Heiligen stachen ihre Drachen dagegen, wie auch auf etlichen Darstellungen zu sehen ist, mit Lanze oder Schwert nieder. Andere nahmen, was sie eben so zur Hand hatten. Ein französischer Bischof rammte beispielsweise »seinem« Drachen den Dorn seines Hirtenstabes in den Rachen, und eine Fahnenstange verwendete zu ebendiesem Zweck Mauritius von Agaunum.

Nicht alle aber waren so engagiert wie die genannten Heiligen oder etwa der Abt Liphardus von Meung, der einen Drachen, der den Zugang zu einer nahe gelegenen Quelle blockierte, eigenhändig durchbohrte. Den berühmten Drachen Gargouille, der das französische Rouen plagte, beseitigte der heilige Romanus dagegen, ohne sein wertvolles Leben in Gefahr zu bringen; *er* schickte einen zum Tode verurteilten Gefangenen vor, der den Drachen mit Aussicht auf Begnadigung in die Stadt führen sollte – was ihm auch gelang. Als Grund für den auf den ersten Blick doch unerwarteten

Erfolg wird angegeben, dass sich dieses Ereignis am Himmelfahrtstag abspielte. In Rouen angekommen, marschierte der Drache dann freiwillig direkt in ein riesiges Feuer, in dem er mit Haut und Schuppen verbrannte.

Nebenbei bemerkt, sollen die Söhne des heiligen Georg in die Fußstapfen ihres berühmten Vaters getreten sein: Sie erlegten nämlich mit vereinten Kräften den Drachen Pongo, der immer wieder aus dem Meer herauskam und in Sizilien Verheerungen anrichtete.

Wie Ludwig Rohner ausführt, war es in der Frühzeit des Christentums allerdings doch eher so, dass die Drachen lieber verscheucht oder »neutralisiert« als umgebracht wurden. Erst mit Olaf, dem späteren König der Norweger, so Rohner, sei ein rechter Drachentöter erschienen. Und so sollen zum Abschluss noch zwei heilige Drachenbezwinger erwähnt werden, die »ihre« Drachen löblicherweise am Leben ließen. Der eine von ihnen hieß Marcel; er lebte in Frankreich und war im fünften Jahrhundert Bischof von Paris.

Zur Amtszeit des Marcel wurde die Stadt von einem Drachen tyrannisiert, der in der Seine lebte und von Zeit zu Zeit eine Überschwemmung verursachte. Als sich wieder einmal eine solche Katastrophe ereignete, rief der heilige Marcel die Bürger zusammen und marschierte ihnen voran dorthin, wo der Drache lag und mit seinem riesigen Schwanz um sich schlug. Alles hielt den Atem an, als die beiden aufeinander zugingen. Marcel betete laut, und auch hier ereignete sich das Erstaunliche: Der Drache verneigte sich vor dem Bischof, wedelte wie ein Hundchen mit dem Schwanz und bat um Gnade. Marcel stupste ihn drei Mal am Kopf mit seinem Stab an und schlang ihm dann seine Stola um den Hals. Daraufhin schimpfte er ihn gründlich aus, ermahnte ihn zu frommem Tun und schickte ihn fort. Der Drache nahm die Beine in die Hand und ward – zur Freude der Pariser und Touristen – nie mehr gesehn.

Der erste Bischof von Metz, Clemens, soll den Trick mit der Stola übrigens bereits zweihundert Jahre früher mit Erfolg angewandt haben.

Der ungewöhnlichste Drachenheilige dürfte aber Simeon der Stylit gewesen sein.

Simeon war der Sohn eines sizilianischen Schafhirten und machte sich einen Ruf als so genannter Säulenheiliger. Zunächst wurde er jedoch Mönch und lebte einige Jahre als Einsiedler. Er war dabei so fromm, rein, asketisch und weise, dass er die Bewunderung und Aufmerksamkeit der Menschen in näherer und fernerer Umgebung auf sich lenkte. Es gefiel ihm schließlich überhaupt nicht mehr, Mittelpunkt von Pilgerwanderungen zu sein, und so zog er sich, um dem Trubel zu entgehen, auf eine Säule zurück. Die erste war etwa drei Meter hoch; allerdings erwies sich der Abstand zur Menschenmenge als viel zu gering, und so stieg er auf eine 18 Meter hohe Säule um, auf der er dann mehr als 30 Jahre bis zu seinem Tod verbrachte. So weit, so gut.

Natürlich sprach sich sein Ruf nun noch mehr herum und gelangte schließlich auch zu Ohren eines scheußlichen Drachen, der nach inzwischen wohl bekannter Drachenart die Gegend, in der er lebte, mit seinem Feueratem völlig versengt und auch sonst viel Böses getan hatte. Zum Ausgleich dafür war ihm ein Baumast in das eine Auge gefallen und hatte es durchbohrt.

Dieser Lindwurm machte sich nun eines schönen Tages auf, kroch die lange Strecke bis zu Simeons Säule, wand seinen riesigen Leib darum und beugte demütig sein fürchterliches Haupt. Da blickte der Heilige freundlich zu ihm hernieder. In diesem Augenblick fiel der Ast aus dem Auge des Drachen, die Umstehenden priesen Gott den Herrn und rannten dann, aus Angst vor dem Drachen, eilig davon. Der aber dachte nicht daran, sie zu verfolgen, sondern blieb noch eine Weile unbeweglich um die Säule geringelt, dann kroch er zurück zu seiner Höhle und tat fortan niemandem mehr ein Leids.

Von Recken und Rittern

Nach einem solchen Gegner, ach
Gewaltig und gewitzt
Hab ich mir oft im Traume, ach
Die Schuppen nassgeschwitzt.

Wolf Biermann

Der neben dem heiligen Georg in Deutschland bekannteste Drachenkämpfer ist und bleibt zweifellos Siegfried. Bei seinem Namen denkt man an den Lindwurm, an dessen Blut, in dem der Held badet und das ihn unverwundbar macht, und an ein Lindenblatt, das ihm schließlich zum Verhängnis wird. Im Allgemeinen verbindet man mit dem Drachen auch den Namen Fafnir/Fafner und den Schatz der Nibelungen, den er hütet. Ganz so einfach ist die Sache aber leider nicht, denn es gibt durchaus eine Reihe von verschiedenen Versionen der Sage, die teilweise den Eindruck von eigenständigen Erzählungen entstehen lassen. Da ist zum einen das wohl bekannte *Nibelungenlied* (um 1200); dann sind da mehrere Lieder der älteren *Edda* sowie die *Thidrekssaga* (zweite Hälfte des 13. Jahrhunderts). Dann haben wir noch das *Lied vom Hürnen Seyfrid*, das erst einige Jahrhunderte später aufgezeichnet wurde, aber in manchen Teilen genauso alt wie die altnordischen Dichtungen ist, sowie das umfangreichere *Volksbuch von dem gehörnten Siegfried*. In diesen Texten variieren nicht nur die Namen, auch die Lebensgeschichte des Hauptthelden unterscheidet sich jeweils. Hinzu kommt, dass ausgerechnet im *Nibelungenlied* Siegfrieds Drachenkampf – anders als etwa in Wagners *Ring des Nibelungen* – nur am Rand erwähnt wird. Hagen von Tronje erzählt König Gunther da von Siegfrieds Heldentaten und sagt unter anderem:

Noch eine Mär weiß ich; die ist mir wohl bekannt:
Einen Linddrachen erschlug des Helden Hand.

Dann badet' er im Blut. So ward dem Helden wert
die Haut von solcher Härte, dass keine Waffe sie versehrt.

Also sei hier zunächst kurz die Sigurd-Version aus der *Edda* erzählt und anschließend die ausführlichere Geschichte des hürnernen Seyfrid.

Sigmund war König im Frankenland. Er starb und hinterließ mehrere Kinder, darunter Sigurd, von allen der Stärkste und Edelste. Er wuchs beim Zwerg Regin auf, der ihn ausbildete, erzog und ihm ein Schwert schmiedete, damit er es im Kampf gegen den Drachen Fafnir benutzte; dieser war laut Völsungasaga ursprünglich ein Mensch gewesen und beging aus Gier nach dem Schatz Vatermord. (Regin ist, nebenbei gesagt, de facto der Bruder des Fafnir, aber auf die recht verwickelten Familien- und Verwandlungsverhältnisse der Brüder näher einzugehen, würde hier zu weit führen.)

Eines Tages war es dann so weit, dass Sigurd und Regin zusammen zur Gnitaheide fuhren. Dort fanden sie die tiefe Spur, die der Drache im Laufe der Jahre hinterlassen hatte, wenn er zum Wasser kroch, und Sigurd grub genau dort ein Loch und versteckte sich darin.

Als Fafnir des Weges kam, stach ihm Sigurd von unten das Schwert direkt ins Herz. Der Drache jedoch war keineswegs sofort tot, sondern schüttelte sich und schlug mit seinem Schweif, während der Held aus der Grube heraussprang. Nun standen sich Lindwurm und Mann gegenüber und begannen ein höchst wunderliches Zwiegespräch, das aus höflichen Fragen und ebenso höflichen Antworten bestand und einer gewissen Komik nicht entbehrt.

Da stand also Sigurd, das triefende Schwert in der Hand, vor dem Lindwurm, der sich in seinem Blut wälzte und in den letzten Zügen lag, und nun fragte der sterbende Drache beispielsweise:

»*Wer reizte dich? Wie ließest du dich reizen*
Mein Leben zu morden,
Kläräugiger Knabe?«
Und Sigurd darauf:
»*Mich reizte das Herz: die Hände vollbrachten's*
Und mein scharfes Schwert.«

Als Sigurd einsah, dass der Drache ausgesprochen weise und »vorschauend« war, übernahm er das Fragen und erkundigte sich nach allem Möglichen, was ihm auf dem Herzen lag. Und Fafnir gab bereitwillig und freundlich, ja, wie es ein Forscher ausdrückt, »väterlich« wohlmeinend Auskunft. Zuletzt warnte er Sigurd vor dem Zwerg Regin und starb. Sigurd war ehrlich traurig über den Tod des Drachen und bereute zutiefst, wozu er sich vom Zwerg hatte anstiften lassen.

Der aber kümmerte sich nicht um den Vorwurf, den ihm der Held machte, schnitt unbewegt dem Drachen das Herz aus dem Leib, trank zunächst vom daraus tropfenden Blut und ließ es sich dann braten. Um zu sehen, ob es schon gar war, stupste Sigurd es an und leckte sich anschließend den Finger ab. Da verstand er mit einem Mal die Sprache der Vögel, weil ihm das Herzblut Fafnirs auf die Zunge gekommen war.

Just in diesem Augenblick unterhielten sich in der Nähe zwei Adlerweibchen, und Sigurd hörte, wie sie von einem geplanten Verrat sprachen, den Regin an ihm begehen wollte, und dass es das Beste sei, den Zwerg zu töten, damit er allein den Schatz des Fafnir besitzen könne. Sigurd besann sich nicht lange, schlug dem kleinen Unheilstifter den Kopf ab, aß sowohl dessen Herz wie dasjenige des Drachen und trank das Blut von beiden. Dann folgte er der Spur des Drachen zu dessen Behausung, belud sein Pferd mit Schätzen und ritt davon – weiteren Taten entgegen.

So weit die ältere *Edda*. Bei Wagner ebenso wie in der *Völsungasaga* ist der Schatz verflucht, und der sterbende Drache warnt Siegfried mit den Worten: »Des Hortes Herrn umringt Verrat ... Merk', wie's endet; – acht auf mich.« Siegfried erbt also den Fluch und dementsprechend traurig ist sein Ende.

Man beachte, dass es eigentlich der Zwerg war und keineswegs Sigurd, der es auf den Drachen und den von ihm gehüteten Schatz abgesehen hatte. Und ein Zwerg, diesmal der Zwergenkönig Egwald, spielt auch im *Volksbuch von dem gehörnten Siegfried* eine nicht unwesentliche Rolle.

Siegfried war der Sohn eines niederländischen Königs, ein ungestümer Junge, der seinem Vater viel Ärger machte und schließlich auf und davon lief, um in der Welt Abenteuer zu suchen. Er gelangte als Erstes zu einem Schmied, der ihn bewirtete und für sich arbeiten ließ. Als aber Siegfried mit seiner übermenschlichen Kraft den Amboss in den Boden rammte und auf ein paar Ohrfeigen hin den Meister selbst verprügelte, sann der Schmied darüber nach, wie er ihn rasch und endgültig wieder loswerden könnte. So schickte er ihn am nächsten Tag in den Wald, vom Köhler Kohlen holen, wohl wissend, dass dort ein grauslicher Drache hauste.

Siegfried jedoch riss, als ihm der Drache mit aufgerissenem Maul entgegenkam, einfach einen Baum aus und warf ihn auf das Ungeheuer, das sich mit den Beinen und dem Schweif rettungslos darin verhedderte. Der Held pflückte ein paar mehr Bäume, türmte sie über dem Drachen auf und lief dann zum Köhler Feuer holen. Damit zündete er den Scheiterhaufen an, und Bäume wie Lindwurm verbrannten zu Asche. Dabei rann das Fett des Tieres als Bächlein unter dem brennenden Haufen hervor und wurde, wo es erkaltete, hart und fest wie Horn.

Als Siegfried das sah, zog er sich rasch aus und strich sich mit dem Fett sorgfältig den ganzen Körper ein. So war er ohne jede Rüstung unverwundbar geworden – und da er mit Horn bedeckt war, wurde er später der »gehörnte« Siegfried genannt. An zwei Stellen an der Schulter, wo er mit der Hand nicht hingekommen war, blieb die Haut allerdings weich wie zuvor.

Damit waren die Drachenabenteuer des Siegfried aber durchaus nicht beendet, denn bald darauf hieß es, die schöne Florigunde, Tochter des Königs von Worms, aus den Klauen eines mächtigen Drachen zu befreien, der sie geraubt hatte und nun schon seit mehreren Jahren gefangen hielt.

Ihre Eltern waren natürlich untröstlich und schickten überallhin Boten, um zu erkunden, wo sich der Drache aufhielt. Schließlich erfuhren sie, dass er auf dem Drachenstein hauste. Aufgrund einer Reihe von Umständen wurden Siegfried und der König miteinander bekannt, und der erprobte Drachenkämpfer machte sich auf den Weg, die Jungfrau aus den Fängen des Lindwurms zu befreien. Unterwegs hatte er einige Scharmützel zu bestehen, darunter mit einem Riesen, der den Schlüssel zum tief unter der Erde liegenden Zimmer hatte, in dem die Jungfrau gefangen gehalten wurde. Der Zwerg Egwald, dem Siegfried ebenfalls begegnet war und der ihm gegen den Riesen geholfen hatte, begleitete ihn zu Florigunde.

Während sich die beiden Liebenden miteinander unterhielten (denn selbstverständlich liebten sie einander auf der Stelle!), kam der Drache von einem Ausflug zurück, merkte, was geschehen war, und geriet in furchtbaren Zorn. Über vier Jahre lang hatte er die Jungfrau ernährt und mit seiner Hitze sorgsam gewärmt, »denn alsdann legte er sich von fern in die Steinkluft und hielt Wind, Frost und Kälte auf. Den Platz verließ er nur, wenn er ihr Speise zu holen ausging. Kurz, er zeigte sich in allem als zärtlicher Liebhaber und aufmerksamer Bräutigam.«

Der Lindwurm stürzte sich also wie ein Berserker auf Siegfried und beschoss ihn mit Flammen, bis die hürnene Haut des Helden zu schmelzen drohte. Da floh Siegfried in das Innere des Berges, bis sie wieder fest geworden war. Währenddessen hatte der Drache Muße genug, Hilfe in Gestalt von 60 jungen Artgenossen herbeizurufen.

Die ergriffen jedoch sofort die Flucht, als Siegfried mit erneutem Elan und gehärteter Haut hervorgestürmt kam und wild um sich haute. Und wieder wogte der Kampf hin und her, der Drache spie Feuer und schlug mit dem Schwanz um sich, bis Siegfried einen glücklichen Treffer landen konnte und Schwanz und Rumpf voneinander trennte. Mit diesem Schlag steigerte er die Wut des Lindwurms zwar aufs Äußerste, doch stak inzwischen auch sein Schwert im Leib des Ungeheuers. Also nahm Siegfried all seine restliche Kraft zusammen und schob die Waffe tiefer und tiefer hinein, bis sie das Herz durchbohrte, und der Drache starb.

Als Florigunde merkte, dass auf einmal Stille herrschte, kam sie hervor, fand ihren Liebsten wie tot mit kohlschwarzen Lippen auf der Erde liegen und fiel ihrerseits in Ohnmacht. Um die Sache kurz zu machen – beide erholten sich und feierten zusammen mit dem Zwergenkönig Egwald und dessen Untergebenen ihren Sieg. Ohne sich weiter nach dem rechtmäßigen Besitzer zu erkundigen, bemächtigte sich später Siegfried des riesigen Schatzes, den der Drache gehütet hatte, und ritt mit seiner Braut in Richtung Heimat, wo er sie zur Frau nahm und einige Jahre glücklich und zufrieden mit ihr und ihren gemeinsamen Kindern lebte. Dann allerdings wurde er ebenso ermordet wie der Siegfried des Nibelungenlieds und der Sigurd der Edda: Das Schwert seines Mörders durchbohrte ihn genau dort, wo das Drachenfett nicht hingelangt war.

So oder so ist es also keine besonders fröhliche Geschichte – und das nicht nur, weil am Ende der Held stirbt. Weder in der *Edda* noch im *Volksbuch* haben wir es mit einem wirklich bösen Drachen zu tun. Der eine, Fafnir, ist weise und hat ein so edles Herz, dass er nicht nur seinem Mörder in wohlgesetzten Worten seine Herzensfragen beantwortet, sondern ihn schließlich auch noch vor seinem

Feind, dem Zwerg, warnt. Hierin gleicht er neben einer Reihe von Fantasy-Drachen ganz und gar Frau Mahlzahn, der Drachin in Michael Endes *Jim Knopf*, die ebenfalls – zumindest nach ihrer Verwandlung – kluge Ratschläge erteilt.

Der *Volksbuch*-Drache hatte zugegebenermaßen eine Jungfrau geraubt, was natürlich nicht rechtens ist; aber er tat es nicht, um sie zu fressen, er tat es aus Liebe. Er krümmte ihr kein Haar und trug sie auf Händen. Man kann in ihm also gleichfalls einen »Ahnen« der liebenden Drachen der heutigen Fantasy-Literatur sehen – wie etwa Kantanos, dessen Geschichte wir bereits erzählt haben (→ S. 52).

Jeder Recke oder Ritter, der was auf sich hielt, tötete mindestens einen Drachen in seinem Leben. Und so sind noch eine ganze Reihe weiterer germanischer und sonstiger Helden bekannt, die sich gelegentlich mit diesem Zeitvertreib beschäftigten und die Drachen hiesiger Gefilde dezimierten. Einer von ihnen war Dietrich von Bern, dessen Abenteuer unter anderem in der altnordischen *Thidrekssaga* erzählt werden. Dietrich zieht zusammen mit Hildebrand, seinem Lehrer, auf Abenteuer aus, und sie sehen jenseits einer Schlucht einen Drachen. Während Hildebrand die Drachenbrut im Nest tötet, kämpft Dietrich mit einem der alten Drachen, der, den zappelnden Ritter Sintram im Maul, herbeigeflogen kommt. Natürlich wird der Ritter befreit und der Lindwurm, wie es sich gehört, ins Jenseits befördert.

Eine wohl um 1230 entstandene und in mehreren Fassungen überlieferte Heldendichtung berichtet von den Taten eines weiteren Groß-Recken: Wolfdietrich.

Nach vielen anderen Abenteuern macht sich der Königssohn Wolfdietrich auf die Suche nach einem Drachen, der den Lombardenkönig Ortnit mit Haut und Haaren verspeist und nur dessen Rüstung und seine Knochen wieder ausgespuckt hat. Der Held möchte Ortnits Tod rächen und findet schließlich auch die Höhle des Ungeheuers. Vor dem Eingang spielen fünf kleine Drachen miteinander, die Wolfdietrich aber einstweilen unbehelligt lässt. Er hat es auf die Mutter abgesehen und geht wieder in den Wald hinein, um sie ausfindig zu machen. Schließlich führt ihn Lärm zu einer

Lichtung, auf der die Drachin mit einem Löwen kämpft. Der Held mischt sich in die Händel, doch erweist sich der Lindwurm als der Überlegene. Er schnappt sich sowohl den Löwen als auch Wolfdietrich samt seinem Pferd und bringt sie seinen Jungen zum Fraß in die Höhle. Die hungrigen Kleinen machen sich sofort über den Löwen her, doch sind ihre Zähnchen noch nicht stark genug, um den Panzer zu durchbeißen, in den der Ritter verpackt ist. Sie lassen ihn also halbtot in einer Ecke der Höhle liegen und verzehren stattdessen erst einmal das Pferd.

Dann sind sie müde und legen sich allesamt schlafen, die Kleinen in, die Mutter vor der Höhle. Als er sich wieder ein wenig berappelt hat, schaut sich Wolfdietrich in der Höhle um und sieht das Schwert des toten Ortnit neben sich liegen. Und als er auch noch dessen Gebeine entdeckt, packt ihn solche Wut, dass er den kleinen Drachen die Köpfe abschlägt und anschließend das Schwert in die weichen Stellen der Drachenmutter rammt, bis sie schließlich ebenfalls verendet. Dann schneidet er der Drachin – als Beweis dafür, dass er sie wirklich getötet hat – die Zunge heraus.

Wolfdietrich war nicht der einzige Drachentöter, der sich eine solche Trophäe aneignete. Dieser Brauch war vielmehr so weit verbreitet und beliebt, dass er nicht nur in Märchen immer wieder als Motiv auftaucht, sondern sogar das Thema zu einer Dissertation abgegeben hat (Wolfgang Hierse: *Das Ausschneiden der Drachenzunge und der Roman von Tristan*). Das Tiroler Landesmuseum in Innsbruck bewahrt noch die Zunge (die Besserwisser als Rostrum eines Schwertfisches identifiziert haben wollen) des Drachen auf, den ein gewisser Haymo oder Heimo erschlagen haben soll.

Heimo war der Sage nach ein Riese und er nahm es mit einem Lindwurm auf, der in Österreich, in der Nähe des Klosters von Wilten, sein Unwesen trieb. Dort soll der Drache einen Obstgarten bewacht haben, der von einem silbernen Zaun umgeben war. Die Bäume aber trugen – genau wie der vom griechischen Ladon bewachte – goldene Äpfel (→ S. 93). Nach dem Kampf, bei dem ziemlich viel Drachenblut geflossen zu sein scheint, hoben die Mönche des Klosters die herausgeschnittene, drei Handbreit lange Zunge in einem silbernen Behälter auf und zeigten sie noch jahrhundertelang schaudernden Besuchern.

Doch auch wenn sie sich alle wacker geschlagen haben, sind

weder Dietrich von Bern noch Wolfdietrich oder Heimo als Drachentöter so bekannt wie Siegfried. Und auch Tristan kennt man eher mit Isolde und ohne Drachen, auch wenn ihm Gottfried von Straßburg – ebenso wie die verschiedenen älteren Fassungen der Sage – eine solche Begegnung nachsagen.

In Irland wütete einst ein Drache, und der König schwor, er werde nur demjenigen seine Tochter geben, der dem Untier den Garaus machte. Nachdem schon viele Ritter ihr Leben bei dem Wagnis verloren hatten, bot sich Tristan als Drachentöter an und schaffte es auch, nach einem langen und harten Kampf, das Ungeheuer zu töten. Allerdings erlitt er dabei schwere Verletzungen, fiel in einen Teich und musste von Isolde und deren Mutter gerettet werden. Sein Begleiter aber, der Haushofmeister, der sich feige im Hintergrund gehalten hatte, behauptete anschließend, er selbst sei es in Wirklichkeit gewesen, der den Drachen überwältigt hatte. Tristan jedoch war, bevor er in den Teich fiel, geistesgegenwärtig genug gewesen, sich sein Beweisstück zu sichern. Er zeigte die Zunge vor, und legitimierte sich damit als der wahre Drachentöter.

Während diese wackere Tat Tristans aber eher in Vergessenheit geriet, gibt es noch einen Recken, der es an Berühmtheit als Drachentöter – zumindest in seiner Heimat – sogar mit Siegfried aufnehmen kann. Er ist der Held eines altenglischen Stabreimepos, das gegen Ende des ersten Jahrtausends entstand und damit das älteste (und einzige) vollständig erhaltene altgermanische Heldenlied ist. Die Rede ist von Beowulf, dem Neffen des Gautenkönigs Hygelac.

Er erfährt von einem Ungeheuer, einem Wasserdämon namens Grendel, der in Dänemarks Mooren wohnt und dort sein Unwesen treibt. Vom Lärm der Feiernden und den Gesängen der Barden angelockt, sucht Grendel jede Nacht die vom Dänenkönig Hrothgar erbaute prunkvolle Halle heim und tötet dabei einige Gefolgsleute des Königs.

Beowulf segelt von seiner südschwedischen Heimat nach Dänemark und bietet Hrothgar seine Hilfe an. Er lauert dem Monster, das manche als Drache bezeichnen, auf und reißt ihm nach einem erbitterten Kampf einen Arm aus. Der tödlich verletzte Grendel flieht, und eine Blutspur zeigt am nächsten Morgen, in welches

Moor er sich zum Sterben verzogen hat. Beowulf wird vom dankbaren König geehrt und mit Geschenken überhäuft.

Damit ist die Sache allerdings noch nicht ausgestanden, denn nun erscheint Grendels Mutter auf der Bildfläche. König Hrothgar bittet den Helden um Hilfe, und der macht sich auf zum Moor. Er taucht hinab, gelangt in die Höhle der Ungeheuer, und der Kampf beginnt. Gewinnen kann ihn Beowulf allerdings nur mithilfe eines von einem Riesen geschmiedeten Schwertes, das er an Ort und Stelle findet. Wieder wird er fürstlich belohnt, gelangt zu Ruhm und Ehre, Besitz und Rang und wird schließlich, nach Schweden zurückgekehrt, selbst König der Gauten.

Fünfzig Winter lang ist Beowulf, wie es heißt, ein vorbildlicher Herrscher, da tritt wieder ein Untier in sein Leben – diesmal allerdings wirklich ein Drache.

Der Lindwurm haust in einem Hünengrab – ein bei nordischen Drachen beliebter Aufenthaltsort – und hütet friedlich jahrhundertelang einen Schatz, bis er durch Zufall gestört und ihm ein goldener Becher gestohlen wird. Da kennt sein Zorn keine Grenzen mehr, und er sucht das umliegende Land und dessen Bewohner mit Feuer und Tod heim.

Als Beowulf die alarmierenden Neuigkeiten erfährt, zieht er, begleitet von seinem Verwandten Wiglaf, aus zu seinem letzten Kampf. Gemeinsam schaffen die beiden Helden es zwar, den Drachen zu töten, aber Beowulf wird selbst schwer verwundet. Das Gift des Drachen beginnt zu wirken und sich in seinem Körper auszubreiten. Der sterbende König richtet sich noch einmal auf und bittet Wiglaf, den Schatz des Drachen für sein Volk sicherzustellen und ihm selbst nach seinem Tod einen Grabhügel zu errichten. Er nimmt seinen Helm und Goldschmuck ab, überreicht sie feierlich seinem Verwandten – und stirbt.

Bleibt noch ein letztes germanisches Monster zu erwähnen, das häufig als Drache bezeichnet wird: die Midgardschlange (Jörmungand). Sie ist die Tochter des Gottes Loki und einer Riesin und genauso böse wie ihr Vater. Die Götter warfen sie deshalb ganz weit weg ins Weltmeer, in der Hoffnung, auf diese Weise Ruhe vor ihr zu haben. Sie aber wuchs so sehr, dass sie mittlerweile die ganze Erde umschlingt und, wie übrigens auch Leviatan, sich dabei in den

Schwanz beißt. Von ihr heißt es, dass sie, wie die Drachen, Gift bläst und Überschwemmungen verursacht.

Eines schlimmen Tages, wenn der Weltuntergang bevorsteht, wird sie aus den Tiefen des Meeres emporsteigen, mit ihrem Atem Luft und Gewässer vergiften und verpesten und sich mit Thor anlegen. Der wird sie zwar erschlagen können, aber selbst in den Giftströmen der Riesenschlange oder Drachin ertrinken müssen.

Indische (Pseudo-)Drachen

Aber noch ist Jörmungand am Leben und an ihrem Platz, und so mag sie uns als roter Faden oder als Leitseil dienen, an dem wir uns von Europa weg nach Osten hangeln können; sie stellt außerdem auch insofern eine gute Überleitung dar, als sie mindestens ebenso viel in einem Buch über Schlangen zu suchen hätte wie in einem über Drachen; und das Gleiche gilt für die indischen *Nagas*.

In fast allen wissenschaftlichen wie populären Werken, die sich mit Drachen befassen – allen voran de Vissers *The Dragon in China and Japan* –, werden die Nagas zu den Drachen gerechnet. Indologen (zu denen wir von Hause aus auch gehören) dürften dieser Zuordnung allerdings nur unter gewissen Vorbehalten zustimmen. Sehen wir uns einmal an, warum.

Das Sanskritwort *naga* bedeutet – neben »Elefant«, »Berg« und einer Reihe weiterer in unserem Zusammenhang nicht interessierender Dinge – zunächst einmal einfach »Schlange«, speziell »Kobra«. Dann versteht man darunter halbgöttliche Bewohner eines Unterweltreiches und Hüter der unterirdischen Schätze. Diese zuweilen auch als »Schlangendämonen« bezeichneten Wesen werden – besonders im Rahmen eines eigenen, alljährlich wiederkehrenden Festes *(nagapanchami)*, bei dem reale Schlangen mit Milch und anderen Opfergaben freundlich gestimmt werden – im Hinduismus noch heute als Fruchtbarkeitsgottheiten verehrt. Dargestellt werden die Nagas in dreierlei Erscheinungsformen: erstens als reine Schlange, zweitens in Menschengestalt mit einer »Haube« aus einer oder mehreren Kobraköpfen und drittens als Zwitterwesen mit einer Schlangenhaube über dem Kopf und einem menschlichen Oberkörper, der in einen Schlangenschwanz übergeht.

Anders als unsere Drachen sind die Nagas zwar Hüter, aber oft auch freigebige *Spender* von Schätzen (niemand muss also einen Naga *töten*, um zu Reichtum zu gelangen), und auch in ihrer Eigenschaft als Regenbringer sind sie in einem heißen und trockenen Land wie Indien weniger eine Plage als ein Segen. Überhaupt kann ihre Beziehung zu den Menschen (mit denen sie nicht selten Liebes- und Heiratsbeziehungen eingehen), von Ausnahmen abgesehen, als eher gut bezeichnet werden. Passend dazu spucken sie auch kein Feuer, und wenn gelegentlich von ihrem giftigen Atem die Rede ist, so darf dies als Reminiszenz an ihre »schlängische« Abstammung verstanden werden.

Einen guten Eindruck vom Wesen der Nagas vermittelt etwa die folgende, in der buddhistischen Kunst häufig dargestellte Legende aus dem Leben des Buddha:

Einige Zeit, nachdem er die Erleuchtung erlangt hatte, begab sich der Buddha zu einem See. Dort setzte er sich unter einen Baum und versenkte sich in Meditation. Da zog ein schlimmes Unwetter heran, und bald begann es, wie aus Eimern zu schütten. Die Dunkelheit, die mit dem Sturm einherging, bewirkte, dass der Herr des Sees, der Naga-König Muchilinda, seinen Kopf aus den Fluten steckte. Er sah den Buddha und schob sich völlig aus dem Wasser heraus. Sanft und vorsichtig umwickelte er ihn mit seinem langen Rumpf sieben Mal und hielt seine sieben mit Hauben versehenen Köpfe über ihn, damit ihn kein Tropfen benetzen, kein Wind und keine Insekten plagen konnten. In dieser Stellung verharrte er ganze sieben Tage, so lange, bis sich das Unwetter gelegt hatte. Dann verwandelte er sich in einen jungen Mann und verehrte den Buddha.

Auch in etlichen früheren Existenzen des Buddha, von denen die so genannten *Jatakas* erzählen, spielten Nagas eine Rolle.

Nach dem bisher Gesagten könnte man sich mit Recht fragen, wie überhaupt jemand auf die Idee kommen konnte, die Nagas als Drachen zu verstehen. Nun, »schuld« dürften hauptsächlich die Chinesen gewesen sein.

Als sie nämlich in den ersten Jahrhunderten unserer Zeitrechnung mit dem Buddhismus und damit auch mit der indischen Mythologie und Volksreligion in Berührung kamen, reichten solche Charakteristika der Nagas wie deren Gestalt, ihre enge Beziehung zum Wasser, zu Edelsteinen und zum Regen aus, um sie mit ihren – wie wir schon gesehen haben und noch sehen werden – auch eher freundlichen und »kultivierten« Drachen zu identifizieren. Und da die Chinesen sich gut mit Drachen auskennen, mag den Nagas ihre Drachenidentität gegönnt sein!

Der berühmteste chinesische Indienreisende, Xuanzang, der im siebten Jahrhundert von China über Karakorum und Himalaya nach Indien pilgerte, spricht in seinem Reisebericht immer wieder von den »Drachen« (das heißt Nagas), denen er unterwegs begegnete, von denen er hörte, oder mit denen der Buddha einst in Kontakt kam. Beispielsweise wohnte der eine in einem tiefen See in den Bergen, ein anderer in einer Höhle und ein dritter in einem Teich. Der Buddha wiederum bekehrte während seiner Wanderung durch den Norden Indiens Xuanzang zufolge einen Drachen nach dem anderen zu seinem Glauben und zum Gutsein. Unter anderem erzählt der Pilger von der Quelle des Swat-Flusses, die den Namen »Apalaka-Drachen-Quelle« trägt:

Apalaka war eigentlich ein Zauberer, der mithilfe seiner magischen Fähigkeiten die Drachen davon abhalten konnte, es sturmflutartig regnen zu lassen. Für diese Dienste war er von den Bewohnern der Region jährlich mit Korn belohnt worden. Als nun eines Tages die Abgaben an ihn nicht mehr bezahlt wurden, geriet er in hellen Zorn und beschloss, in seiner nächsten Existenz selbst zu einem Drachen zu werden; und so geschah es denn auch. Mit dem Wasser der Quelle, an der er hauste, ruinierte er so lange die Frucht der umliegenden Felder, bis der Buddha davon erfuhr und sich zu ihm aufmachte, um ihn von seinem Tun abzubringen. Er ließ den Bodhisattva Vajrapani mit seinem Donnerkeil gegen den Felsen schlagen, in dem sich der Drache aufhielt, und das zutiefst beeindruckte und erschreckte Ungeheuer bekehrte sich augenblicklich zum Buddhismus. Fortan, so versprach er dem Buddha, würde er nur noch alle zwölf Jahre eine Überschwemmung verursachen. Und er hielt Wort.

Dass die Chinesen die indischen Nagas nicht nur in ihren Texten, sondern auch in der bildenden Kunst als Drachen »übersetzten«, beweist etwa ein Hängerollbild aus der Tang-Zeit, das in Dunhuang aufgefunden wurde: Es stellt den kleinen Siddhartha (den späteren Buddha) bei seinem ersten Bad dar. Über ihm erscheinen neun Drachen in einer Gewitterwolke, um ihn zu beschützen oder ihm Wasser zu spenden. Von den Drachen ist zwar jeweils nur der aus der Wolke herausschauende Kopf zu sehen, dabei handelt es sich aber eindeutig um einen Drachenkopf, nicht um den einer Schlange (oder gar eines Menschen).

Von den Nagas einmal abgesehen, fallen uns noch zwei indische Ungeheuer ein, die sich mit größerer Berechtigung als Drachen bezeichnen ließen – und auch von den westlichen Forschern als solche gedeutet worden sind: Vritra und Rahu. Von der Himmelsschlange Rahu werden wir in einem späteren Kapitel erzählen. Vritra wird bereits im ab etwa 1500 v. Chr. entstandenen *Rig-Veda* erwähnt, einer lange Zeit nur mündlich tradierten Sammlung von Götterhymnen. Dort wird er allerdings als »Schlange« *(ahi)* bezeichnet; dass man ihn auch und gerade in Wissenschaftlerkreisen dennoch allgemein als Drachen verstand, liegt an seiner Geschichte, die tatsächlich große Ähnlichkeit mit entsprechenden abendländischen Drachensagen aufweist.

Vritra war eine wahrhaft gigantische Schlange, ein Dämon, der sich in neunundneunzig Windungen auf dem Bett von sieben Flüssen breit gemacht und sie damit »gefressen« hatte. Anderen Versionen des Mythos zufolge hatte er die Wasser oder die »Wolkenkühe« in eine Berghöhle gesperrt.

Wie auch immer, jedenfalls litten alle Geschöpfe Durst und alle waren vor Angst und Schrecken außer sich; und da die Menschen keine Opfer mehr darbringen konnten, litten auch die Götter unter dem zischenden Ungeheuer. Nur Indra, der draufgängerische Gewittergott, kannte keine Furcht. Er trank einen großen Schluck vom himmlischen Rauschtrank Soma, ergriff seine Waffe, den Donnerkeil *(vajra)*, und stürmte in seinem Streitwagen auf den Schlangendrachen los.

»Fußlos, handlos schlug er die Schlacht wider Indra. Der schleuderte ihm den Vajra in den Rücken. Der Entmannte, der sich dem Stier gewachsen dünkte, vielfach zerstückelt lag Vritra da.«

Daraufhin konnten die Flüsse wieder fließen, die Dürrezeit war vorbei, und die Götter jauchzten und priesen Indra.

Es ist also zum einen Vritras enge Verbindung zu Berg und Wasser sowie zum anderen das Motiv des Drachentöters, in diesem Fall Indras, das die ausdrücklich »fuß- und handlose« Schlange zum Drachen werden ließ. Uns erscheinen diese Indizien für indische Drachen – den Aussagen des Apollonius von Tyana zum Trotz, der behauptete, in Indien gäbe es jede Menge dieser Ungeheuer – alles in allem allerdings ein wenig dürftig, und so ziehen wir lieber noch weiter östlich, in ein Land, in dem es von richtigen Drachen seit ältesten Zeiten nur so wimmelt: nach China.

Wenn der Tiger brüllt

Wind und Regen stimulieren Fische und Drachen;
Güte und Gerechtigkeit stimulieren die Weisen.

Konfuzius

Eine in einschlägigen Werken immer wiederkehrende Aussage über den chinesischen Drachen *(long)* lautet, dass er im Gegensatz zu seinen abendländischen Artgenossen »gut« sei. Bei näherer Betrachtung aber zeigt sich, dass diese Behauptung pauschal ebenso wenig stimmt wie diejenige, dass unser Drache »böse« ist. Wir haben beispielsweise gesehen, dass der germanische Paradedrache Fafnir, zumindest der *Edda* zufolge, durchaus auch guten Seiten hat: Er ist klug und weise und so nett, dass Sigurd ein schlechtes Gewissen bekommt, nachdem er ihn getötet hat (→ S. 106).

Was aber die Chinesen betrifft, so lässt sich zum einen fragen, ob ein Wesen, das Unwetter und Überschwemmungen verursacht und damit Tiere und Menschen tötet oder obdachlos macht, als uneingeschränkt gut zu bezeichnen ist. Genau das aber ist, wie auch das Märchen von Wu und dem Sturmdrachen zeigt (→ S. 58), eine der Beschäftigungen, mit denen sich Chinas Drachen hauptsächlich die Zeit vertreiben.

Und ist ein Drache »gut«, so könnte man weiter fragen, der – wie in China vielfach bezeugt – Menschenopfer, und zwar bevorzugt hübsche Mädchen, verlangt, damit er bei Laune bleibt? Und was ist schließlich mit den zahlreichen Drachentötern, die es in China ebenso wie bei uns und anderswo auch gab? Mordeten sie immer nur, weil *sie selbst* böse waren – oder lieferte ihnen der Drache nicht vielleicht *doch* seinerseits einen gewissen Grund?

In diesem Punkt sind sich auch einheimische, also chinesische Drachenforscher nicht unbedingt einig. Qiguang Zhao unterscheidet in seiner Dissertation zwischen verschiedenen »Drachen-Ebenen«, also dem mythologischen Drachen, demjenigen der Sagen und der Volksreligion und schließlich dem der Märchen. Seine Untersuchungen ergeben, dass der Drache der Mythen durchweg positiv besetzt ist, derjenige der Märchen dagegen nicht. Mithin gehören diesem Autor zufolge die Drachentöter und deren Opfer der Märchenebene an.

Raymond Anthony Dragan, der (bei diesem Namen nicht verwunderlich!) gleichfalls eine Dissertation über den Drachen schrieb, erklärt demgegenüber, es gebe auch in der chinesischen Mythologie durchaus Beispiele für Drachentöter. Diese Ansicht bestätigt auch Gerd Kaminski. Er führt als frühes mythologisches Beispiel die chinesische »Eva«, Nüwa, an, die, mit ihrem Bruder Fuxi verheiratet, die Menschen aus Lehm formte und einen schwarzen Drachen umbrachte, der für schwere Überschwemmungen verantwortlich war. Weiterhin gab es üble Feuerdrachen und eben Wasserdrachen, die man tötete, um die Bevölkerung vor den durch sie verursachten Fluten zu schützen.

Auch die Japaner, die mit Drachen in etwa die gleichen Vorstellungen verbinden wie die Chinesen, kennen Mythen, in denen Menschen fressende, also »böse« Drachen, eine Rolle spielen. Mit die bekannteste Geschichte dürfte die von Susanoo no Mikoto sein, dem Bruder der Sonnengöttin Amaterasu:

Irgendwann in grauer Vorzeit lebte in Izume ein achtköpfiger Drache, der so riesig war, dass er mit seinem Rumpf und Schwanz acht Hügel und Täler bedeckte. Der Drache war nicht nur groß, sondern auch sehr böse, denn er fraß jedes Jahr ein hübsches, zartes, junges Mädchen. Als es eines Tages wieder so weit war, weinten die Eltern des nächsten Opfers, einer Prinzessin, bittere Tränen, und Susanoo, für gewöhnlich nicht einer der nettesten Götter, verspürte Mitleid mit ihnen. Er versprach den Eltern, ihre Tochter zu retten, und beauftragte sie zu dem Zweck, riesige Mengen starken Reisweins herzustellen und in acht große Fässer zu füllen. Während sie damit beschäftigt waren, verwandelte Susanoo das junge Mädchen in einen Kamm und versteckte diesen in seinen Haaren.

Als nun der Drache kam, um sich sein Opfer abzuholen, begrüßte Susanoo ihn sehr freundlich und bot ihm den – eigentlich den Göttern vorbehaltenen – Reiswein an. Der Drache fühlte sich überaus geschmeichelt, steckte je einen seiner Köpfe in je eines der Fässer und trank alle in einem Zug leer. Der starke Wein machte ihn aber augenblicklich so betrunken, dass er in tiefen Schlaf fiel und Susanoo ihm bequem einen Kopf nach dem anderen abschlagen konnte.

Anschließend nahm Susanoo die dankbare Prinzessin zur Frau und herrschte fortan über Izume.

Aber selbst wenn sie nicht eigentlich »böse« waren, verursachten viele japanische und chinesische Drachen allein dadurch, dass sie gelegentlich eine »kleine Familienfehde« austrugen, ein Chaos unter den Menschen in ihrer Umgebung. »Ein berühmtes Beispiel dafür«, schreibt Gerd Kaminski, »gibt der im achten Jahrhundert lebende Schriftsteller Li Zhaowei in seiner Erzählung *Die Tochter des Drachenkönigs*: ›Wie viele hast du getötet?‹, fragte der Drachenkönig seinen jüngeren Bruder. ›Sechshunderttausend.‹ ›Hast du Felder zerstört?‹ ›Im Umkreis von dreihundert Meilen.‹ ›Was geschah mit meinem unwürdigen Schwiegersohn?‹ ›Den habe ich aufgefressen.‹«

Kaminski erklärt, die Vorstellung der »bösen Drachen« *(nielong)* habe sich sogar teilweise bis heute erhalten, denn in der »Shanghaier Bildzeitung« habe noch Ende des 19. Jahrhunderts ein Bericht über einen daoistischen Mönch gestanden, dem ein Drache das Leben schwer machte. Als er sich nicht mehr anders zu helfen wusste, habe der Mönch einen Spinnengeist zu Hilfe gerufen, der den Drachen tatsächlich in seinen Netzen fangen konnte. Bei dem Kampf aber wurden die umliegenden Felder vollkommen verwüstet, und außerdem kam dem Drachen schließlich ein Feuerdrache zu Hilfe, der das Netz verbrannte. Das traurige Resultat war –, dass der arme malträtierte Mönch auswandern musste.

Angesichts all dieser Beispiele für zumindest *unangenehme* chinesische Drachen könnte man sich ernsthaft fragen, wie es denn eigentlich zu der so weit verbreiteten Ansicht kommen konnte, die fernöstlichen Drachen seien generell gutartig. Die wahrscheinlichste Antwort liefert der Drachenkampfforscher Uwe Steffen: »Die verschiedene Wertung des Drachen ist zweifellos Ausdruck der unterschiedlichen westlichen und östlichen Denkweise.« An-

ders ausgedrückt: Der fernöstliche Drache (und möglicherweise nicht nur er) ist nicht eigentlich »gut«, sondern lediglich »nicht böse«. Er ist ebenso wenig böse wie etwa ein Gewitter oder eine Feuersbrunst – er *ist* einfach.

Er ist mächtig und unvorstellbar stark – und als Verkörperung des männlichen Yang-Prinzips der Inbegriff der Dynamik und Aktivität – und somit potenziell gefährlich und zerstörerisch. Aber daraus den Schluss zu ziehen, er sei *böse*, ja, die Verkörperung des Bösen schlechthin, zeugt von einer schwarz-weiß malenden Weltsicht, wie sie eben für Christentum, Islam und ähnliche Religionen charakteristisch ist. Die Menschen des Fernen Ostens schienen sich dagegen mit der Erkenntnis begnügt zu haben, dass übermenschliche Wesen ihren eigenen Gesetzen gehorchen, und sahen daher keine Veranlassung, ihre Drachen zu verteufeln. Verursachten sie Überschwemmungen oder tanzten sie sonstwie aus der Reihe, wurden sie eben durch Opfer, Gebete, die Errichtung von Tempeln oder ähnliche Maßnahmen beschwichtigt. Da sie für den lebensnotwendigen Regen sorgten, konnte man sie ohnehin nicht entbehren, und so war es das Beste, sich mit ihnen zu arrangieren.

Seit Urzeiten spielten aus Lehm nachgebildete Drachen als Stellvertreter für die echten bei Gebeten um Regen eine große Rolle. Brachten die Drachen trotzdem keinen Regen, wurden sie zuweilen »bestraft«. Man holte dann die Figur des Drachenkönigs aus seinem Tempel und stellte sie in die glühende Sonne. Hielt der Wasser liebende Drache es nicht mehr aus, würde er, so der Glaube, schon für Niederschlag sorgen!

Die Beziehung zwischen Menschen und Drachen ging sogar so weit, dass Letztere nach und nach das Gesellschaftssystem der Menschen übernahmen.

So kennt man zunächst die Drachenkönige, die über einen riesigen Hofstaat, über Minister, Hummergeneräle und Garnelensoldaten verfügen. Eine wichtige Rolle spielt auch der Aufseher der neun Drachen, der genau am 23. Tag des fünften Mondmonats an die Drachen den ihnen jeweils zustehenden Anteil am Regen verteilt. Die Könige unter den Drachen wohnen in prunkvollen Unterwasserpalästen; sie wissen gutes Essen sehr zu schätzen und mögen am allerliebsten gebratene Schwalben, weshalb jemand, der es wagt, sich selbst an dieser Leckerei zu vergreifen, sich vorsichtshalber eine Weile nicht aufs Wasser wagen sollte. Die Drachenherrscher lieben Literatur und haben es sehr gern, wenn sie in Gedichten verewigt werden. Gegen Tausendfüßler, eine bestimmte Pflanze namens *wang* und vor allem Eisen haben sie dagegen eine unüberwindliche Abneigung.

Sie möchten außerdem – auch hierin den Chinesen gleich – ihre Töchter gut verheiraten, wobei eine strenge Rangordnung vorherrscht. Bevorzugt werden die Drachenherrscher der großen Flüsse, wohingegen ein Tümpeldrache gewissermaßen an letzter Stelle kommt und als absolute Mesalliance gilt. Auch halten Drachen weibliche Herrscher für völlig inakzeptabel. Wie Kaminski erzählt, ließen es die Drachenkönige drei Jahre lang nicht regnen, als während der Tang-Dynastie Kaiserin Wu Zetian den Thron bestieg! Kurz, die chinesischen Drachen unterscheiden sich nach Ansicht der Chinesen recht wenig von den Menschen – nur haben sie im Allgemeinen mehr Macht.

Die Kaiser dagegen standen, was das betrifft, noch über ihnen. Andererseits leiteten viele von ihnen ihre Herkunft von Drachen ab. Yao zum Beispiel (drittes Jahrtausend v. Chr.) war der Sohn des Roten Drachen, der eines schönen Tages erschienen war und auf seinem Rücken die Aufschrift trug: »Auch du wirst den Schutz des Himmels empfangen.« So näherte er sich Yaos Mutter. Plötzlich wurde es dunkel, Wind kam auf, und der Drache berührte sie. Davon wurde sie schwanger und gebar nach 14 Monaten das Drachenkind Yao. Das mit der Aufschrift war übrigens kein Einzelfall, denn auf den Schuppen eines Gelben Drachen stand geschrieben: »Shun wird den Thron besteigen.« Und so geschah es denn auch: Shun wurde der Nachfolger Yaos. Gelbe Drachen kommen in China am häufigsten vor, da Gelb die Farbe der Erde ist.

Auch in Japan war die Vermischung von Mensch, Gott und Drache, wie etwa die bekannte Geschichte von der Tochter des Meeresgottes Toyotama no Mikoto zeigt, nichts Ungewöhnliches.

Die göttliche Prinzessin verliebte sich in einen Sterblichen, heiratete ihn und wurde schwanger. Als die Zeit der Geburt herannahte, ließ sie sich von ihm eine Geburtshütte errichten und bat ihn, nicht bei der Geburt zuzuschauen. Er jedoch hielt sich nicht daran und sah entsetzt, wie sie einen Drachen gebar. Als die Prinzessin ihn bemerkte, verließ sie gleichzeitig beschämt und zornig ihn und ihr Kind und kehrte zu ihrem Vater auf den Grund des Meeres zurück.

Die Beziehungen zwischen Mensch und Drache wurden zeitweise so eng, dass der Kaiser regelrecht zum Chef der Drachen avancierte, der seine Untergebenen nach Belieben absetzen oder mit Titeln ehren konnte. Das Volk zweifelte diese kaiserlichen Maßnahmen in keinster Weise an, und so wurden ganz selbstverständlich Bittgesuche um Rangerhöhung eines lokalen Drachengottes oder um Verbannung eines anderen an den Hof gesandt.

Überhaupt ist die Geschichte Chinas und seiner Herrscher von Drachen buchstäblich durchzogen. Der legendäre Gelbe Kaiser (Huangdi, drittes Jahrtausend v. Chr.), der – wie andere berühmte Männer, darunter Konfuzius – ebenfalls von Drachen abstammte, wurde nach seinem Tod samt seiner Familie und Ministern von Drachen in den Himmel getragen. Die Beamten niederen Ranges, die auch mitwollten, klammerten sich verzweifelt an die Schnurrbarthaare des Drachen und fielen zusammen mit den Haaren, die dem Gewicht nicht standhielten, wieder auf die Erde zurück.

Die Drachen erschienen auch am Himmel, um den Menschen bestimmte Botschaften zu übermitteln. Tauchten etwa gelbe und blaue Drachen zu glücklichen Zeitpunkten und an »guten« Orten auf, konnte derjenige, der das Glück hatte, Augenzeuge des Phänomens zu sein, mit einer Beförderung oder einem anderen für sich und/oder die Gemeinschaft bedeutenden Ereignis rechnen. Miteinander kämpfende oder zu ungünstigen Zeitpunkten und an schlechten Orten auftauchende Drachen wurden dagegen als schlechtes Omen für Kaiser oder Volk gedeutet. In einem alten Text heißt es konkret: »Wenn sich die Drachen bekämpfen, wird der Herrscher wechseln.«

In jedem Fall war der Drache bald so eng mit den chinesischen Kaisern verknüpft, dass er nicht nur als Symbol des Ostens, der aufgehenden Sonne und des Frühlingsregens galt, sondern auch als Symbol der Tugend, Macht und Würde des jeweiligen Herrschers. Kaiser und Drache wurden sogar miteinander gleichgesetzt. Fortan hatte Letzterer seinen Platz als Verzierung auf Schärpen und Bannern, Gewändern, Häusern, Pavillons und Booten, auf Pinseln, Thronen, Geschirr und unzähligen Dingen mehr. Es entstanden Traktate darüber, wie die neun verschiedenen Drachensöhne je nach ihrem Charakter oder ihren Vorlieben für bestimmte Gegenstände als Schmuck dienen sollten. Der eine liebt zum Beispiel Musik und wird deshalb auf Musikinstrumenten verewigt; ein anderer, Pulao, wird auf Glocken und Gongs eingraviert, weil er laut zu schreien pflegt, wenn er von seinem Erzfeind, dem Wal, angegriffen wird; und ein dritter liebt Wasser und wird daher auf Brücken angebracht oder auf Häusern, um Feuer abzuwenden. *Ein* Drachentyp war allerdings ausschließlich dem Kaiser vorbehalten, und wer sich widerrechtlich mit ihm schmückte, musste mit drakonischen Strafen rechnen: Es handelte sich dabei um den Fünfzehigen. So prangt der Drache mit fünf Zehen unter anderem auf kaiserlichen Gebäuden und Roben. Der mit vier Zehen blieb dem Volk und höheren Beamten vorbehalten, und die armen Japaner mussten sich mit drei Zehen begnügen!

Es ist allerdings nicht klar, wie es kommt, dass Drachen mal drei, mal vier und mal fünf Zehen haben können; aber da es in China jede Menge unterschiedlicher Drachen gibt – Erddrachen, Wasserdrachen, Feuerdrachen, weiße, schwarze, gelbe und blaue Drachen, solche mit kurzen und solche mit langen Schwänzen –, braucht man hier nicht kleinlich zu sein. Wichtig ist nur, dass sie zur richtigen Zeit für Regen sorgen. Und damit sie es nicht vergessen, wird alljährlich im Frühling ein Fest gefeiert, das Fest »Der Drache erhebt sich«.

Es ist gleichermaßen eine Bitte um den für die Saat unerlässlichen Regen wie um den allgemeinen Segen für jede einzelne Familie. Daher legt der Bauer vom nächstgelegenen Brunnen eine Art Spur mit Zucker oder Asche in Gestalt eines Drachen zu seinem eigenen Haus. Außerdem werden am Hausaltar leckere Küchlein geopfert. So weiß dann der Brunnendrache, *wem* er seinen Segen zuteil werden lassen soll.

In seiner Funktion als Hüter des Hauses, der den Bewohnern Glück bringt, vorausgesetzt er wird durch Opfer und ehrerbietiges Verhalten bei Laune gehalten, gleicht der chinesische Drache durchaus unserem eigenen »Hausdrachen«, von dem noch die Rede sein wird.

Wie im deutschen Aberglauben bringt der Drache als Darstellung (beispielsweise als Hausverzierung) und als tatsächlich vorhandenes beziehungsweise erdachtes Wesen – durch Abschreckung böser Geister oder Mächte – indirekt Glück. Dass mit Schreckli-

chem Schreckliches abgewehrt wird, spiegelt sich übrigens auch im Brauch des Drachentanzes wider, der in China seit Jahrtausenden bezeugt ist. Mit ihm sollten vor allem in Zeiten großer Dürre, oder wenn Seuchen herrschten, die bösen Geister vertrieben werden.

Wird Übles fern gehalten, bleibt man gesund, kann man arbeiten und Geld verdienen. Vielleicht kommt daher der chinesische Glaube, dass Drachen nicht nur Segen, sondern auch Geld bringen. Dementsprechend ist auf unzähligen Neujahrskarten oder Bildern sowie auf Amuletten der »Gelddrache« zu sehen, der sich auf goldenen Münzen rekelt – oder gar selbst aus solchen besteht.

Auch die Chinesen, und mit ihnen unter anderem die Japaner, bringen also den Drachen eng mit Reichtum in Verbindung; er hütet Schätze wie der unsrige, er wohnt in Gewässern oder in Bergen wie der unsrige, er dient der Abwehr von Bösem wie der unsrige, er sieht bis auf Hörner und Schnurrbarthaare ähnlich aus wie der unsrige, und er ist, durch eine westliche Brille betrachtet, wie der unsrige keineswegs pauschal als »gut« zu beurteilen.

Es gibt allerdings, wie klar wurde, auch eine Reihe von Unterschieden, nicht zuletzt, was die Behandlung des Drachen angeht und die Weise, wie er bei den Chinesen (und in geringerem Ausmaß auch bei den Japanern) in das Leben der Menschen integriert wurde und wird. Daher sollen noch drei Phänomene speziell herausgehoben werden: Das eine sind die so genannten Drachenadern, die in China und Japan noch heute eine wesentliche Rolle spielen; das zweite die japanischen Drachenlaternen; und das dritte die Dracheneier, die Bestandteil des chinesischen wie des japanischen Drachenglaubens sind.

Das Drachenei

Aus der Fantasy- und Kinderliteratur der heutigen Zeit sind Eier, aus denen kleine Drachen schlüpfen, nicht mehr wegzudenken. Erinnert sei an die übellaunige Drachin Gertrud und deren Ei (→ S. 46) –, und auch im Drachenzyklus der Anne McCaffrey spielen Dracheneier eine große Rolle. Während hier die Drachenkönigin aus einem goldenen Ei geboren wird, legen die verschiedenen Drachenrassen etwa bei Harry Potter unterschiedlich farbige – schwarze, scharlachrote, zementfarbene – Eier.

Doch im Abendland ist dies erst eine relativ neue Entwicklung; Mythen, Sagen und klassische Märchen sind fast ausschließlich an erwachsenen Drachen interessiert, und selbst da, wo wir (wie beim »Gehörnten Siegfried«) von jungen Tieren hören, erfahren wir nichts über deren Geburt. Die Chinesen dagegen wussten schon seit langem, dass ihre Drachen (darin übrigens den indischen Nagas ähnlich) aus Eiern schlüpfen. Für sie waren Dracheneier bis vor kurzem eine völlig reale Angelegenheit. Wie allgemein bekannt war, sehen sie aus wie wunderhübsche Steine, die in den Bergen oder an Flussufern herumliegen. Irgendwann, während es donnert, regnet und stürmt, brechen sie auseinander, und die jungen Drachen steigen zum Himmel auf. Bevor es so weit ist, sondern die Steine eine Menge Wasser ab, und die Drächlein sehen bei der Geburt aus wie kleine Schlangen oder Molche, die mit rasender Geschwindigkeit wachsen.

Es wird von einer alten Frau berichtet, die fünf solche Eier im Gras fand, zusah, wie die kleinen Drachen schlüpften, und sie dann behutsam zu einem Gewässer brachte und freiließ. Zum Dank schenkten die Drachenkinder ihr die Gabe, die Zukunft vorherzusagen. Die »Drachenmutter« – wie sie genannt wurde, weil die Fische als Untertanen der Drachen am Fluss vor ihr zu tanzen pflegten – wurde daraufhin so berühmt, dass sogar der Kaiser ihre Dienste in Anspruch nahm.

Ein Drachenei wurde lange Zeit in einem Kloster aufbewahrt, und ein Augenzeuge berichtete, es habe die Form eines Hühnereis gehabt, nur sei es viel größer gewesen. Es war sehr leicht und klang, als ob es innen hohl wäre. Es wurde im elften Jahrhundert inmitten eines Flusses gefunden und auf kaiserlichen Befehl dem Kloster vermacht. Als im selben Jahr eine große Überschwemmung in der Region viel Unheil anrichtete, machte die Bevölkerung das Drachenei dafür verantwortlich.

Übrigens erklärt ein japanischer Autor des 16. Jahrhunderts, dass der Drache dreitausend Jahre benötigt, bis er geboren wird. Die ersten tausend verbringt er in seinem hübschen Steinei in einem

Gewässer, die zweiten tausend in den Bergen (wobei nicht erklärt wird, wie das Ei dorthin gelangt). In dieser Zeit wird das Ei zuweilen aufgesammelt und seiner Wasser spendenden Fähigkeiten wegen als Tuschestein verwendet. Aber wehe demjenigen, der es genau dann in seinem Haus aufbewahrt, wenn die dritten tausend Jahre voll sind: denn dann sprengt der kleine Drache nicht nur das Ei, sondern – auf seinem Weg zum Himmel – auch das Dach des Hauses!

Rechtzeitig ins Freie schafften Mönche eines japanischen Klosters ein gerade eben aus einem Tuschestein geborenes Drachenbaby. Sie trugen es auf einem Fächer zum Lotosteich und sahen mit steigendem Staunen und Entsetzen zu, wie es sich in Windeseile zu einem riesigen Drachen auswuchs. Sie rannten in Panik erst ins Haus und dann, als sich der Himmel verdüsterte und ein Unwetter aufzog, hinaus ins Freie, so weit sie die Füße trugen. Aus sicherer Entfernung beobachteten sie, wie der Drache aufstieg und Kopf voran in den Wolken verschwand. Direkt darauf klarte es wieder auf, und der Himmel war blau wie zuvor, als sei nicht das Geringste passiert.

In einem chinesischen Märchen sah ein Gelehrter auf seinem Tisch plötzlich einen kleinen leuchtenden Wurm herumkriechen, der überall, wo er sich aufhielt, schwarze Brandspuren hinterließ. Der Gelehrte dachte sofort bei sich, es könne sich eigentlich nur um einen Drachen handeln; also zog er seine Festtagsgewänder an, machte eine tiefe Verbeugung vor dem Würmchen und trug es auf einem Buch ins Freie. Er war kaum draußen, als das kleine Wesen sich streckte und mit einem zischenden Laut aufflog, dabei rasend schnell wuchs und einen leuchtenden Streifen hinter sich her zog. »Noch eine Schlangenwindung: da krachte ein schrecklicher Donnerschlag, und der Drache fuhr in die Lüfte.«

Drachenlaternen

Einst weilte Jikaku Daishi, Oberhaupt der japanischen Tendai-Sekte, im berühmten Tempel der Kwannon in Asakusa, als ein alter grauhaariger Mann vor ihm erschien und ihm erklärte, an einer bestimmten Stelle im Nordosten habe er ein wunderkräftiges Bild geweiht. Daraufhin verschwand der Mann, und Jikaku verließ verblüfft den Tempel und schaute gen Nordosten. Da tauchte auf einmal am Himmel eine Wolke auf, und in ihr sah er einen blauen Drachen. Jikaku verließ, ohne jemandem ein Wort zu sagen, den Tempel und folgte Wolke und Drachen, bis er zu einer abgelegenen Hütte gelangte, in der er auch das besagte Bild fand. Er brachte ihm seine Ehrerbietung entgegen und wandte sich an den Drachen, der immer noch in der Wolke über der Hütte schwebte: »Hör zu, du heiliger Drache«, sagte Jikaku, »ich möchte an dieser Stelle einen Tempel bauen, den du bewachen und vor Unglück schützen sollst. Von diesem Augenblick an ernenne ich dich zum Schutzgott dieses Heiligtums.«

Bei diesen Worten beugte der Drache, der bewegungslos gelauscht hatte, voller Verehrung sein Haupt und verschwand. Der Priester nahm dies als gutes Zeichen und nannte den Tempel »Blauer-Drachen-Tempel«. Seitdem erscheint dort von Zeit zu Zeit eine Drachenlaterne als wunderbares glückliches Omen, und viele, viele Pilger suchen diesen geweihten Ort auf, den sie der Laterne wegen »Tempel des reinen Lichtes« nennen.

Diese mysteriösen Drachenlaternen werden in der Literatur erst seit dem 14. Jahrhundert erwähnt, wobei allerdings oft auf weit zurückliegende Begebenheiten – wie die erzählte, die sich im 9. Jahrhundert zugetragen haben soll – Bezug genommen wird. Ein wesentliches Merkmal der Drachenlaternen ist, dass sie stets vom Meer aufsteigen und von dort in die Berge fliegen, wo sie sich dann mit Vorliebe an alte Kiefern hängen. Wie man glaubt, schicken sie die Meeresdrachen, um vor allem Buddhas und Bodhisattvas bestimmter Heiligtümer – weit weniger den alten einheimischen Shinto-Gottheiten – ihre Ehrerbietung entgegenzubringen. Die zahlreichen Berichte über diese Erscheinungen gleichen im Kern dem eben Nacherzählten. Oft werden dabei konkrete Angaben gemacht, wann genau die jeweilige Laterne vom Meer zu dem betreffenden Baum und Schrein flog – oft am letzten Tag des Jahres. Bei den Kiefern handelt es sich stets um heilige Bäume, die nicht ohne Grund vor den Tempeln und Schreinen wachsen, und aufgrund der zyklisch in ihnen erscheinenden Laternen sind sie als »Drachenlaternen-Kiefern« bekannt.

Natürlich fehlt es nicht an rationalen Erklärungen für dieses seltsame Phänomen, die von natürlichen Gasen – man denke an unsere Irrlichter – bis hin zu Glühwürmchenschwärmen reichen. So richtig befriedigend sind all diese Deutungen jedoch nicht. Man könnte sich außerdem fragen, warum ausgerechnet japanische buddhistische Heiligtümer von den Gasen oder Glühwürmchen bevorzugt werden sollten – und ist damit unseres Erachtens genauso weit wie zuvor.

Drachenadern

Seit Feng-Shui (wörtlich: »Wind-Wasser«) auch bei uns in Mode gekommen ist, kennen zunehmend mehr Europäer den Begriff der »Drachenadern« *(lung mei)*. Wir sind allerdings noch weit davon entfernt, diese Vorstellung in unseren Alltag zu integrieren, geschweige denn unser Landschaftsbild und die Lage und Orientierung unserer Häuser darauf abzustimmen. In China allerdings, von wo die Lehre des Feng-Shui stammt, aber auch in Japan und anderen fernöstlichen Ländern wird die Existenz der Drachenadern seit alter Zeit als Faktum betrachtet und die Wahl wichtiger Plätze und Gebäude – selbst in Großstädten – darauf abgestimmt.

Die Drachenadern, die hierzulande auch als Leylinien bezeichnet werden, durchziehen nach chinesischer Auffassung das ganze Land in bestimmten Windungen, und zwar je nachdem, auf welche Weise sich die dazugehörigen Drachen lagern. Es ist also für den Geomanten von entscheidender Bedeutung, anhand der Landschaftsformen zu bestimmen, wo sich ein Drache gerade befindet, wie er ausgerichtet ist und wohin er blickt.

Gerd Kaminski zitiert den Almanach der kaiserlichen geomantischen Behörde aus dem Jahr 1899. Hierin heißt es: »Drachen bilden nämlich den lebenden Atem der Erde; wo ein Drache sich aufhält, da macht er eine Höhle, wo er in seiner Höhle sitzt, da liegt der Berg oder Hügel, der die Gegend überherrscht, und wo er emporsteigt, da ist der Ausgangsberg.« Nun braucht man nur noch die beiden Berge und die Höhle zu »bestimmen«. Ist all das nebst niedrigen Anhöhen (Sand) und niedrigen Stellen (Wasser) vorhanden, dann befindet sich dort eine Glück verheißende Gegend.

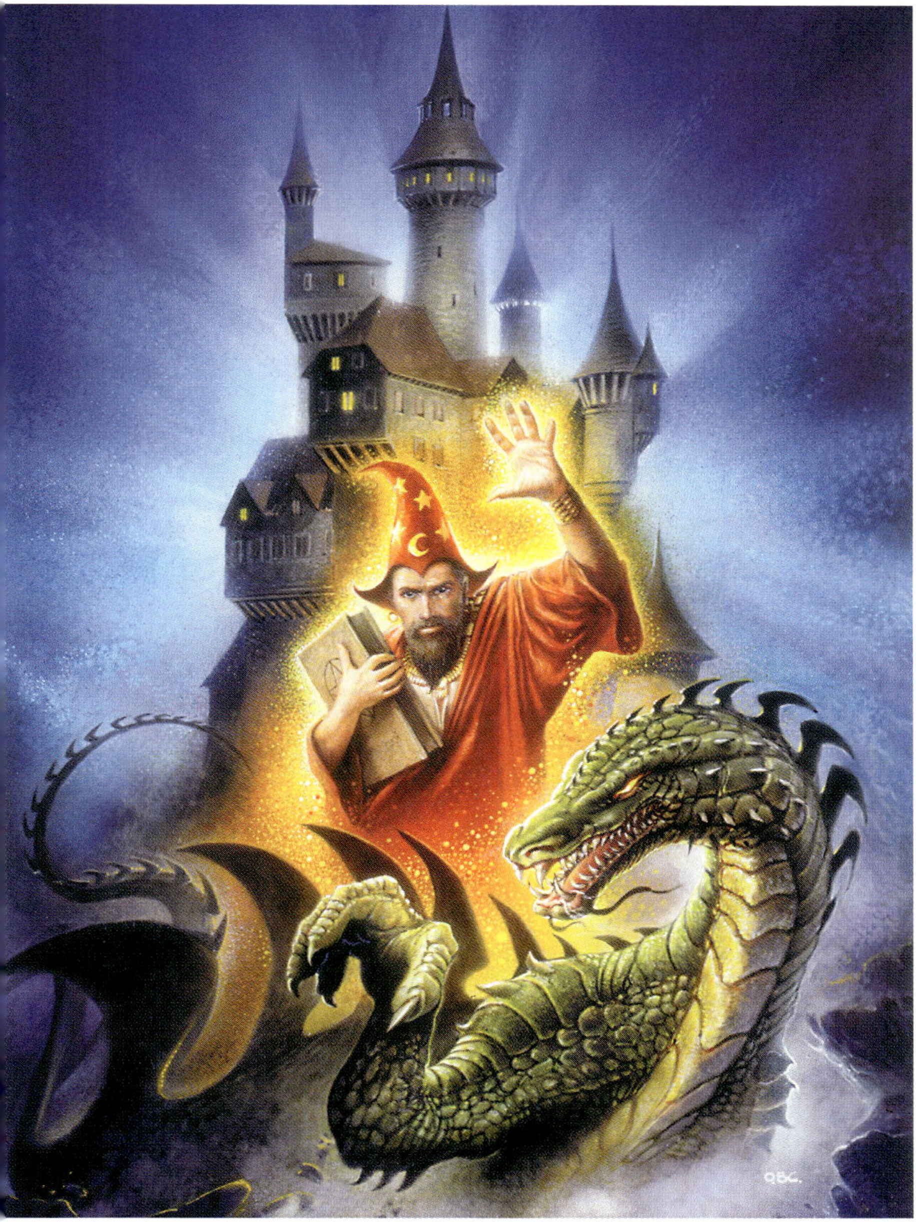

Illustration von Oliviero Berni

Illustration von Les Edwards

Illustration von Michael Whelan

Illustration von Michael Whelan

Illustration von Michael Whelan

Seidenstickerei in Form eines Drachens auf dem Prunkgewand eines chinesischen Hofbeamten

Illustration von Bob Eggleton

Rostam kämpft mit einem Drachen. Persische Miniatur aus dem 17. Jh.

Die Menschen erweisen dem siebenköpfigen Seeungeheuer ihre Ehrerbietung.
Aus dem Tapisserien-Zyklus *Apokalypse* von Nicolas Bataille (1363–1400).
Musée des Tapisseries, Angers

Paolo Uccello, Der heilige Georg kämpft mit dem Drachen. National Gallery Londo

Über dem Mont Saint-Michel schwebend kämpft der Erzengel Michael mit dem Drachen. Buchmalerei aus *Les très Riches Heures du Duc de Berry*. Musée Condé Chantilly

Raffael, Der heilige Georg im Kampf mit dem Drachen. Louvre Paris

Raffael, Die heilige Margarete mit dem Drachen. Louvre Paris

Jean-Auguste-Dominique Ingres, Roger befreit Angelica. Louvre Paris

Konrad Dielitz, Siegfried besiegt den Drachen

Drache von Hanna Stroh, 8 Jahre

In den Adern des Drachen fließt die Erdenergie (*qi* beziehungsweise *ki*), die Grundsubstanz des Universums. Je nach Qualität der jeweiligen Landschaft, des Ortes oder Hauses strömt sie schnell, langsam, stark oder schwach. Schlecht ist zu langsames, aber ebenso zu rasches Strömen, weil sich die Energie auf diese Weise zu schnell erschöpft – weshalb alle geraden Linien zu vermeiden sind. Drachen (wie auch andere Tiere) lagern sich in weichen Biegungen, und genauso sollte auch die »gute« Landschaft aussehen. Ungünstig sind daher begradigte Flüsse, gerade Straßen oder Bergzüge und aneinander gereihte Hausdächer. Ebenso ungünstig (weil stets über lange Strecken schnurgerade) sind Eisenbahnlinien und Hochspannungs- oder Telefonleitungen.

Auch Gebäude, auf die eine gerade Straße direkt zuführt, haben negatives Feng-Shui, weil die starke Energieströmung alle positiven Ansammlungen fortschwemmt und nicht, wie es wünschenswert wäre, teilweise ablagert. So wie in einem reißenden Bergbach große Steine den Lauf des Wassers bremsen, sollten entsprechende Hindernisse – beispielsweise in Form einer Mauer, eines großen Baumes oder dergleichen mehr – auch in solche geraden Strecken eingebaut werden. Die Zufahrten zu kaiserlichen Palästen wurden in China daher beispielsweise mit Pagoden »entschärft«.

Andererseits dürfen Häuser aber auch nicht dem in der Nähe lagernden Drachen die Aussicht auf ein Tal oder ein Gewässer versperren, denn sonst wird er böse – und das sollte der Bewohner des Hauses tunlichst vermeiden! Ein sehr nettes, vom »Verein für klassisches Feng-Shui« angeführtes Beispiel ist ein Haus in Hongkong, das auf dem Gelände des ehemaligen Repulse Bay Hotels errichtet wurde.

Das Hotel lief von Anfang an schlecht, sein Besitzer ging Bankrott und der neue Besitzer, der das Gebäude aus der Konkursmasse ersteigert hatte, befragte seinen Feng-Shui-Experten nach den Gründen für den Bankrott. Dieser stellte fest, dass das Hotel an den Hang eines Berges genau auf einer Drachenader gebaut war. Das Gebäude blockierte den freien Fluss der Drachenergie und versperrte dem Drachen den freien Blick auf das Meer.

Dies hatte den Drachen wütend gemacht und letztendlich zur Pleite des Hoteliers geführt. Der neue Besitzer ließ daraufhin das Hotel abreißen und an derselben Stelle ein Apartmenthaus bauen, in dessen Fassade ein zirka 400 Quadratmeter großes Loch gelassen wurde. Durch dieses Loch kann der Drache nun ungehindert das Meer sehen. In diesem Apartmenthaus werden heute die teuersten Mieten in diesem Stadtteil erzielt, und alle Bewohner erfreuen sich bester Gesundheit und sind geschäftlich erfolgreich.

Die beste Energie haben Häuser, die nicht nur von einem Drachen, sondern auch von einem Tiger, einer Schildkröte und einem Phönix umgeben sind, wobei die Himmelsrichtungen, in denen diese Tiere liegen sollten, jeweils genau feststehen. Wer die Sache ernst nimmt, muss also die Umgebung seines geplanten Hauses in Bezug auf das Landschaftsbild, Erhebungen, Gewässer und dergleichen mehr prüfen und erkunden, ob er in ihnen die Gestalt der jeweiligen Tiere erkennen kann und ob sie sich an der richtigen Stelle befinden. Städter haben dabei verständlicherweise schlechtere Karten als Landbewohner, doch zur Verzweiflung manch eines Architekten werden selbst in Großstädten wie Hongkong die Regeln des Feng-Shui so weit als möglich beachtet!

Immerhin sei zum Trost gesagt, dass es zur Not auch ohne die Schildkröte, den Phönix und den Tiger geht, auch wenn sie zusammengenommen die Schutzgeister der vier Himmelsrichtungen sind; unverzichtbar aber ist der Drache! Sein Vorhandensein sichert gute Energie, während die übrigen drei Tiere ohne ihn kein positives Feng-Shui gewähren. Hat man aber tatsächlich ein entsprechendes Drachengrundstück gefunden, werden die Erhebungen als Körper des Drachen, die Gewässer als seine Adern, die Erdoberfläche als seine Haut, Laub als seine Haare und das schließlich errichtete Gebäude als seine Kleidung betrachtet. Bemerkbar macht sich der Drache gelegentlich durch Tropfen, die vom Firstbalken des Hauses herabfallen.

Wie ernst die Chinesen diese Lehre auch in älterer Zeit nahmen, zeigt etwa die Lage der Gräber der Ming-Kaiser in Peking: Sie sind auf der einen Seite von einem Drachenberg und auf der anderen von einem Tigerberg eingerahmt. Entsprechendes gilt übrigens für das bereits erwähnte etwa 6000 Jahre alte chinesische Grab: Auch hier fand man auf der einen Seite den aus Muscheln ausgelegten Drachen, auf der anderen den Tiger. Diese beiden Tiere ergänzen sich nach chinesischer Vorstellung eben wie Wind und Wasser und sind daher sowohl unzertrennliche als auch sich ständig wechselseitig beeinflussende Pole: Yin (Tiger) und Yang (Drache). In einer Quelle aus der Zeit der Han-Dynastie heißt es: »Wenn der Tiger brüllt, kommt der Talwind. Wenn sich der Drache erhebt, folgen die farbigen Wolken.«

Wohl also dem, der hübsch gerundete, drachenförmige Berge in der Umgebung seines Wohnorts hat! Und lassen wir die Frage offen, ob die armen Holländer ganz und gar auf gutes Feng-Shui verzichten müssen …

Ogopogo und Co.

Vor vielen Hunderten von Jahren lebte am Mississippi der Indianerstamm der Illini in friedlicher Nachbarschaft mit einem Ungeheuer, das seinen Wohnsitz in den umgebenden Bergen hatte. Wie es aussah, weiß man von einem Jesuitenpriester, Vater Jacques Marquette, der es auf einer Reise durch Illinois im Jahr 1673 als Felsritzung abgebildet sah und originalgetreu abzeichnete. Danach hat es wenigstens ab dem Kopf große Ähnlichkeit mit einem Drachen. Es besitzt also Flügel, große Klauen und einen schuppigen Körper – nur hat es ein grässliches Menschengesicht (→ Abbildung gegenüber).

So grauslich es auch aussah, ernährte es sich wenigstens anfangs nur von Tieren. Die Menschen verschonte es. Dann aber kam ein feindlicher Stamm in das Gebiet der Illini, und ein schlimmer Kampf entbrannte, bei dem es etliche Tote zu beklagen gab.

Piasa, wie das Monster genannt wurde, konnte sich schließlich nicht mehr beherrschen: Als es all die Leichen sah, musste es unbedingt auch von deren Fleisch probieren – und kam damit erst richtig auf den Geschmack. Fortan wollte es nichts anderes mehr fressen, und so entwickelte es sich zum Albtraum der Indianer. Als immer mehr ihrer Stammesangehörigen von dem Ungeheuer geraubt und verschleppt wurden, beschlossen sie, Piasa unschädlich zu machen.

Ein mutiger Freiwilliger sollte als Köder dienen, die anderen wollten im Hinterhalt liegen und versuchen, das Monster zu erlegen.

Gesagt, getan. Am nächsten Morgen lief der Freiwillige an einem Ufer auf und ab und sang laut Gebete zum Großen Geist, so lange, bis Piasa angerauscht kam und die Klauen nach ihm ausstreckte. Da rannte der Indianer in das nächste Waldstück, und der riesige Vogeldrache musste die Flügel anlegen, um ihm folgen zu können. In diesem Augenblick stürzten die verborgenen Krieger hervor und beschossen den Drachen mit unzähligen Giftpfeilen, bis seine Flügel durchlöchert waren und seine Augen geblendet. Da hatten sie leichtes Spiel, ihn mit ihren Messern vollends zu töten. Damit verschwand Piasa von der Bildfläche, und besäßen wir nicht Pater Marquettes Nachzeichnung, wüssten wir nicht einmal mehr, wie er aussah, denn auch die Felsritzung fiel seither einer Sprengung zum Opfer.

Auch wenn einige Forscher Piasa als einen Drachen katalogisieren, ist nicht so ganz klar, ob er wirklich einer war. Wie vielleicht aber schon anhand dieses einen Ungeheuers deutlich wird, sind wir bei bis vor kurzem schriftlosen Kulturen, wozu die Indianer, aber auch die Eingeborenen Australiens und Schwarzafrikas zählen, im Wesentlichen auf mündlich überlieferte Berichte und gegebenenfalls auf Felszeichnungen angewiesen, da alte Quellen fehlen. Es ist also kein Wunder, wenn aus jenen Weltteilen weit weniger Zeugnisse von und über Drachenwesen bekannt sind als etwa aus China, das von alten Texten nur so überquillt.

Ob es sich bei den wenigen in diesem Zusammenhang immer wieder genannten Wesen, wie etwa dem mexikanischen Quetzalcoatl, wie zahlreiche Drachenforscher behaupten, tatsächlich um Drachen handelte, ist zumindest fraglich. Quetzalcoatl war einer der bedeutendsten Götter der Tolteken und später auch der Azteken und sein Name bedeutet »gefiederte Schlange«. Drachen sind nicht gefiedert, sondern geschuppt, und sie sind auch keine Mischung aus Vogel und Schlange, wie das bei Quetzalcoatl allgemein angenommen wird. Zudem scheint er auch vom Wesen her kaum etwas mit einem typischen Drachen zu tun zu haben.

Zu den Schlangendrachen könnte man vielleicht die Regenbogenschlange der australischen Ureinwohner zählen. Sie ist unter den verschiedensten Bezeichnungen bekannt, darunter als Ungud, Bulanj und Midinj, und auch die bildliche Vorstellung von ihr ist nicht in allen Teilen des Kontinents dieselbe. Während die einen sie als rote Schlange beschreiben, sehen andere sie als Wesen, das tatsächlich einige Ähnlichkeit mit einem Drachen aufweist: mit

Hörnern, dem Schwanz eines Stachelrochens, langen Zähnen wie die einer Seekuh und Pferdehaaren. Auch dass die »Schlange« Gewässer bewohnt und von dort Überfälle auf Menschen verübt, ähnelt dem Verhalten unserer Wasserdrachen. Ebenso wie die chinesischen Artgenossen fürchtet sie sich vor Eisen, weshalb man sich einen eisernen Kamm ins Haar stecken sollte, wenn man vor der Regenbogenschlange sicher sein möchte. Und schließlich steht sie in enger Verbindung zu machtgeladenen Quarzkristallen, die sie ausscheidet – was an die Perlen der chinesischen Drachen erinnert.

Bei einem weiteren australischen Monsterwesen, dem Bunyip, kann man entgegen Karl Shukers Ausführungen die Bezeichnung Drache aber eigentlich nicht gelten lassen. Zum einen wird es von Augenzeugen äußerst unterschiedlich beschrieben: Für den einen gleicht es einem Emu, für den anderen einem Seehund und für den dritten einer Bulldogge. Auch sein Verhalten, wie aus der folgenden Geschichte hervorgeht, scheint nicht zu einem Drachen zu passen:

Eines Tages fand der Sohn eines Stammeshäuptlings ein nettes kleines Bunyip-Baby im Fluss und nahm es als Geschenk mit nach Hause. Sein Vater erkannte sofort, um was es sich da handelte, und wollte das kleine Wesen aus Angst vor der Rache der Mutter zum Wasser zurücktragen. Da hörte man aber auch schon das Brüllen des wütenden Monsters, und alles, was Beine hatte, rannte Hals über Kopf in die Berge. Aber da war die Bunyip-Mutter bereits über den Flüchtenden, nahm sich ihr Kind und verwandelte anschließend einen nach dem anderen in Vögel. So wurde der ganze Stamm in einen Schwarm schwarzer Schwäne verwandelt.

Während wir also Bunyip kein Drachendasein zugestehen können, haben wir doch noch einen echten australischen Drachen gefunden – und sei es auch nur in einem Märchen:

Der Drache Mangun-gali wohnte in einer Felsenhöhle. Er war groß und stark und hatte Krallen wie Speere. Außerdem trug er stets Gift in einem im Maul verborgenen Fellsäckchen bei sich. Am liebsten fraß er Menschen, und zwar nach Möglichkeit in großen Stückzahlen. Schließlich waren nicht mehr sehr viele übrig, und die Tiere, die damals eng mit den Menschen befreundet waren, beriefen eine Versammlung ein. Sie überlegten, wie sie den Drachen beseitigen und die Ruhe wiederherstellen könnten. Nach einigem Hin und Her meinte die Schildkröte, man solle Schlafkraut in die Höhle des Drachen schmuggeln. Wenn er eingeschlafen sei, könne man ihn überwältigen. Gesagt, getan, nur schlug der Plan fehl, weil der Drache die Blätter einfach hinausfegte. Da schlug der Koalabär vor, den Eingang zur Höhle mit *mubbu*, dem klebrigen Harz seines geliebten Eukalyptusbaumes, zu bestreichen, auf dass der Drache wie eine Fliege daran festklebe.

Auch dieser Einfall wurde ausgeführt und hatte keinen Erfolg, da Mangun-gali mit Begeisterung das Harz abschleckte, als ob es Honig sei. Nun waren die Tiere traurig und wussten sich keinen Rat mehr, bis die kleine Schwarze Schlange Ooyu-bu-lui sich zu Wort meldete und großsprecherisch verkündete, bis zum nächsten Abend werde sie ganz allein den Drachen unschädlich machen. Versprochen!

Damals war die Schlange nur klein und nicht giftig, deshalb setzten die Tiere kein großes Vertrauen in sie, ließen sie aber gewähren, da sie ohnehin keinen besseren Einfall hatten.

Die Schwarze Schlange kroch also in die Höhle des Drachen und wartete, bis er zurückkam. Und als er sie fressen wollte, erklärte sie ihm, sie sei nur dort, um ihn vor einem gefährlichen Wesen zu warnen, dem großen Waldgeist nämlich. Der Drache war neugierig und wollte unbedingt Näheres wissen. Da tat die Schlange so, als ob ihr aus Angst vor seinem Gift die Kehle zugeschnürt sei. Sie bat Mangun-gali darum, ihr das Säckchen für einen Moment zu geben, dann würde sie ihm alles erzählen. Der dumme Drache fiel darauf herein und händigte ihr sein Giftsäckchen aus. Die Schlange entwischte wie der Blitz aus der Höhle und behielt das Gift fürderhin für sich selbst. Der Drache aber traute sich ohne seine Waffe nicht mehr an die Menschen heran und ernährte sich fortan von Würmern und Insekten. Daher wurden seine Nachkommen mit der Zeit immer kleiner und kleiner und kleiner – und die Agamen, die Echsen, die noch heute auf den Felsen Australiens herumwuseln, wissen gar nicht mehr, dass sie eigentlich vom großen und gefährlichen Mangun-gali abstammen!

Wenn ein Tier an einen Miniaturdrachen erinnert, dann die Agame! Dagegen bringt es niemanden, und erst recht nicht die Drachenforschung, weiter, jedes ein wenig absonderlich aussehende Wesen, das es irgendwie zu Berühmtheit gebracht hat, auf Teufel komm raus zum Drachen machen zu wollen. Da ist es weit besser, sich an vielleicht weniger bekannte, aber als solche erkennbare Drachen zu halten, von denen Einheimische früher da und dort zu berichten wussten und mancherorts auch heute noch erzählen.

Aus Amerika sind Bilder aus früheren Jahrhunderten überliefert, auf denen »wirkliche« Drachen zu sehen sind. Eines zeigt beispielsweise die Besatzung der *Caroline* im Kampf mit einem solchen Ungeheuer in der Nähe von New Orleans. Auch gibt es Felsritzungen und Malereien von Indianern und Eskimos, die gehörnte Schlangen mit Drachenmäulern und oft auch Zacken auf dem Rücken darstellen. Sie können ohne weiteres mit den chinesischen Drachen und unseren Lindwürmern verglichen werden. Sie bewohnten die großen Seen Nordamerikas und werden gelegentlich auch heutzutage noch gesichtet. Am Lake Champlain bei Port Henry (New York) steht eine Tafel, auf der alle Personen aufgelistet sind, die das sagenhafte Seemonster Champ mit eigenen Augen gesehen haben wollen, samt Datum der Beobachtung – und es sind wahrlich nicht wenige, die da zusammengekommen sind.

Am Lake Okanagan in British Columbia ist ebenfalls eine Tafel angebracht, auf der darauf hingewiesen wird, dass dieser See die Heimat von *Ogopogo* ist. Vor der Ankunft des weißen Mannes, so heißt es weiter, war das Seemonster den Indianern wohl bekannt. Es wohnte in einer Höhle und wurde mit Tieropfern bei Laune gehalten. Zum Schluss wird erklärt, Ogopogo werde immer noch jedes Jahr gesehen – nun allerdings nicht mehr von Indianern, sondern von Weißen!

Damit die Touristen auch gleich noch vor Augen haben, wie man sich Ogopogo vorzustellen hat, wurde ein lebensgroßes Abbild von ihm am See aufgestellt. Zumindest danach sieht er ganz klar wie ein Schlangendrache aus, mit großem Krokodilsmaul, Hörnern und Ohren und einem Zackenkamm entlang seines langen Schlangenrumpfes.

Berichte über andere nordamerikanische Wassermonster erinnern an ähnliche europäische Drachensagen. Ein Trapper beispielsweise hielt einige indianische Geschichten fest, in denen unter anderem von einem »Wassergott« die Rede ist, den die Algonkins und andere Stämme *Mishipizhiw* nannten. Er besaß einen sehr langen Schwanz, und wenn er sich bewegte, um zu trinken, erzeugte er heftigen Wind. Wenn er aber wirklich energisch mit dem Schwanz wedelte, kam Sturm auf – weshalb ihm vor großen Reisen zur Beschwichtigung Hunde geopfert wurden. Drachen als Herren über Stürme und Gewässer sind uns inzwischen geläufig, und so besteht durchaus Anlass, auch in Mishipizhiw einen Drachen zu sehen – zumal eine Felsritzung ihn auch äußerlich als einen solchen ausweist.

Auch in den Seen Neuseelands sollen zumindest früher Drachen gelebt haben, Ungeheuer mit langen, zähnestarrenden Mäulern wie Krokodile. Nach Aussage der Maori bliesen sie genau wie Wale oft hohe Wasserfontänen in die Luft und waren auch so groß wie diese Meeressäuger; ansonsten ähnelten sie aber eher Echsen und waren auch wie diese geschuppt und mit Dornen bewehrt.

Allein mit Berichten über die drachenähnlichen Seemonster dieser Welt, angefangen bei Nessie, ließen sich ganze Bände füllen. Immerhin hat Michel Meurger in seinem Buch über Seeungeheuer eine Menge von ihnen samt dazugehörigen Darstellungen gesammelt und eine Reihe von Augenzeugen befragt. Danach ist es wirklich erstaunlich, wie viele Menschen auch heutzutage noch von der Existenz solcher Wesen überzeugt sind.

Abschließend sei noch ein Ungeheuer erwähnt, das einem afrikanischen Märchen zufolge allerdings nicht in einem See, sondern auf dem Festland hauste. *Bulele*, so hieß das Monster, weist durchaus Merkmale eines Drachen auf.

Bulele war groß wie eine Riesenpalme, hatte Augen wie Laternen und ein Maul, das einen Büffel mit einem Haps verschlingen konnte. Er ernährte sich von Tieren und Menschen und fraß alles in seinem Umkreis, bis nur noch ein Junge übrig war. Der machte sich auf die Suche nach jemandem, der Bulele den Garaus machen könnte, und gelangte schließlich zum König, dem Löwen. Als der hörte, um was für einen schrecklichen Drachen es sich bei Bulele handelte, zog er es vor, dringenderen Geschäften nachzugehen und den Jungen seinem Schicksal zu überlassen.

Rotbauch, so hieß das Kind, lief bitter enttäuscht fort, warf sich ins Gras und weinte, bis ihn etwas mit der Nase anstupste. Es war der Hase

Aromo, der ihn fragte, was los sei. Als er hörte, worum es ging, bot er Rotbauch seine Hilfe an und ließ sich auch nicht davon abbringen, als dieser ihn darauf hinwies, dass er nicht einmal einen richtigen Schwanz hatte. Er verlangte Speer, Messer und Schmuck des Jungen, und zusammen begaben sie sich zur Wohnung des Drachen.

Laut singend marschierte der Hase auf Bulele zu, während sich Rotbauch im Gebüsch versteckte. Aber Aromo war mit seinem Kampflied noch gar nicht fertig, da hatte ihn der Drache auch schon mit einem Haps verschluckt.

Der Junge hatte entsetzt zugesehen und schlug die Hände vors Gesicht, da tat es einen dumpfen Knall, und der Drache brach tot zusammen. Nach einem kurzen Weilchen durchbohrte eine Messerspitze den Bauch des Ungeheuers, und kurz darauf kroch Aromo aus der Öffnung hervor. Hinter ihm aber folgten alle, die der Drache zuvor verspeist hatte, darunter auch die Angehörigen von Rotbauch.

Da war es nur recht und billig, dass der feige Löwe als König abgesetzt und der Hase als neuer Herrscher proklamiert wurde!

Krokodino

Und der Wurm schwoll an und wuchs und wuchs
Und wurd abscheulich lang,
Hatt' gewaltige Zähn', ein gewaltiges Maul,
Woraus ein Dröhnen drang.
Und wenn er nachts das Land durchkroch,
zu hörn, was ihm so blühe,
Und kriegte Durst auf halbem Weg,
Melkt' er ein Dutzend Kühe.

Englische Ballade

Wie deutlich geworden sein dürfte, sind drachenartige Wesen – selbst wenn man zweifelhafte Fälle wie etwa die Nagas außer Acht lässt – keineswegs auf einen engen geografischen oder zeitlichen Rahmen beschränkt, sondern finden sich (soweit feststellbar) schon seit ältesten Zeiten nahezu auf der ganzen Welt. Angesichts dieser doch immerhin erstaunlichen Feststellung erscheint es angebracht, noch einmal auf eine der von den meisten heutigen Forschern vertretene Drachentheorie zurückzukommen. Danach gehen sämtliche früheren Drachenvorstellungen auf tatsächlich existierende Tiere zurück oder auf solche, die früher existiert haben, und zwar konkret auf Reptilien.

Aus *welchem* Reptil die Drachen allerdings resultiert haben sollen, darüber scheiden sich die Geister.

Um bei den beinlosen Lindwürmern zu beginnen, ist der nächstliegende Kandidat natürlich die Schlange, genauer eine Riesenschlange wie die Python. *Sie* dürfte sich hinter den angeblich Elefanten erdrosselnden und verschlingenden Drachen verbergen, über die ältere Autoren wie beispielsweise Plinius oder Herodot berichten. Schlangen gelten außerdem (auch das stimmt mit dem allgemeinen Bild vom Drachen überein) in der Mythologie vieler Völker als Hüterinnen von Edelsteinen oder Schätzen. Vielleicht könnte man zudem geltend machen, dass sie Höhlen lieben. Ihr Gift könnte schließlich, wie oft genug in der Literatur betont, die reale Entsprechung des feurigen Drachenatems sein.

Aber: Wo bleiben die stämmigen Beine des Drachen, wo sein großes Maul mit den scharfen Zähnen, die Flügel, die Hörner und überhaupt sein überwiegend echsenmäßiges Aussehen? Die immer wieder zur Erklärung der Hörner und des Feuerspeiens der Drachen herangezogene Hornviper sowie die Speikobra reichen für die weltweite Verbreitung der Vorstellung nicht aus. In unseren Breiten beispielsweise gibt es weder die eine noch die andere und erst recht keine riesigen Wasserschlangen. Kreuzottern, bei allem Respekt vor ihrem Gift, würde wohl niemand, schon gar nicht der Landmann, zu gigantischen Ungeheuern umdichten. Trotzdem gibt es in Europa, wie wir gesehen haben, jede Menge Sagen über Lindwürmer, die in Seen wohnen, und Drachen, die mit ihrem Feueratem die Umgegend verpesten. Recht an den Haaren herbeigezogen sind da Erklärungen wie beispielsweise die folgende: Die Giftschlange sei dem Blitz gleichzusetzen. Da der Blitz aber im Himmel »wohnt«, bekam die Schlange eben mit der Zeit Flügel und wurde so zum Drachen. Kurz, die Schlangendeutung vermag trotz aller dazugehöriger Mischthesen nicht unbedingt zu überzeugen.

Ein anderes Kapitel sind die Dinosaurier, die ebenfalls immer wieder als mögliche Drachenkandidaten erwähnt werden. Die fossilen Überreste des Dimetrodon etwa führten dazu, dass dieses Tier als Texasdrache bekannt wurde. Im ersten Kapitel wurde schon erwähnt, dass die Drachenvorstellungen mit Ur-Erinnerungen an die Dinos zusammenhängen könnten. Da wir Säuger aber zu der Zeit, als wir noch mit den letzten Vertretern ihres Geschlechtes zusammentreffen konnten, allenfalls, wie es Wilhelm Bölsche eruierte, Spitzmäuse gewesen sein können, hätte man es hier schon mit einer erstaunlich weit reichenden Gedächtnisleistung zu tun!

Der Drachenforscher Hans-Albert Treff wendet deswegen ein: »Es ist mit Nachdruck darauf hinzuweisen, dass Drachen natürlich nicht von Dinosauriern abstammen ... Die letzten Dinosaurier sind am Ende der Kreidezeit, also vor rund 65 Millionen Jahren, ausgestorben. Die Gattung *Homo* gibt es seit etwa zwei Millionen, den urtümlichen *Homo sapiens* seit rund 400 000, den modernen *Homo sapiens* seit etwa 120 000.«

Auch die Hypothese, dass tatsächlich in irgendeinem abgelegenen Winkel der Erde bestimmte Dinosaurier überlebt und damit die Drachenvorstellungen begründet haben könnten, ist trotz entsprechender Berichte von Afrikaforschern abzulehnen. Denn selbst gesetzt den wirklich äußerst unwahrscheinlichen Fall, im Herzen Afrikas wären ein paar Dinos noch mit Menschen zusammengetroffen, wie sollte sich diese Nachricht samt dem einheitlichen Bild, das überall vom Drachen existiert, über die ganze Welt ausgebreitet haben? Und außerdem bliebe dann noch immer die Frage nach den Flügeln und überhaupt den meisten anderen Drachencharakteristika.

Andere erklären, es seien in Wirklichkeit die Funde von versteinerten Dinosaurierknochen und -schädeln oder anderer ähnlich riesiger Tiere gewesen, die zur Entstehung des Drachenglaubens geführt hätten. Sie weisen etwa auf den Fund des Rhinozerosschädels in Klagenfurt hin und meinen, um diesen Schädel herum sei überhaupt die Klagenfurter Lindwurmsage entstanden. Entsprechendes gelte für andere Orte, wie etwa den Goggausee, wo noch im vorigen Jahrhundert Knochen »vom Lindwurm« gefunden wurden. Es ist natürlich sehr wohl möglich, dass dies in zahlreichen Fällen zutrifft, und wohl niemand wird behaupten, *alle* Drachensagen seien authentisch.

Mit Recht wird der »Knochentheorie« aber entgegengehalten, dass zum einen Saurier-, Höhlenbär- und Rhinozerosknochen oder Versteinerungen von Flugsauriern nicht eben häufig, ganze *Skelette* solcher Tiere sogar ziemlich selten zu finden sind. *Zu* selten jedenfalls, um das weltweite Vorkommen der Drachenvorstellung zu erklären. Außerdem erlauben solche Knochen, wie Judy Allen und Jeanne Griffith richtig bemerken, dem paläontologisch nicht Bewanderten zwar auf die Größe, nicht aber auf die Gestalt des Tieres zu schließen.

Einleuchtender ist da schon, was Wilhelm Bölsche schreibt: »Ich verstehe nicht, wie Höhlenbären- oder Rhinozerosfunde ursprünglich auf ein ungeheures reptilhaftes Schuppentier mit Krokodilkopf und häutigen Flügeln hätten führen können – verstehe dagegen wohl das Umgekehrte: dass von einer in anatomischen Kenntnissen noch schwachen Zeit beliebige solche Säugetierknochen oder -zähne *auf das schon vorhandene* Sagenbild bezogen wurden« (eigene Hervorhebung).

Genau dies könnte in China der Fall gewesen sein, wo man ebenfalls Saurierknochen zu Drachenknochen erklärte und als heilkräftige Medizin verwendete.

Wenn heute viele Drachen in Kinderbüchern und in Filmen Dinosauriern gleichen und wie manche von ihnen – anders als die alten Drachen – auf den Hinterbeinen laufen, dann ist das sicher nicht auf eine Urerinnerung oder auf irgendwelche Knochenfunde zurückzuführen, auch nicht auf ältere Bilder oder Bücher, sondern auf die Dinowelle – *Jurassic Park* lässt grüßen!

Als Ausgangspunkt des Drachenglaubens werden aber nicht nur diese ausgestorbenen Riesenechsen angeführt, sondern zunehmend auch deren noch lebende Ururenkel. Da wären zum einen die Landbewohner zu nennen: Unter ihnen finden sich Kragenechsen und Warane sowie die Flugechsen, die nicht ohne Grund den lateinischen Namen *Draco volans* (»fliegender Drache«) tragen. »Drächelchen« sollte man angesichts ihrer kleinen Größe allerdings besser sagen – und sich gleichzeitig fragen, wie sie die »Eltern« der Drachen gewesen sein sollen (auch wenn sie an und für sich betrachtet durchaus erstaunliche Wesen sind, die mehr als hundert Meter im Gleitflug überwinden können).

Schön, aber was ist mit den Waranen, von denen manche immerhin mehrere Meter lang werden können? Auch sie werden immer wieder genannt, wenn es um die Ahnen der Drachen geht. Da werden Berichte präsentiert, denen zufolge diese Gesellen recht ungemütlich werden können, ganze Kaninchen auf einen Haps verschlucken und Menschen ebenso wie Pferde und Kamele anfallen und beißen.

Diese Riesenechsen, allen voran der Komodo-Waran *(Varanus komodensis)*, oder auch ihre kleineren Vettern erscheinen manchen Drachenforschern mithin sehr wohl als mögliche Drachenahnen. Die Tatsache, dass sich das Verbreitungsgebiet des Komodo-Warans heutzutage auf ein verschwindend kleines Fleckchen Erde beschränkt, ist für sie kein Gegenargument; schließlich könnte das

Tier ja früher häufiger vorgekommen sein und ein weit größeres Gebiet besiedelt haben. Aber selbst wenn man diese Möglichkeit einräumt, vermag die Hypothese nicht recht zu überzeugen.

Es bleibt aber noch ein letztes Tier zu behandeln, das von allen Reptilien am meisten favorisiert wird: das Krokodil (beziehungsweise der Alligator). Es ist ohne jeden Zweifel das Lebewesen, das am ehesten einem Drachen ähnelt: Es hat exakt dessen Maul, Augen, Gestalt und Schwanz; es ist zudem stark und äußerst gefährlich für Mensch und Tier. Auch ist sicher, dass es von antiken Autoren als Drache bezeichnet und beschrieben wurde.

Für das Krokodil als Prototyp des Drachen spricht weiterhin, dass die alten Chinesen immer wieder von hoch geachteten Personen erzählten, die Drachen züchteten und hüteten. Die »Drachenfarmen«, von denen in diesen Geschichten die Rede ist, könnten also in Wirklichkeit *Alligatoren*farmen gewesen sein. Quellen aus der Zeit der Han-Dynastie berichten davon, dass früher vom Hof offizielle Drachenzüchter ernannt worden seien.

Fest steht weiterhin, dass es einst auch im Norden Chinas Alligatoren und Krokodile gegeben hat, die erst ausstarben, als das Klima kälter und trockener wurde. Zudem bezeichneten die Chinesen das Krokodil laut Dragan als »Schuppendrachen« *(jiaolong)* und den Alligator als »hornlosen Drachen« *(chilong)*. Andererseits kannten sie natürlich die bei ihnen frei lebenden Tiere und machten daher sehr wohl einen Unterschied zwischen Krokodilen/Alligatoren und »echten« Drachen. Dementsprechend wurden in medizinischen Listen Drachenknochen von denen realer Panzerechsen unterschieden. Wenn kaiserliche Wagen von Drachen gezogen wurden, wie vielfach

auf Abbildungen zu sehen und in Texten beschrieben, ist hier ebenfalls kaum an Alligatoren oder Krokodile zu denken.

Es ist anzunehmen, dass auch in den übrigen Teilen der Welt, in denen Krokodile und/oder Alligatoren vorkamen, die Einheimischen um diese tierischen Nachbarn wussten. Schließlich handelt es sich bei ihnen ja nicht um nachts, verborgen ihr Unwesen treibende, sondern um tagaktive Tiere, die häufig den Kopf aus dem Wasser recken oder gern gut sichtbar auf Sandbänken schlafen. Wenn also über ihre Blutrünstigkeit auch Schauermärchen erzählt wurden (und noch immer werden), käme doch wohl niemand auf den Gedanken, ihnen Hörner, einen Bart und Flügel anzudichten.

Hinzu kommt, dass, wie Judy Allen richtig bemerkt, Krokodile und Alligatoren im Wasser leben. Woher also sollte der Glaube kommen, sie würden in Berghöhlen wohnen und von dort aus Wanderer oder dergleichen überfallen? Wie sollten sie zu Landtieren geworden sein, die Feuer spucken, Schätze hüten und Jungfrauen rauben? Selbst die europäischen im Wasser lebenden Drachen steigen, so die Sage, aus diesem Element heraus, um sich hier einen Ochsen oder dort ein Schaf zu stehlen. Krokodile dagegen jagen im Wasser.

Die Antwort auf diese Fragen lautet für manche schlicht, dass sich hier verschiedene Überlieferungen vermischten und die märchenhaft übertriebenen Berichte von diesen – bei uns unbekannten – furchtbaren zähnestarrenden Tieren bereits bestehende Vorstellungen überlagerten und stark beeinflussten. Hinzu kommt, dass in unseren gemäßigten Breiten, in denen Krokodile lange Zeit unbekannt waren, in der Tat präparierte oder von Schaustellern vorgeführte Exemplare als Lindwürmer oder Drachen bezeichnet wurden. Auch deren Häute waren beliebte Drachentrophäen. Auf einem Holzschnitt des 16. Jahrhunderts ist beispielsweise ein Krokodil zu sehen, in dessen Beischrift zu lesen steht, es handele sich dabei um ein in der Türkei gefangenes Tier, das auf Lateinisch Crocodil, auf Deutsch aber Lindwurm heiße.

Doch selbst wenn die Behauptung, das Krokodil hätte den Drachenglauben beeinflusst, auf uns Europäer zutreffen sollte, bleiben etliche wesentliche Fragen unbeantwortet. Woher kamen dann nämlich die älteren Lind- und Tatzelwurmvorstellungen, die durch die Anschauung des echten Reptils überlagert wurden? Woher stammen *die*? Außerdem will die Krokodiltheorie, wie schon gesagt, auf China und andere Länder, in denen das Tier vorkam und durchaus bekannt war, nicht so recht passen.

Und so sehen wir, um mit Brecht und Reich-Ranicki zu sprechen,

»betroffen,
den Vorhang zu und alle Fragen offen.«

Von Hausdrachen und Drachensteinen

Wie überall im Lande so hat sich früher auch in Prislich bei Grabow häufig der Drache sehen lassen, und noch in neuester Zeit wollen ihn Leute in dem nahen Dorfe Neese spätabends gesehen haben, wie er durch die Lüfte dahingezogen ist. Früher wohnte ein alter, reicher Bauer in Prislich, der hatte mit dem Teufel ein Bündnis gemacht und ihm seine Seele verschrieben. Natürlich hatte er aber dies nicht umsonst getan; Gott bewahre, der Böse musste ihm dafür, sooft er wollte, seinen Diener, den Drachen, schicken und ihm durch diesen allerlei schöne Sachen, Korn und Stroh, Mehl und Butter, kurz, alles Mögliche zutragen lassen, was der alte Bauer nur immer brauchte und haben wollte; und eben davon war er denn auch so unverschämt reich und wohlhabend geworden.

Der Schäfer des Dorfes, der ein geriebener Kopf war und mit dergleichen Dingen umzugehen verstand, passte des Nachts zuweilen dem Drachen auf und zwang ihn vermittelst seiner Zauberkünste, ehe er das Gehöft des gottlosen Bauern erreichte, auf freiem Felde, hoch in der Luft abzuladen und somit das für den alten Sünder Bestimmte in alle Winde zu zerstreuen. Der Drache mitsamt seinem Herrn und Meister, dem Teufel, wütend über diese Unbill des Schäfers, beschlossen, sich hierfür schrecklich zu rächen und alles Vieh im Dorfe mit Läusen zu besetzen und es also zu verderben.

Zu diesem Zweck zog denn der Drache mit einer vollen Ladung solchen Ungeziefers in einer Nacht gen Prislich. Da er sich seit einiger Zeit nicht mehr gezeigt hatte, so glaubte der Schäfer, er habe ihn auf immer von seinem Dorfe vertrieben und war deshalb ruhig zu Bett gegangen. Ein anderer Prislicher war aber zufällig in dieser Nacht gerade draußen, als der Drache herangebraust kam. Schnell tat dieser nun, wie er's vom Schäfer gehört, und ließ den Drachen abladen. Aber er hatte hierbei versäumt, unters Dach zu treten, und so bekam er die ganze Ladung Läuse über sich ausgeschüttet. Wenige Tage hiernach hatte, zur Freude des ganzen Dorfes, des alten Bauern letztes Stündlein geschlagen. Als er wimmernd auf dem Sterbebette lag, kam der Teufel selbst in der Nacht, drehte ihm das Genick um und ging mit seiner Seele davon.

Wenn wir heute von Hausdrachen sprechen oder hören, denken wir dabei an eine zänkische Ehefrau. Das ist allerdings nicht nur eine schmähliche Verunglimpfung des weiblichen Geschlechts, es zeigt auch, wie rasch Traditionen in Vergessenheit geraten können. Mit diesem Wort verband man nämlich, wenigstens auf dem Land, noch bis vor gar nicht langer Zeit etwas völlig anderes. Ein Hausdrache, der je nach Region kurz »Drak«, »Drachel«, »Fürdrak«, »Track« oder liebevoller »Langschwanz«, »Steppchen« oder »Huslätzchen« genannt wurde, war ein dem Kobold vergleichbares und von manchen auch mit diesem identifiziertes, übernatürliches Wesen, das in gewissen Aspekten aber tatsächlich an Drachen erinnert.

Während normale Drachen Feuer spucken, soll der Hausdrache einen feurigen Schweif nach sich ziehen, wenn er durch die Luft fliegt, oder gar, wenn ihm danach ist, ganz aus Feuer bestehen. Überhaupt bezeigt er eine große Vorliebe fürs Verwandeln und nimmt beispielsweise die recht absurde Gestalt eines mit Warzen bedeckten Wiesbaumes, eines Schafs oder Schweins, aber auch eines Huhns, einer schwarzen Katze, einer grauen Gans und anderer Tiere an. Nachts dagegen lässt er sich etwa als glühende Kugel mit feurigem Schweif, als Feuerbalken, Feuer sprühender Drache oder glühender Schlangenschweif sehen.

Obgleich hier der Gedanke an Kometen nahe liegt – und diese auch von Volkskundlern als mögliche Erklärung angeführt werden –, lässt sich der Hausdrache damit nicht abtun. Zum einen wird in alten Chroniken durchaus zwischen beiden Dingen unterschieden. Zum anderen kann Kometen schlecht nachgesagt werden, was wir im Folgenden vom »Steppchen« erzählen werden. Selbst die hypothetische Verbindung von Kometenfurcht mit Hausgeistvorstellungen scheint als Erklärung für das Phänomen Hausdrache nicht auszureichen.

Wie dem auch sei, jedenfalls war es nicht leicht, in den Besitz eines solchen Hausdrachen zu gelangen, und wer das Kunststück fertig brachte, musste diesen Mitbewohner gut hüten und vor allen Dingen mit Samthandschuhen anfassen.

Der Langschwanz ist nämlich nicht unbedingt ein friedlicher und ungefährlicher Genosse – daher vielleicht auch unsere heutige Bedeutung des Wortes »Hausdrache«. Er verlangt vor allen Dingen gutes Essen und entwickelt dabei je nach Region bestimmte Vorlieben. In Ostpreußen bevorzugt er erfahrungsgemäß Eier mit Speck, in Sachsen Semmelmilch und in der Lausitz Hirsebrei. Aber wehe, wenn die Eier oder der Brei zu heiß geraten! Er pustet dann nämlich nicht etwa wie unsereins, bis die Speise abgekühlt ist, er regt sich vielmehr so darüber auf, dass er in seinem Zorn das Haus in Brand steckt und dann durch den Schornstein auf Nimmerwiedersehen verschwindet.

Es gibt seit alten Zeiten viele Berichte von Augenzeugen aus dem deutschsprachigen Raum ebenso wie aus England, Schottland und Skandinavien, die feurige Hausdrachen gesehen haben wollen. »In Malchin«, so heißt es in einem volkskundlichen Werk aus dem 19. Jahrhundert, »haben viele den Drachen durch die Luft ziehen sehen, groß wie ein Wiesbaum, vorn mit einem ordentlichen dicken Kopf und mit einem langen Schwanz hinten. Auch bezeichnete man genau die Häuser, wo er den Leuten etwas zugetragen. Auch aus Bresegard bei Grabow wird vom Drachen berichtet, der einem Bauern alles zutrug, bis er von zwei Bauern gebannt wurde durch ein verkehrtes Wagenrad und infolgedessen das Haus, in das er hineingefahren, verbrannte. Die beiden Bauern, die das vollbrachten, waren aber Zwillingsbrüder; nur solche können so den Drachen bannen.«

In alten Quellen wird auch häufig von durch Hausdrachen verursachten Hausbränden berichtet, und in einer Chronik vom Anfang des 17. Jahrhunderts heißt es von Liegnitz, »dass dort ein reicher Glaser, Balthasar Bürmann, auch einen Drachen hatte; dem hat die Magd die rote Kuh gemolken statt der schwarzen und ihm dann die Milch zu heiß gegeben, worauf er angezündet habe. Da brannten in Liegnitz über siebenhundert Häuser ab. Der, der den Drachen hatte, wurde auf dies gefänglich eingezogen. Er aber erbot sich, mit zwei Tonnen Goldes seine böse Tat zu büßen, und da man das Gold, so ihm der Drache wohl auch zugeführt, besichtigte und auf den andern Tag von neuem besehen hat, ist es ein ganzes Viertel mehr gewesen.« Bei Breslau dagegen wurde ein Hausdrache an Walpurgis zu heiß gebadet, und als ob das noch nicht Grund genug für einen Wutausbruch gewesen wäre, gab man ihm auch noch zu heiße Milch zu trinken. Wen wundert es da, dass auch hier alles in Flammen aufging?

Werden allerdings alle Eigenheiten dieses empfindlichen Mitbewohners berücksichtigt, hat man eine ganze Reihe von Vorteilen, denn der Hausdrache ist ein »Bringegeist«. Vor allem bringt er Geld ins Haus, das obendrein die wunderbare Eigenschaft besitzt, sich ständig zu erneuern. Das Wissen um diese spezielle Fähigkeit des Hausdrachen war so weit verbreitet, dass es von Leuten, die schnell reich geworden waren, hieß: »Der hat den Drachen.« Dabei war dieser Neureiche nicht unbedingt gut angesehen, denn wie jeder wusste, konnte der Drache das Geld nicht einfach so »herbeizaubern«. Nein, er musste es stehlen, und natürlich wurden zunächst die lieben Nachbarn beklaut, was diesen verständlicherweise nicht passte. Aber auch ohne dies hatten Besitzer von Hausdrachen einen schlechten Ruf, denn wer außer Teufelsschülern und Zauberern hatte schließlich die Macht, sich einen solchen Hausgenossen anzulachen – oder vielmehr anzuhexen? Dieser Gedanke scheint auch den Erfindern der Fernsehserie *Die Munsters* noch im Kopf herumgespukt zu haben, denn als normale Menschen würde man diese netten Leutchen sicher nicht bezeichnen. Und tatsächlich besitzen sie einen Hausdrachen, der unter der Treppe wohnt und auch nicht immer gut gelaunt ist. So gebärdet er sich bisweilen, wenn ihm etwas nicht passt, als richtiger Flammenwerfer oder knurrt laut, bis er durch Gaben von Schrott (*sein* Lieblingsleckerli) besänftigt wird.

Insofern ist diese Version eines »Langschwanzes« sicher authentischer als beispielsweise Scorch, der Hausdrache in einer anderen Fernsehserie. Er benimmt sich nicht wie ein Drache, sondern eher wie ein Mensch, indem er für seinen Freund eine Frau sucht oder bei einem Einkaufsfernsehsender Waren auf Kreditkarte bestellt.

Scorch hing eines Tages einfach vor dem Fenster »seiner« Familie. Darüber, wie man sich *tatsächlich* so einen zweifelhaften Hausfreund anlachte, gibt es unterschiedliche und sämtlich nicht sehr überzeugende Aussagen, denn wer es wirklich wusste, wird es mit Sicherheit nicht gerade herumposaunt haben. Wesentlich, so viel steht fest, ist der Zeitpunkt. Oft wird die Andreasnacht oder Silvester empfohlen. Am einfachsten ist es, ihn zu *finden*, und zwar in Gestalt eines nassen und frierenden Hühnchens, das man mit nach Hause nimmt, wärmt und gut füttert. Dann zeigt sich der Hausdrache beispielsweise durch Kornspenden erkenntlich und führt überhaupt jeden Auftrag aus, den man ihm erteilt. Wird Milch benötigt, fliegt er mal eben rasch in Nachbars Kuhstall und saugt die Kühe leer. Auch mit allen anderen Dingen, die zum Leben notwendig sind, wie Fleisch, Eier und Mehl, versorgt er auf Wunsch seinen Besitzer.

Wer ihn sieht, wenn er mit Gütern oder Geld beladen gerade durch die Luft fliegt, kann versuchen, ihm seine Ladung abzujagen. Dafür werden verschiedene Maßnahmen empfohlen, wobei eine darin besteht, ihm den blanken Hintern zu zeigen. Eine solche Unverschämtheit – am besten in Verbindung mit »festmachenden« Worten wie: »Swinsdreck«, oder »Schütte, schütte« – bannt ihn in seinem Flug, und er lässt alles fallen, was er gerade trägt. Zubrüllen kann man ihm auch das weit höflichere Verschen:

> Es fährt kein Fuhrmann über Land und Brück'
> Er lässet seinen Zoll zurück.

Allerdings muss man zusehen, dass man sich bei einem solchen Manöver unter einem sicheren Dach befindet, sonst wird man vom Drachen mit Dreck oder, wie in der weiter oben referierten Geschichte, mit Läusen beworfen. Der Kenner sieht übrigens schon seiner Farbe an, was und wie viel der Langschwanz gerade bei sich hat: Ist er bläulich, so bringt er besonders viel. Ist er schwarz, rot, gelb oder halb rot, halb blau gefärbt und fliegt er außerdem noch besonders niedrig, transportiert er Geld.

Einen solchen Drachen zu sehen, galt aber keineswegs als gutes Zeichen, im Gegenteil – man hielt ihn, wie eine Eintragung in der Sachsenchronik zum Jahr 793 beweist, für ein schlechtes Omen, für das Zeichen bevorstehender Hungersnöte und Kriege. Nach flandrischen Annalen aus dem 11. Jahrhundert soll der

Drache hingegen Krankheiten ankündigen. Selbst Luther wusste vom Langschwänzchen, das er – natürlich – als Teufel bezeichnete.

So gesehen fragt es sich also, ob es wirklich gescheit ist, einem fremden Hausdrachen seinen Reichtum abzuluchsen oder aber einem Gelddrachen Obdach zu gewähren, und ob es nicht ratsamer wäre, ihn, wie früher empfohlen wurde, durch Ebereschenzweige von den Fenstern fern zu halten. Denn einmal abgesehen davon, dass es nicht eben leicht ist, so ein Haustier richtig zu behandeln, bringt der Reichtum, den es herbeischafft, letzten Endes keinen Segen. Und was noch schlimmer ist: Wie früher jeder wusste, stirbt der Besitzer eines solchen zwielichtigen Wesens grundsätzlich eines schlimmen und langwierigen Todes – ja, man glaubte sogar, er könne überhaupt nur dann sterben, wenn man ihn auf den Misthaufen legte!

So sollte man sich vielleicht doch lieber einen glasierten Hausdrachen aus Ton in den Garten stellen, wie es sie heutzutage zu kaufen gibt, und von herumstreunenden nassen, verfrorenen Hühnchen besser die Finger lassen, und vorbeifliegenden feurigen Drachen auch nicht den nackten Hintern zeigen. Lässt ein solcher Drache allerdings einen Stein fallen, dann sollte man ihn unbedingt aufheben, denn *der* bringt der ganzen Familie Glück und Segen.

Der Drachenstein

Im 15. Jahrhundert lebte in der Schweiz ein Bauer namens Rudolf Stempflin. Der sah eines schönen Tages im Sommer, als er draußen mit seinen Leuten Heu machte, einen feurigen Drachen in Richtung Pilatus fliegen, wobei er so nahe an ihm vorbeikam, dass er ihn beinahe streifte. Der Bauer erschrak auch über dessen seltsamen Geruch derartig, dass er in Ohnmacht fiel. Als er wieder zu sich kam, bemerkte er gerade eben noch, wie der Drache etwas fallen ließ. Zusammen mit seinem Gesinde ging er nachschauen, worum es sich handelte, und entdeckte Blut, »glych einer Sultz«. Das »tat« der Bauer mit einem Stecken auseinander und fand darin einen Drachenstein, »zu Latin Traconites genannt, von dessen krafft und tugent viel geschriben würdt«, wie es in einem alten Bericht heißt.

Rudolf Stempflin wusste um die Bedeutung eines solchen Steines, nahm ihn mit und bewahrte ihn sorgfältig in seinem Haus auf. Er schützte ihn und seine Familie fortan gegen Gifte und Blutungen, gegen Pest und die Ruhr und war daher für den Bauern so wertvoll, dass er ihn um keinen Preis verkaufen wollte, nicht einmal, um seine hohen Schulden beim Gerichtsschreiber von Luzern zu bezahlen.

Das half ihm aber alles nichts, denn schließlich musste er den Drachenstein, gerichtlich dazu gezwungen, doch herausrücken, und der Gerichtsschreiber, der, wie es sich traf, auch gleichzeitig Wundarzt war, machte damit einen großen Reibach. Im Jahr 1519 brach nämlich eine Pestepidemie aus, und der Stein bewies seine Wunderkräfte ein um das andere Mal. Sein Ruf breitete sich mehr und mehr aus, und vier Jahre später ließ sich der Wundarzt die Heilwirkung der Kugel von einer Kommission der Stadt Luzern offiziell bestätigen.

Noch Jahrhunderte später erregte der Stein Aufsehen, und Johann Jakob Schleuchzer, der um 1700 eine Naturgeschichte des Schweizerlandes schrieb, pries ihn als »seltsames und köstliches Naturwunder« und bildete ihn auf seiner Landkarte als eine der größten Raritäten der Schweiz ab. Wissenschaftler des 19. Jahrhunderts hielten ihn für einen künstlich gefärbten Meteoriten, andere meinten, er bestünde aus gebrannter Tonerde. Da der Stein, der inzwischen in einem Baseler Museum aufbewahrt wird, aber nicht beschädigt werden darf, bleibt seine Identität bis auf weiteres ungeklärt.

Erinnert sei an die eher beiläufig erwähnte Blutlache, in der der Drachenstein lag. Es dürfte sich dabei um Blut des vorbeifliegenden, vielleicht verwundeten Drachen gehandelt haben, denn die kostbaren Kugeln sollen eigentlich in den Köpfen der Drachen sitzen. Das wusste schon Plinius, der erzählt, die Steine müssten, um wirksam zu sein, den lebenden Drachen entnommen werden. Darum müsse man einen schlafenden Drachen finden, dem man dann den Kopf abhauen könne, um an den Stein heranzukommen. Der Gelehrte Jordanus Saxo (12./13. Jahrhundert) dagegen berichtet, dass die Menschen früher die Flugzeiten der Drachen beobachteten und zusahen, wie die Tiere schließlich – ihres großen Gewichtes wegen – in einen bestimmten Fluss stürzten. Nach einer 70-tägigen Wartezeit machten sich die Menschen auf und suchten flussabwärts nach den Knochen, um sich den wunderbaren Karbunkelstein, der im Stirnknochen der Drachen sitzt, zu sichern.

In einem Zigeunermärchen trifft ein Zigeuner im Wald auf einen Drachen. Als der Mann die Flucht ergreift, fliegt der Drache hinter ihm her, knallt gegen einen Baum, bricht sich das Rückgrat und stirbt. Der Zigeuner ist natürlich begeistert und reibt sich die Hände. Er läuft in die Stadt und erzählt jedem, er habe eigenhändig einen Drachen erledigt. Daraufhin gehen sie alle zusammen in den Wald, spalten dem Drachen den Schädel und holen den Diamanten heraus, der darin liegt. Als Belohnung erhält der Zigeuner drei Städte.

Dieser Stein, der *Dracontias* genannt wurde, scheint nicht immer kugelrund zu sein; Albertus Magnus jedenfalls will Zeuge der Gewinnung eines solchen Kleinods gewesen sein und berichtet, es habe die Form einer abgestumpften Pyramide gehabt und sei schwarz gewesen. Er wusste es übrigens deshalb so genau, weil er den Stein, samt Drachenkopf, aus dem er stammte, geschenkt bekam.

Ein Wörterbuch des Bergbaus aus dem Jahr 1778 beschreibt den Dracontias als kugelförmigen, wie Kristall durchsichtigen Stein, und in einer Abhandlung über Edelsteine aus etwa derselben Zeit heißt es, der Stein sei etwa fingerdick, braunrot mit streifenförmigen Linien und eingesprengten Granaten.

Davon, dass der Drachenstein besonders schön sei, ist also nicht die Rede, und auch hinsichtlich seiner Funktion unterscheidet er sich von dem Drachenstein der Chinesen. Er gebiert keinen Drachen, er ist vielmehr Teil eines solchen (also eher mit der Drachen*perle* vergleichbar) und daher mit dessen Stärke, Macht und Zauberkräften, wenn man so möchte, imprägniert.

Dieser Ansicht sind auch die Drachenkenner der heutigen Fantasy-Szene. Im Rollenspiel *Das schwarze Auge* heißt es ausdrücklich vom Drachenkarfunkel, er sei der Sitz der Magie des Drachen und repräsentiere zugleich Geist und Seele der Kreatur.

So gesehen müssten auch andere physische Teile des Drachen in irgendeiner Weise wundermächtig sein – und genau das dachte man sowohl in China als auch bei uns zulande.

Im großen Walde, der von Kriens und Walters an den Berg hinauf sich ausbreitet, lebten vor Zeiten Drachen. Nach Sonnenniedergang sah man sie bei Sommerszeit nicht selten wie einen Feuerbrand vom Pilatus bis zum Rigiberg hinüberschießen. Die Alten hielten dafür, dass fahrende Schüler und Schwarzkünstler es gewagt hätten, sich auf solche Ungeheuer zu setzen und mit ihnen aus dem Lande hinwegzureiten an Ort und Ende hin, wo man das Blut, die Steine oder andere Teile des Drachenkörpers zu verwenden verstand und in großem Werte hielt. Aber auf jedwede sothane Entführung sei ein verwüstender Wasserguss erfolgt. Anno 1503 begab sich eine Gesellschaft vornehmer junger Herren aus Luzern auf die Jagd, an den Fracmont. Im Wald hat einer von ihnen, der mit einer Axt sich zufällig allein befand, einen morschen Baumstrunk, wie er meinte, gesehen. Aber der unausstehliche Geschmack und Dampf, den er wahrnahm, überzeugte ihn bald, dass da ein Drache schlafe. Bald fasste der Erschrockene wieder Mut, schlug mit der Axt dem Untier auf den Kopf, so dass es plötzlich aufschoss, sich in die Höhe schwang und fortflog. Der Boden, wo es gelegen, war ganz verbrannt, wie die Bäume, mit denen sein Hauch und seine Haut in Berührung gekommen waren.

Die Drachenapotheke

Bauer Rudolf Stempflin, der Finder des berühmten Schweizer Dracontias, muss durch den Fast-Zusammenstoß mit dem fliegenden Drachen und seine Ohnmacht noch halb benommen gewesen sein. Ansonsten hätte er sich auch das Blut des Drachen sicher nicht entgehen lassen. Die zuletzt erzählte Sage (und nicht nur diese eine) erwähnt die früher weit verbreitete Ansicht, Zauberer hätten Drachen extra wegen ihrer Steine, ihres Blutes und anderer Körperteile entführt und anschließend buchstäblich ausgeschlachtet.

Von der Wunderkraft des Drachenblutes weiß jeder, der die Siegfriedsage kennt (→ S. 105). Sie überzieht die Haut wie Horn und macht daher unverwundbar. Allerdings ist das Blut für Nichthelden nicht leicht zu verkraften. Denn, wie es im 17. Jahrhundert der drachenbesessene Michael Fairfield ausdrückte:

Drachenblut ist Lethe-Saft,
Welcher Qual und Schmerzen schafft,
Tröpfelnd von dem Schuppenkleid,
Jede Siegesfreud' verleid't.
Schon ein Tropfen macht die Welt
Zunicht und das, was sie enthält.

Manch einer, der sich mit Drachen anlegte, wurde durch das aufspritzende Blut des Ungeheuers getötet – wie beispielsweise einstmals Winkelried, dessen Geschichte seit vielen Jahrhunderten erzählt wird:

In grauer Vorzeit lebte im Schweizer Dorf Wyler ein grausamer Drache. Der vertrieb »Leut und Viech«, bis sich ein wegen Totschlags verfolgter Landflüchtiger anbot, das Biest gegen Aufhebung seiner Strafe unschädlich zu machen. »Das ward ihm mit Freuden zugelassen«, und er schaffte es tatsächlich, aus dem Kampf mit dem Drachen siegreich hervorzugehen, indem er dem Untier zunächst ein Bündel Dornen in den Rachen stieß und damit ablenkte. Nachdem er den Drachen getötet hatte, beging er allerdings die Dummheit, den Arm mit dem blutigen Schwert vor lauter Freude triumphierend in die Höhe zu heben. Das Blut rann an seinem Körper herab, und er musste sterben wie sein Opfer.

Einem Siegfried wär das nicht passiert, aber einen Verbrecher ereilt eben doch die gerechte Strafe!

Abgesehen von seiner Gefährlichkeit, verschafft Drachenblut aber nicht nur eine dicke Haut, sondern ist auch sonst ein besondrer Saft. Wie wir uns erinnern, konnte Sigurd, als er ein wenig davon schluckte, mit einem Mal die Sprache der Vögel verstehen (→ S. 106). Doch auch bei der oralen Anwendung ist unbedingt Vorsicht geboten, denn wie schon die heilige Hildegard sagte: Unverdünnt sollte »man« (gemeint sind vermutlich Normalsterbliche) es niemals trinken, weil man sonst sofort davon sterben würde.

Stark verdünnt ist es allerdings, wie sie ebenfalls zu berichten weiß, von starker Heilkraft, insbesondere dann, wenn jemand einen »Stein in sich hat«. In diesem Fall wird ihm geraten, Drachenblut an einem feuchten Ort feucht werden und es dann in klarem Wasser eine knappe Stunde liegen zu lassen, damit das Wasser etwas von seiner Wärme annimmt. »Das Blut soll er dann wieder herausnehmen und das Wasser nüchtern trinken, gleich darauf soll er etwas essen. So soll er neun Tage lang verfahren, aber immer nur mäßig von dem Wasser trinken. Durch die Kraft des Drachenblutes wird der Stein in ihm zerbrochen, und so wird der Mensch von ihm befreit.«

Dasselbe Wasser ist auch gut, wenn man an »Verdunkelung der Augen« leidet. Dann braucht man nur die Augenbrauen und die Wimpern damit einzureiben. Zur Stärkung der Sehkraft diente daneben auch eine mysteriöse Zaubersalbe, die aus dem Drachen gewonnen wurde. Doch nützte das Blut nicht nur dem Menschen, es bewirkte – vielleicht wie Gülle verspritzt? – auch, dass die Felder fruchtbar wurden. Die Chinesen sagten übrigens, zur Erde gefallenes Drachenblut verwandle sich in Bernstein.

Nüchterne Gemüter behaupten zwar, das angebliche Blut sei

nichts anderes als das so genannte Erdpech gewesen, von fossilen Fischen stammendes Erdöl (Ichthyol), das an bestimmten Stellen aus der Erde austrete. War das irgendwo der Fall, wurde es je nachdem als Riesen- oder Drachenblut bezeichnet und die fehlende Sage von der Tötung des einen oder anderen kurzerhand hinzuerfunden.

Doch diese wissenschaftliche Entmystifizierung des Drachenblutes hatte keine allzu weit reichenden Folgen. Für die Fantasy-Bewegung beispielsweise ist und bleibt die magische Wirkung des Drachenblutes ein unbestreitbares Faktum. Im Rollenspiel *Das Schwarze Auge* heißt es darüber, es sei neben dem Karfunkel eine der zauberkräftigsten Essenzen des Drachen überhaupt. Und auch in Harry Potters beziehungsweise Newt Scamanders *Phantastische Tierwesen* wird die Zauberkraft des Blutes (sowie auch diejenige von Haut, Herz, Leber und Horn des Drachen) besonders hervorgehoben. In Douglas Monroes *Merlyns Vermächtnis* wird mithilfe von neben einem Drachenskelett aufgefundenem uralten Drachenblut, das auf glühende Holzkohle gestreut wird, ein Geist beschworen, der auch prompt in einer Rauchsäule erscheint.

Im Anleitungsband zu diesem Buch wird als Drachenblut allerdings das gleichnamige Räucherwerk empfohlen, das man aus dem dunkelroten Harz der Früchte einer auf den indisch-malaiischen Inseln wachsenden Palme *(Daemonorops draco)* gewinnt. Das wusste auch schon der Verfasser eines Kräuterbuches des 17. Jahrhunderts, Adamus Lonicerus; er schrieb, das »Trachenblut«, welches die Ärzte in den Arzneien gebrauchten, sei das Gummi eines Baumes »das sich dem rechten Trachenblut vergleicht«. Um es aber den Menschen als richtiges Drachenblut schmackhaft zu machen, hieß es, dort, wo sich ein Drache und ein Elefant bekämpften, fließe Blut. Aus diesem Drachenblut wüchse der Baum, dessen Saft folglich das Blut enthalte.

Auch das Fett und der Schwanz des Drachen wurden bei uns zu Heilzwecken genutzt; vor seinem Fleisch und seinen Knochen dagegen warnt die heilige Hildegard. Sie bescheinigt dem Drachen eine trockene, fremdartige Hitze und ein unbändiges Feuer. Sein Fleisch allerdings sei nicht feurig, und was in ihm und in den Knochen enthalten sei, widerspreche »allen menschlichen Heilmitteln«.

Dieser Meinung schließen sich die Chinesen keineswegs an; bei ihnen galten (und gelten zum Teil noch heute) neben anderen Bestandteilen auch die Knochen des Drachen als äußerst wirksame und daher sehr begehrte Heilmittel. Da man sich nicht unbedingt darüber einig war und ist, ob Drachen überhaupt sterben können, behaupteten manche, diese Wesen würden von Zeit zu Zeit samt der Haut auch ihre Knochen wechseln. Ob nun aus diesem oder jenem Grund, jedenfalls kann man ihre Knochen finden, wenn man weiß, wo. Einem chinesischen Werk aus dem sechsten Jahrhundert zufolge liegen die Knochen auf Bergen und Hügeln, Klippen mit Höhlen und überhaupt auf allen Plätzen, wo die Drachen Wolken und Regen erzeugen. Manchmal seien sie tief in der Erde vergraben, manchmal befänden sie sich auch dicht an der Oberfläche.

Darüber, in welcher Weise sie »zubereitet« werden sollten, herrschten unterschiedliche Meinungen. Die wohl komplizierteste Methode bestand darin, wohlriechende Pflanzen abzukochen und die Knochen dann zwei Mal in dem Wasser zu baden. Anschließend wurden sie zermahlen und in Gazebeutelchen gefüllt. Nun besorgte man sich ein paar junge Schwalben – bekanntlich die Lieblingsnahrung der Drachen –, nahm sie aus, stopfte die Beutelchen hinein und hängte die so farcierten Vögel über einen Brunnen. Am nächsten Tag war die Medizin verwendungsfähig.

Anderen Rezepten zufolge wurden die Knochen lediglich eine Nacht in Alkohol eingelegt, anschließend über dem Feuer geröstet, bis sie rot waren, und dann zermahlen. Allerdings musste man sich hüten, eiserne Werkzeuge dabei zu verwenden, denn Drachen verabscheuen dieses Metall.

Der Aufwand, den man mit den Knochen trieb, lohnte sich aber auf jeden Fall. Es gibt kaum eine Krankheit, die man mit ihnen nicht kurieren konnte. Angefangen bei Durchfall, über Fieber und Krämpfe, Abszesse und Nasenbluten bis hin zu Wahnsinn und Melancholie, die Knochen halfen fast immer. Für die letzteren beiden Krankheiten waren insbesondere die Zähne der Drachen von Nutzen. Doch auch sämtliche Krankheiten, die die Leber und die Nieren betreffen, sowie alle Beschwerden Schwangerer wurden mithilfe von Drachenknochen geheilt.

Für einige schwierigere Fälle benötigte man allerdings schon die

Leber oder das Hirn eines Drachen, und manch einer hat sich schon ins Unglück gestürzt, weil er, um eins von beiden zu bekommen, einen Drachen töten musste. So gibt es diverse ähnlich lautende Geschichten über Könige, die ihren »Hausdrachen« töten lassen wollten. Der Drache erfuhr rechtzeitig von dem Vorhaben und verschwand. Da er aber bis dahin die königliche Burg bewacht und beschützt hatte, fiel sie anschließend sofort dem Feind in die Hände, der sie plünderte und zerstörte.

Waren alle genannten Bestandteile des Drachen als Medizin von Nutzen, diente der Speichel anderen Zwecken. Ein berühmter Arzt des 16. Jahrhunderts erklärt: »Aus dem von einem Drachen ausgespuckten Speichel wird Parfüm hergestellt.« Dieser seltenen Substanz wird nachgesagt, sie könne Kampfer und Moschus so binden, dass sie jahrzehntelang nicht verdampfen. Wenn sie aber verbrannt würde, bilde sich blauer Rauch. Ein chinesischer Autor der Sung-Zeit berichtet, Drachenspeichel sei der kostbarste Duftstoff überhaupt, und bestimmte Eingeborene hätten aus diesem Grund ein halbes Jahr lang oder auch länger Dämpfe beobachtet, die an ein und derselben Stelle des Meeres aufzusteigen pflegten. Verschwanden die Dämpfe, wussten sie, dass die Drachen endlich aufgewacht und davongeflogen waren. Sobald sie sich dessen sicher waren, begaben sie sich zu der entsprechenden Stelle und sammelten den Drachenspeichel ein.

Nicht nur die (nicht näher spezifizierten) Eingeborenen, sondern auch Kaiser waren auf Drachenspucke ganz versessen. Kaiser Shun etwa verwendete sie als Tinte, um die Namen von Ministern und Weisen aufzuschreiben. Um an diese Substanz zu gelangen, erteilte er einem gewissen Yü Hu den Auftrag, einen violetten Drachen großzuziehen. Jeden Tag hielt Yü Hu nun dem Drachen eine gekochte Schwalbe in einigem Abstand vor die Nase. Dem Drachen wurde das Maul jedes Mal ganz wässrig, so dass große Mengen von Spucke herabtropften und geschickt in einem Gefäß aufgefangen werden konnten. Erst nachdem genug von der kostbaren Flüssigkeit zusammengekommen war, erhielt der Drache die begehrte Schwalbe.

Drachenwürmer

Anfang 1884 verweilte F. Sch. mit seinem Vater auf dessen Alm im hintersten Gollinggraben, wo er auf der Suche nach Edelweiß auf einen Bergstutz stieß. Zwar war er vorher vom Halter Blasl und anderen davor gewarnt worden, zumal das Tier dort schon bekannt war und das Jahr vorher auch eine Sennerin angeblich totgebissen wurde, jedenfalls aber dort tot am Platze liegen blieb. Aber jugendlicher Wagemut ließ ihn darauf nicht achten, und als er mit einigen gepflückten Sternen wieder aus der Wand stieg und zu seinen Schuhen wollte, kroch plötzlich ein abscheuliches Tier auf den vor Schreck wie festgewurzelten Buben zu. Zwei Meter nur war es von ihm entfernt, fünfzig bis sechzig Zentimeter lang, sah aus wie eine sehr gedrungene Eidechse, die ihn laut anfauchte und mit dem mit scharfen Zähnen bewehrten Rachen schnappte. Das Tier war walzenförmig, von Oberarmdicke, und die Leibesform lief gegen den Schwanz spitz zu. Es waren nur zwei nach auswärts stehende kurze »Dackelbeine« sichtbar, Hinterbeine sind nicht gesehen worden. Die Haut war nackt, doch am Rücken scheinbar rauher als an den Seiten, die Farbe bräunlich bis rötlich grau und gegen die Flanken heller werdend. Besonders auffallend war der starre Blick, die Angriffslust und das Schnauben und Fauchen des Tieres. Geruch wurde keiner wahrgenommen, doch nach der Aussage des Halters Blasl sollte es eine durchdringend faule Ausdünstung haben. Endlich besann sich der Knabe und lief, was er laufen konnte, davon. Seine Schuhe und Joppe musste später der Halter Blasl unter der Edelweißwand holen. Für diesen war der Verkauf der Edelweißsterne eine gute Nebeneinnahme, und beim Pflücken war er schon einige Male auf dasselbe Tier gestoßen. Zwar nahm auch er jedes Mal Reißaus, aber er wusste, wo es sich aufhielt und ging ihm so viel als möglich aus dem Wege. Sonst aber mieden alle Sennen und selbst der dortige Jäger geflissentlich den gefährlichen Ort.

Dies ist nur einer von unzähligen Berichten von Begegnungen mit dem »Bergstutz« oder »Tatzelwurm«, die bis vor kurzer Zeit gesammelt wurden. Sie stammen überwiegend von Bergbewohnern, die mit der Natur und der heimischen Tierwelt gut vertraut waren, zum Beispiel Förstern, Sennern und Waldarbeitern. Sie machten ihre Beobachtungen in unterschiedlichen Jahren und an verschiedenen Orten.

Umso erstaunlicher ist, wie sehr sich die Beschreibungen des mysteriösen Tieres ähneln. So sichteten beispielsweise etwa 40 Jahre nach der oben geschilderten Begebenheit drei Holzknechte einen Tatzelwurm. Ihnen fiel zusätzlich zu den Charakteristika, die auch der Junge beschrieben hatte, noch ein weiteres Merkmal auf, das viele andere Augenzeugen gleichfalls bemerkt haben wollen: der an eine Katze erinnernde Kopf.

Natürlich brachten diejenigen, die nicht an die Existenz eines solchen Wesens glauben wollten, ihre Einwände vor. Aber ein Forscher, der sich mit den Tatzelwürmern eingehend befasste und selbst mit Augenzeugen sprach, sagt dazu: »Meine an die Beobachter gerichtete Frage, ob es vielleicht doch eine Verwechslung mit einem Murmeltier, Marder, Fischotter, Biber oder mit einer Schlange mit Brunftsäcken oder mit einem anderen Tier gewesen sei, wurde mir in allen Fällen ganz entschieden verneint, und es ist auch nicht anzunehmen, dass es sich hier, bei gesunden und mit der Natur und ihren Tieren so lebensverbundenen Älplern um Verwechslungen, geschweige denn um bloße Fantastereien handeln sollte.«

Nun könnte man sich fragen, warum wir diese ganze Tatzelwurm-Geschichte hier überhaupt in solcher Ausführlichkeit behandeln. Angesichts der geringen Größe, die diesen Tieren bescheinigt wird, liegt eine Beziehung zu den Drachen nicht unbedingt nahe. Zum einen aber wirft Heimito von Doderer, was dieses seltsame Wesen angeht, (zugegebenermaßen nicht ganz ernsthaft) »einen raschen Seitenblick auf die dem Reptiliengeschlecht innewohnende Neigung zu exzessivem Großwuchs« und erwägt die Möglichkeit, dass sich solch kleine Tatzelwürmer an unzugänglichen Stellen in den Alpen gelegentlich zu großen Drachen entwickelt haben könnten. Er schließt sogar nicht aus, dass sie dort auch noch heute existieren könnten, weshalb er sich dort nicht unbewaffnet herumtreiben würde.

Will man sich diesen augenzwinkernd vorgebrachten Argumenten auch nicht unbedingt anschließen, wird der Stollen- oder Tatzelwurm doch oft genug als mit zwei Beinen versehene Schlange bezeichnet, was ihn immerhin zumindest äußerlich in die Nähe der Drachen rückt. Zum anderen erklären Drachenforscher, er und der Lindwurm seien die heimischen Vorläufer des späteren Drachen gewesen. Auch in der heutigen Fantasy-Szene ist der Tatzelwurm, nebenbei bemerkt, als Drachenart anerkannt.

Ein anderer Wurm ist eher im norddeutschen Raum bekannt. Der Haselwurm wohnt, wie schon sein Name deutlich macht, vorwiegend unter Haselnusssträuchern und kann schon aus diesem Grund ebenfalls nur eine Miniaturversion eines Drachen sein. Früher sagte man, das sicherste Anzeichen dafür, dass ein Haselwurm sich unter einer Hasel aufhalte, sei eine Mistel, die auf dem Strauch wachse. Dazu muss die Hasel ein hohes Alter erreicht haben.

Der Haselwurm ist, wenn man ihn zu fassen bekommt, zu den unterschiedlichsten Zwecken zu gebrauchen. Um ihn zu fangen, muss man zunächst die Hasel sorgfältig ausgraben und den Haselwurm bloßlegen. Dann bestreut man ihn mit Beifuß *(Artemisia vulgaris)*, weil er dann unschädlich wird, und schon kann man ihn einpacken und mit nach Hause nehmen. Von diesem Zeitpunkt an kennt man alle Kräuter und ihre Eigenschaften, und böse Geister können einem nichts mehr anhaben. Der Besitz des Wurmes macht zudem reich, unverwundbar, verleiht hellseherische Fähigkeiten, und man versteht mit einem Mal die Sprache der Tiere. Allerdings gilt auch hier, was schon vom Hausdrachen gesagt wurde: Man muss ihn richtig behandeln, sonst kann er äußerst unangenehm werden.

Auch beim Haselwurm stellt sich zunächst die Frage, was er denn in einem Drachenbuch zu suchen hat. Aber beispielsweise in der schlesischen Lausitz und in Pommern wurde ihm ein durchaus drachenartiger Charakter bescheinigt. In einer Sage aus Pommern werden Lindwurm und Haselwurm sogar ausdrücklich gleichgesetzt:

Vor langen Jahren haben sich einmal in Pommern zwei gräuliche, große Lindwürmer aufgehalten, welche von den Leuten auch Hasselwürmer genannt wurden. Einer davon hatte seinen Sitz in dem Holze bei Lassan, der andere in der Peenemünder Heide. Aus ihren großen Rachen und aus ihren Schwänzen sprühten sie Feuer und Schwefel, und die ganze Gegend hielten sie durch grausame Räubereien an Menschen und Vieh in Schrecken und Angst. Zuweilen hat es sich begeben, dass sie auf ihren Raubzügen einander begegneten; dann ist unter ihnen ein fürchterlicher Kampf entstanden, dass aus ihren Schwänzen ganze Feuerflammen geflogen sind und die Erde weit umher gezittert und gebebt hat.

Nachdem sie lange Zeit viel Unheil angerichtet, taten sich zuletzt die tapferen Männer der Gegend zusammen und zündeten eines Tages von allen Seiten das Schilf an, worin das Ungeheuer bei Lassan verborgen lag und gerade seinen Mittagsschlaf hielt. Auf solche Weise gelang es ihnen, dasselbe zu vertilgen. Es erhub dabei aber ein so fürchterliches Geschrei, dass der andere Lindwurm auf der Peenemünder Heide es hörte und nun sofort unter großem Klage- und Angstgeschrei die Flucht ergriff. Er warf sich in die See, wo man sein Heulen in immer weiterer Entfernung hörte, bis es zuletzt ganz verstummte. Einige sagen, er sei nach Schweden hinübergeschwommen; andere meinen, er sei in der Ostsee umgekommen.

Wenigstens *ein* einheimischer »Drachenwurm« fehlt noch in unserer Sammlung, doch ist bei ihm genau genommen nicht ganz klar, ob er die Bezeichnung »Wurm« wirklich verdient. Wie er eigentlich aussieht, weiß nämlich niemand so genau. Wir sprechen vom *Erzdrach* oder *Alber*, der früher im ganzen Alpenraum sein Unwesen trieb. In einem alten volkskundlichen Werk über Bayern lesen wir: »Der Erzähler behauptet, den Alber selbst gesehen zu haben, als dieser seinen gewöhnlichen Weg von Montlin nach Spitzläd flog. Es war, wie immer, wenn der Alber fliegt, Nacht. Zuerst rötete sich der Gipfel des Montlin; der Glanz wurde immer stärker und dauerte wohl eine Viertelstunde. Dann flog der Alber, ein feuriger Klumpen, mit langem feurigen Schweif gegen Spitzläd und senkte sich im Frates nieder, wo er dem Auge entschwand.«

Diese Beschreibung lässt auf den ersten Blick an den Hausdrachen denken. Allerdings passt die übrige Charakterisierung, die der ungenannte Erzähler gibt, nicht unbedingt zum »Hauslätzchen«. »Die unwissenden Bauern«, so heißt es nämlich weiter, »meinen, der Alber sei der böse Feind, d.i. der Teufel, aber das ist nicht wahr. Der Alber ist der Erzdrach oder Luftdrach, welcher sich in den tiefen Klüften der höchsten Berggipfel aufhält, wohin kein Mensch gelangen kann. Seine Nahrung ist nur Erz, das schmilzt in seiner Glut zu reinem Gold. Sein Lager ist reines Gold. Wenn jemand das Lager der Erzdräch fände, der wäre der reichste Mensch der Welt. Aber wer mag die Felsgründe finden, wer sich hineinwagen?«

Sichtbares Zeugnis von seiner Existenz legt der Erzdrach ab, wenn er sich auf seinem Flug von einem Berg zum anderen irgendwo ausruht. Dann hinterlässt er einen verbrannten Flecken im Gras, den so genannten Alberfleck, der die Form einer Mondsichel hat und etwa »18 bis 20 Fuß« lang ist. Jedes Jahr erzeugt der Alber einen solchen Fleck, manchmal auch zwei oder mehr, die jeweils ordentlich nebeneinander liegen. Sieben Jahre schließlich dauert es, bis wieder Gras über eine solche Stelle wächst.

Es hauste einst ein Lindwurm

In der Nähe der ehemaligen Landstraße zwischen Neubrandenburg und Stavenhagen, an der Geveziner und Blankenhöfer Feldmark, liegen drei Berge, der Blocksberg, der Jabsberg und der Lindberg. Vor langer Zeit hausten hier Lindwürmer. Sie glichen, wenn sie ausgestreckt lagen, einer abgehauenen Tanne und waren weit und breit gefürchtet. Einst fuhr ein Wagen den Weg entlang und traf unweit der Brandmühle einen jungen Lindwurm schlafend quer über den Weg in der Sonne liegend. In der Meinung, es sei ein tannener Stock, fuhr der Kutscher darüber weg; an dem Schrei des überfahrenen Tieres merkte er erst, was es sei, und fuhr von dannen. Der alte Lindwurm aber stürzte auf das Geschrei herbei und fand den jungen tot. Wütend fiel er über einen nach Neubrandenburg fahrenden strohbeladenen Wagen her. Der Knecht bemerkte es und jagte im Galopp weiter. Zum Glück verlor er hinterm Neuendorfer Gehege den Spann-Nagel, so dass der Hinterwagen mit dem Stroh stehen blieb und der Knecht mit dem Vorderwagen umso schneller vorwärts jagte. Zuerst durchwühlte der Lindwurm das Stroh; da er aber niemand fand, setzte er dem Knechte nach und biss sich, um schneller fortzukommen, in den Schwanz, so dass er wie ein Reif hinter dem Wagen herrollte. Der Knecht konnte eben noch das Brandenburger Tor erreichen, das rasch hinter ihm geschlossen wurde, so dass der Lindwurm draußen blieb. Der Lindwurm blieb vor dem Tore liegen, da, wo jetzt die Kirche St. Jürgen steht; kein Brandenburger wagte sich hinaus. Nun war ein fremder Prinz, namens Georg, in der Stadt, der fasste den Entschluss, dem Lindwurm entgegenzugehen. In hartem Kampfe gelang es ihm, dem Tiere den Schwanz, in dem seine Stärke ruhte, abzuhauen, worauf er es bald gänzlich erlegte. Zum Andenken wurde die St.-Jürgen-Kirche gebaut, auf deren Altar ein Bild die Begebenheit darstellt.

Wir haben im Verlauf dieses Buches schon zahlreiche Sagen aus dem mitteleuropäischen Raum wiedergegeben. Sie alle gleichen sich in dem einen für Sagen typischen Merkmal, dass sie im Gegensatz zum Märchen eine wahre Geschichte erzählen wollen, die sich an einem bestimmten Ort zu einem bestimmten Zeitpunkt tatsächlich zugetragen haben soll. Zum Beleg für dieses historische Ereignis werden vom jeweiligen Erzähler oft namentlich genannte Zeugen oder auch eine konkrete Jahreszahl angegeben. Wie in der eben angeführten Sage, die aus Mecklenburg stammt, werden wiederholt genaue Ortsangaben gemacht und zum Beweis für die Wahrheit des Berichts eine Kirche, ein Altarbild oder ein Grabstein erwähnt. Auch der Schlupfwinkel des Drachen wird nach Möglichkeit genau und für den Zuhörer oder Leser nachprüfbar lokalisiert. Die Sage verlangt also, wie es der Volkskundler Will-Erich Peuckert ausdrückt, »ihrem Wesen nach, dass sie geglaubt werde, vom Erzähler wie vom Hörer; sie will Wirklichkeit geben, Dinge erzählen, die wirklich geschehen sind«.

Es ist hier nicht der Platz, näher in die vergleichende Sagenforschung einzusteigen und die Drachensagen etwa in »bezeugende« und »historische« Sagen oder in »Sippensagen« zu untergliedern. Sie lassen sich offenbar ohnehin nicht ausschließlich einer dieser Kategorien zuordnen. Geht man einmal davon aus, wie es Sagenforscher in der Regel tun, dass es niemals Drachen oder Lindwürmer gegeben hat, so sind die Sagen aus unterschiedlichen Motiven heraus entstanden.

Da gibt es zum Ersten die Sagengruppe, die sich um tatsächlich gemachte fossile Funde von großen Knochen oder Schädeln herum rankt. Eines der bekanntesten Beispiele ist die Klagenfurter Lindwurmsage (→ S. 21): Der Beweis ist vorhanden, die Knochen sind vorzeigbar.

Als Nächstes sind da die Sturzbäche, die über die Ufer tretenden Wildwasser, Flüsse oder Seen, die mit dem Zorn eines Drachen oder mit seinen ungestümen Bewegungen erklärt wurden.

Als weitere große Gruppe sind die Sagen zu nennen, in denen ein brandschatzender und alles verwüstender menschlicher Feind im Laufe der Zeit zum Drachen mutierte.

Etliche Adelsgeschlechter werteten ihren Ruf durch Berichte angeblicher erfolgreicher Drachentötungen auf, und auch Drachen in Wappen, wie beispielsweise der rote Drache in Gold im Wappen des Landkreises Alzey-Worms, wurden durch entsprechende Sagen begründet. Schließlich könnten auch, wie etwa im Fall der oben angeführten Mecklenburger Geschichte, Drachendarstellungen beispielsweise in Kirchen im Nachhinein mit einer die Szene erläuternden Sage versehen worden sein. Und wo schon von Kirchen die Rede ist: Auch das Christentum bediente sich, wie schon ausgeführt, der Missionierung halber nicht weniger Drachensagen (→ S. 97).

Erklärt wurden auf eine solche Weise nicht nur Drachenbilder, sondern auch Orts- oder Flurnamen:

Zwischen den Dörfern Damm und Schlutow bei Gnoyen liegt ein Gehölz, worin früher ein Lindwurm gehaust haben soll. Die Bewohner der Umgegend, lange von ihm geplagt, trugen endlich zu einer Zeit, wo er in seiner Höhle war, eine Menge von Buschwerk zusammen und zündeten es an, so dass er verbrennen und ersticken musste. Das Gehölz heißt noch »Lindholz«.

Sicher handelt es sich in einer Reihe von Fällen, vielleicht auch dem eben dargestellten, um »künstliche« Sagen, zumal einige Forscher manchen Drachensagen gründlich auf den Zahn gefühlt und ihre Ursprünge in der Tat als »nicht-drachisch« entlarvt haben. Ist es aber wirklich vorstellbar, dass *sämtliche* Lindwurm- oder Drachensagen Europas und der übrigen Welt aus solchen oder vergleichbaren Gründen zusammenfantasiert wurden?

Wie ein Forscher anhand einer Karte deutlich machte, finden sich über ganz Deutschland verstreut so genannte »Drachenorte«. Auch in England gibt es, wie der Drachenforscher Paul Newman ausführt, Tausende von Drachensagen, die sich jeweils an einen bestimmten Ort oder eine bestimmte Familie knüpfen. Die meisten dieser Sagen gleichen im Wesentlichen den unsrigen.

Die Grundaussage besteht hier wie dort oder auch in Frankreich darin, dass ein Drache, der Land, Vieh und Menschen terrorisiert, vertrieben oder getötet wird. Zumeist ist es ein rechter Held, ein in Hexerei Bewanderter oder aber ein Verbrecher, dem Straffreiheit zugesichert wird, der mit dem Lindwurm fertig wird. Sicher erst mit dem Christentum kamen auch Geistliche und reine Jungfrauen mit ihrem Kreuz als Drachenbezwinger hinzu. Während Letztere immer am Leben bleiben und anschließend die Heiden reihenweise bekehren, kommt der Verbrecher zumeist ums Leben. Er entgeht also seiner gerechten Strafe nicht – so auch in der folgenden bekannten englischen Sage aus Herefordshire.

Der Drache, der in Mordiford sein Unwesen trieb, besaß vier Flügel und vier Paar Beine und war außerordentlich giftig. Er wohnte tief im Wald, pflegte aber sich hinab ins Tal zu begeben, um seinen Durst am Fluss Lugg zu stillen. Der Pfad, den er regelmäßig benutzte, wurde später »Serpent's Lane« oder »Schlangengasse« genannt. Kurz und gut, der Mordiford-Drache dezimierte im Laufe der Jahre die Bevölkerung so sehr, dass dringend Abhilfe geschaffen werden musste. Schließlich fand sich ein Verbrecher, der nichts zu verlieren, aber viel zu gewinnen hatte. Er wurde freigelassen, beschaffte sich ein großes Apfelweinfass und ließ es den Fluss hinab bis zu der Stelle treiben, an der der Lindwurm in der Regel zum Saufen kam. Nun verbarg er sich, mit Pfeil und Bogen bewaffnet, in dem Fass und wartete.

Als der Drache endlich kam, schwirrte ein Pfeil durch das Spundloch des Fasses und traf ihn direkt ins Herz. Der Drache verendete planmäßig, aber die giftigen Dämpfe, die von ihm ausgingen, drangen auch durch die Öffnung in das Fass ein, und der Verbrecher konnte die ihm zugesicherte Freiheit nicht mehr genießen, sondern starb ebenso elendiglich wie sein Opfer.

Viele Drachensagen sind über Jahrhunderte hinweg tradiert worden, und vor allem die englischen wurden teilweise in Versform festgehalten. Die Sage des Mordiford-Drachen wird beispielsweise zum ersten Mal in Versen erwähnt, die aus dem Jahr 1670 stammen. Wie auch die Prosasagen zeugen solche Balladen nicht unbedingt von großem literarischen Können, aber darauf kam es auch nicht an. Wichtig war, dass die Geschichte *geglaubt* wurde, und zwar – dies, wie gesagt, im Unterschied zu den Märchen – auch und gerade von Erwachsenen. Die Zuhörer sollten von ihrem Wahrheitsgehalt überzeugt sein.

Dort allerdings, wo die Sage ins Märchenhafte abgleitet, dürfte das Erzählte nicht immer und von jedem für bare Münze genommen worden sein. Ein Beispiel hierfür ist die Sage vom »Loathly-Worm«, dem abscheulichen Wurm, der bei Bamborough in Northumberland hauste. In Wirklichkeit, so die Sage, war er ursprünglich weder abscheulich noch ein Lindwurm gewesen, sondern eine bildhübsche Prinzessin, die von ihrer neidischen Stiefmutter verflucht worden war. So lange sollte sie in einen hässlichen Drachen verwandelt bleiben, bis ihr in der Ferne weilender Bruder nach Hause kam und sie küsste.

Und so geschah es auch. Margaret, die Prinzessin, kroch als ekliger Lindwurm in eine Höhle bei Spindleston, verpestete die Luft mit ihrem giftigen Atem und verlangte riesige Mengen Milch zum Trinken. Die Kunde von dem Biest breitete sich rasch aus und erreichte schließlich auch den Bruder der Prinzessin, der sich sofort übers weite Meer aufmachte, um es zu beseitigen.

Die böse Stiefmutter versuchte nun, ihm schlimme Winde zu schicken, um ihn an seinem Vorhaben zu hindern. Er schaffte es aber trotzdem, die Heimat zu erreichen, und schließlich stand er auch vor dem Drachen. Doch als er gerade sein Schwert heben wollte, um ihn zu töten, sprach der die folgenden Verse:

Steck ein dein Schwert und beug dein Haupt
Und gib mir der Küsse drei;
Oh tu's jetzt, eh die Sonne sinkt,
Damit ich entzaubert sei!

Der verblüffte Held tat wie geheißen, und da stand seine Schwester vor ihm, schön wie eh und je.

Die böse Stiefmutter verwandelte sich daraufhin aus nicht näher erläutertem Grund in eine hässliche Kröte, und alle, bis auf sie, lebten glücklich bis an ihr Lebensende. Alle sieben Jahre aber soll die Krötenhexe aus dem Keller von Bamborough Castle, wo sie jetzt lebt, hervorkommen.

Was diese Sage lediglich von einem Märchen unterscheidet, ist die genaue Ortsangabe und etwa auch der letzte Satz, der wiederum auf einen realen Ort verweist und der Geschichte damit einen gewissen Wahrheitsgehalt unterlegt. Märchen dagegen vermeiden nach Möglichkeit eine Einbindung in Zeit und Raum, sie wollen nicht an die Realität gebunden sein. Zum großen Teil darin dürfte ihre bis heute ungebrochene Anziehungskraft liegen.

Und wenn sie nicht gestorben sind

Im herkömmlichen Märchen ist die Rolle des Drachen, wenigstens im mitteleuropäischen Raum, überwiegend negativ besetzt. Auffällig ist immerhin, dass die Märchendrachen oft nicht nur mit Schätzen, sondern auch mit dem begehrten Wasser des Lebens in Verbindung gebracht werden. Zudem können sie die Tiersprache lehren (man denke an Sigurd, wo dieses Motiv, in etwas abgewandelter Form, ja ebenfalls erscheint, → S. 107).

Wie in vielen Sagen geht es im Märchen zumeist darum, dass ein Held sein Heldentum unter Beweis stellt, indem er einen Drachen tötet und dessen Schätze, die geraubte Prinzessin oder das Lebenswasser an sich bringt. Anders als in der durchschnittlichen Sage besitzt der Drache hier unter anderen oft detailliert geschilderten Grauslichkeiten auch möglichst viele Köpfe – manchmal bis zu 40 –, damit der Kampf auch wirklich spannend wird und der Held umso heldenhafter ist. Besonders raffiniert wird es, wenn der Drache nicht nur mehrere, sondern *unterschiedliche* Köpfe hat, die jeweils eine besondere Behandlung verlangen. In einem rumänischen Märchen besitzt das Ungeheuer beispielsweise einen Adlerkopf mit stählernem Schnabel und einen klaffenden Krokodilsschädel. In einem Märchen aus Lothringen etwa steht der Held obendrein einem ähnlichen Problem gegenüber wie seinerzeit Herkules: Die sieben Köpfe des Drachen müssen mit einem einzigen Streich abgehauen werden, denn bleibt auch nur einer übrig, wachsen alle anderen wieder nach. Im Gegensatz zu Herkules steht ihm allerdings kein Helferlein zur Verfügung, sondern nur Brot und Wein, die sich aber als so kraftspendend erweisen, dass der Drachenkämpfer seine schwierige Aufgabe tatsächlich bewältigt.

Ein wesentlicher Unterschied zwischen dem Drachenmärchen und der Drachensage ist, dass die eigentliche Drachenepisode im

Märchen in der Regel nur einen kleinen Teil der Erzählung ausmacht, die Geschichte sich also nicht eigentlich um dieses Ereignis zentriert.

Oft genug ist der Drachenkampf eine von vielen vergleichbar schweren Proben oder Hindernissen, die der Held zu bestehen hat, bevor er die schöne Königstochter in die Arme schließen kann. Ist selbige allerdings die Gefangene des Drachen, stellt der Kampf immerhin doch ein herausragendes Abenteuer in der Gesamtkomposition dar.

Ein gutes Beispiel hierfür ist das siebenbürgische Märchen von der Königstochter in der Flammenburg:

Es war einmal ein armer Mann, der schon sehr viele Kinder hatte. Als ihm ein weiterer Sohn geboren wurde, bat er den Erstbesten, der ihm auf der Landstraße begegnete, einen Greis, Pate des Neugeborenen zu werden. Der Alte willigte ein und überreichte ihm als Patengeschenk eine Kuh mit einem neugeborenen Kalb, bei dem es sich jedoch in Wirklichkeit um einen Himmelsstier handelte. Der Stier blieb bei dem Jungen, bis dieser 20 Jahre alt geworden war. Eines Tages dann forderte er ihn auf, sich zwischen seine Hörner zu setzen, damit er ihn zum König bringen könne. Dort sollte er erklären, er werde dessen Tochter, die ein übler zwölfköpfiger Drache gefangen hielt, befreien und wieder zurückbringen. Zu diesem Zweck sollte er aber vom König ein eisernes Schwert verlangen.

Alles geschah, wie es der Stier gewünscht hatte. Der König hatte die Hoffnung auf eine Rettung seiner Tochter längst aufgegeben, da der Drache nicht nur äußerst gefährlich war, sondern auch hinter einem unüberwindlichen Gebirge und einem weiten Meer und obendrein in einer Flammenburg hauste. Der Jüngling erhielt, was er verlangte, und der Stier trabte mit ihm davon in Richtung Gebirge.

Als sie den scheinbar unüberwindlichen Gebirgswall erreichten, wollte der Jüngling das Abenteuer entmutigt abbrechen und umkehren. Der Stier aber setzte ihn ab, nahm Anlauf und sprengte die Berge einfach auseinander. Als sie dann ans Meer kamen und der Jüngling wieder die Flinte ins Korn werfen wollte, trank das göttliche Tier das ganze Wasser aus, so dass sie trockenen Fußes zur Burg gelangen konnten. Die Flammen der Festung schließlich löschte der Stier mit dem gesoffenen Wasser. »Nun«, sprach dann das Tier zu dem erstaunten Jungen, »ist es aber an dir, zu zeigen, was du kannst!«

In dem Augenblick kam, außer sich vor Zorn über die Eindringlinge, der Drache hervorgestürmt. Der Jüngling nahm all seinen Mut zusammen, packte das Schwert mit beiden Händen und schlug dem Drachen alle zwölf Köpfe mit einem einzigen Streich ab. Den Rumpf schleuderte der Stier, damit er keinen Schaden mehr anrichten konnte, mit den Hörnern in die Wolken.

»Mein Dienst ist nun zu Ende«, erklärte er dann dem siegreichen Drachentöter. »Geh jetzt ins Schloss, da findest du die Königstochter, und führ sie heim zu ihrem Vater!« Mit diesen Worten verschwand er, und der Junge sah ihn nie wieder. Dafür heiratete er die befreite Prinzessin – und es war große Freude im ganzen Königreich.

Was Drachenkämpfe betrifft, ist vor allem auch das Grimmsche Märchen der »Zwei Brüder« bekannt, von dem es allerdings in vielen Ländern Variationen gibt. Es ist eines der »verschnörkelten« Beispiele mit einer sehr langen Vorgeschichte. Auch schafft der Held es letztlich nur mithilfe von Tieren, den Drachen zu besiegen. Mit dessen Tod ist die Geschichte auch noch lange nicht zu Ende, denn der böse Haushofmeister des Königs gibt sich selbst als Drachentöter aus. Gescheiterweise hatte der Held dem Drachen allerdings die sieben Zungen seiner sieben Köpfe herausgeschnitten und als Trophäe behalten. Indem er sie dem König vorlegt, kann er den Haushofmeister als Lügner entlarven. (Dieses Motiv haben wir ja bereits im Zusammenhang mit Tristan kennen gelernt, → S. 112.)

In dieser Art von Märchen (von denen es, wie einmal jemand ausgerechnet hat, Tausende gibt) ist der Drache, wie gesagt, fast immer ein scheußlicher Bösewicht – auch wenn er die Prinzessin zuweilen gar nicht fressen will, sondern sich in sie verliebt. Dennoch aber ist und bleibt er ein Drache, ein Ungeheuer, und seine Liebe zu ihr ändert daran überhaupt nichts. Er wird von dem getötet, der wirklich zu der Prinzessin passt, nämlich von einem Menschen.

Es gibt jedoch, wie schon gesagt, auch Märchen, in denen der Drache selbst eigentlich ein Mensch ist, der nur aus einem bestimmten Grund zeitweise in einen Drachen verwandelt wurde und daher nicht eigentlich böse ist – das Froschkönig-Motiv also. Es findet sich in vielen Ländern, und unter anderem auch in Sardinien, wo eine Hexe einen Burschen in einen bösen blauen Drachen verwandelt. Doch auch die Brüder Grimm liefern wieder ein entsprechendes Beispiel, das obendrein auch noch den Titel »König Lindwurm« trägt.

Eine Königin wünscht sich sehnlichst, aber vergebens ein Kind, bis ihr eine alte Frau begegnet. Sie befolgt genau deren Anweisungen und findet am nächsten Morgen zwei Rosen in ihrem Garten. Eine, aber nur eine davon darf sie essen. Sie jedoch hält sich nicht daran und verspeist beide, woraufhin sie statt eines Kindes einen Lindwurm zur Welt bringt. Der Drache wächst und wächst und verlangt schließlich eine Ehefrau. Als sich niemand bereit findet, sich mit dem Ungeheuer zu verheiraten, droht er: »Bekomme ich keine Frau, so vernichte ich das ganze Reich!«

In ihrer Verzweiflung lässt die Königin das Land absuchen, und schließlich erklärt eine schöne Schäferstochter traurig, um das Reich zu retten, werde sie sich opfern und den Lindwurm zum Manne nehmen. Da erscheint ihr auf einem Spaziergang eine alte Frau, die sie tröstet und ihr Folgendes rät: »Wenn ihr allein in der Kammer seid, wird der Lindwurm sagen: Zieh dein Hemd aus, schöne Jungfrau. Darauf sagst du ihm, zieh deine Haut aus. Da wird er dir gehorchen und die erste Haut ablegen. Du aber ziehst dein erstes Hemd aus, denn du trägst noch sechs andere darunter. So wird es fortgehen, bis er sich all seiner Häute und du all deiner Hemden entledigt hast. Dann wird er schwach und halb tot sein. Nun wasch ihn mit Salzlauge und bade ihn danach in warmer süßer Milch, wickel ihn in deine Hemden und du wirst sehen, alles wird gut sein.«

Wie gesagt, so getan. Mit jeder Aufforderung, seine Haut abzulegen, wird der Lindwurm zorniger und speit Feuer und Schwefel. Immer schrecklicher donnert die Stimme des Ungeheuers, und immer näher drängt es sein grausiges Gesicht mit den glühenden Augen gegen das der tapferen Jungfrau, die zwar bebt, aber nicht weicht und wankt, bis der Lindwurm halb tot auf dem Boden liegt. Sie wäscht und badet ihn wie geheißen, wickelt ihn in ihre Hemden und schläft schließlich erschöpft ein. Am nächsten Morgen aber wacht sie neben einem schönen Jüngling auf, der sie küsst und ihr für seine Erlösung dankt.

Von diesem Märchen gibt es die verschiedensten mehr oder weniger ausgesponnenen und verlängerten Variationen.

In Osteuropa, aber auch im Fernen Osten, schildern viele Märchen daneben die umgekehrte Situation: Darin ist es nicht so, dass der Drache eigentlich ein Mensch wäre, sondern dass er nach Belieben Menschengestalt annehmen kann – und zwar unter anderem, um das Mädchen zu verführen, in das er sich verguckt hat. Dabei ist der Drachenmensch oft von außergewöhnlicher, wenn auch etwas fremdartiger Schönheit: mit schwarzen Haaren und einem mit goldenen Schuppen bedeckten Körper. In dieser Gestalt erscheint er manchen Frauen als die personifizierte Verführung, der sie nur zu gern nachgeben. Die Kinder, die einer solchen Verbindung entspringen, sind mit besonderer Kraft ausgestattet und haben zuweilen kleine Flügel unter ihren Achselhöhlen. Vielleicht sind Mischungen zwischen Menschen und Drachen deshalb ein häufiges Motiv osteuropäischer Märchen. Es kommen ebenso wohl Drachen vor, die wie Menschen reden und handeln, als auch halb menschliche, halb drachische Zwitterwesen. Im russischen Märchen »Iwan Kuhsohn« etwa kämpft der Drache zu Pferd und zusammen mit drei weiteren berittenen Drachen nach den Regeln der Menschen. In einem anderen russischen Märchen besitzt der Drache einen Menschenrumpf, und er reitet ein pfeilschnelles Pferd, aus dessen Nüstern Flammen schlagen.

Diese osteuropäischen Märchendrachen kommen trotz Flammen atmender Pferde und ähnlich schauriger Requisiten keineswegs immer schlecht weg. Ebenso wenig sind sie, trotz ihres anziehenden Äußeren und ihres Charmes, grundsätzlich als gewissenlose Verführer charakterisiert. Dennoch ist es von ihnen noch ein recht weiter Weg bis hin zu den großzügigen und souveränen Drachenkönigen chinesischer Märchen – wie etwa des Folgenden:

Es lebte einmal ein Fischer, der so wunderschön auf der Bambusflöte spielen konnte, dass selbst die Vögel schweigend lauschten und die Menschen ihn den himmlischen Flötenspieler nannten. So saß er einmal an einem großen See und spielte selbstvergessen, nachdem er sein Netz ausgeworfen hatte. Just an dem Tag hatte der Drachenkönig, der in dem See wohnte, seine Freunde zu einem Festessen eingeladen, und sie schmausten und tranken gerade vergnügt, als sie die überirdisch schöne Musik hörten. Alle waren davon so bezaubert, dass sie fragten, woher denn die Töne kämen. Es wurden Nachforschungen angestellt, und schließlich machte man den Fischer ausfindig.

Er wurde in den Palast geholt, und der Drachenkönig bat ihn, seinen Sohn im Flötespielen zu unterrichten. Geschmeichelt willigte der Fischer ein und blieb für die Dauer von drei Jahren am Drachenhof. Schließlich aber peinigte ihn das Heimweh so sehr, dass er nicht mehr zu halten war; und da der Prinz inzwischen das Flötespielen erlernt hatte, ließ man ihn ziehen. Zuvor durfte er sich in der königlichen Schatzkammer aussuchen, was sein Herz begehrte. Er aber wählte sich nichts von all dem Gold und den Edelsteinen, die dort aufgestapelt lagen, sondern einen einfachen Fangkorb und einen Regenmantel aus Schilf. Damit, so erklärte er dem erstaunten Drachensohn, sei sein Lebensunterhalt gesichert, da er nun auch bei Regen auf Fischfang gehen könne.

Der großzügige Drachenkönig ließ es allerdings bei diesen bescheidenen Geschenken nicht bewenden, sondern wertete sie magisch auf: Fortan hatte der Korb die Gabe, stets voll zu sein, auch wenn der Fischer nichts gefangen hatte; der Mantel aber trug ihn wie Flügel zu den entferntesten Seen. So litt der Fischer nie wieder Mangel und konnte glücklich und zufrieden, wann immer er Lust dazu verspürte, auf seiner Flöte musizieren und Mensch, Tier und Unsterbliche damit bezaubern.

Wie dieser Drachenkönig ganz und gar nicht böse sind auch die meisten Drachen der modernen, oft von Hobbyschriftstellern verfassten Märchen. Es ist verblüffend, wie viele Kinder und Erwachsene heutzutage noch Märchen über Drachen erfinden. Ganze Schulklassen veröffentlichen ihre Drachenmärchen, mit dazugehörigen Zeichnungen, im Internet. Manche geben sie anschließend sogar in gebundener Form heraus. In diesen Geschichten, von denen wir etliche in dieses Buch aufgenommen haben, werden die Drachen häufig die Freunde der Kinder – ein Phänomen, auf das wir noch zu sprechen kommen werden. Diese Drachen fressen im Allgemeinen keine Menschen mehr, meist auch keine Tiere. Sie spucken Feuer und hüten Schätze – von Jungfrauen ist aber eher selten die Rede.

Bei ihrer ersten Begegnung mit dem Drachen fürchten sich Held oder Heldin des Kindermärchens in der Regel vor ihm; sobald aber klar wird, dass der Drache lieb ist, vertraut ihm das Kind und bietet ihm seine Freundschaft an. Von da an sind die beiden unzertrennliche Gefährten.

Doch sind es, wie gesagt, keineswegs nur Kinder, die sich in dieser erzählerischen Form mit den Drachen befassen. Die Märchen der Jugendlichen und Erwachsenen, die ebenfalls oft durch das Internet der Öffentlichkeit zugänglich gemacht werden und von denen wir auch einige übernommen haben, sind meist länger, detaillierter und variationsreicher als die der Kinder. Öfter als dort wird hier – nicht selten in Wechselrede mit dem jeweiligen Lindwurm – erklärt, wie es dazu kam, dass die Menschen die Drachen verkannten, oder warum sie nicht (mehr) böse sind oder warum man sie nur noch so selten antrifft.

Bei vielen Märchen ist auch die Sehnsucht, ein derart mächtiges Wesen wie den Drachen zum Verbündeten oder zum Geliebten zu haben, mehr als spürbar. Ebenso deutlich wird zuweilen der Wunsch, Drachen irgendwie in die heutige Welt einzupassen, wobei ihre eigentliche Heimat oft letztendlich doch ein Drachenland ist, in das sie irgendwann wieder zurückkehren. Denn – anders als die Kinder, die damit kaum Probleme haben – wissen die Erwachsenen schließlich, dass hier in unserer Welt keine wirklichen Drachen leben. Viele Internetautoren, aber gottlob nicht alle, wollen daher ihrer Geschichte einen »realistischen« Abschluss geben, und Mensch und Drache werden am Ende wieder getrennt. Und noch etwas Wesentliches strahlen viele moderne Drachenmärchen aus: die Sehnsucht nach Frieden und einer friedlichen Welt. Sogar aktuelle Probleme wie drohende Arbeitslosigkeit werden dabei verarbeitet und von Mensch und Drache mit vereinten Kräften schließlich gelöst. Das folgende Märchen stammt von William S. Wilcox II, und es ist nicht etwa aus dem Englischen übersetzt, sondern von ihm genauso geschrieben worden:

Der kleinste Drache

Einmal gab es viele Drachen in der Welt. Drachen sind wie Menschen, aber nur größer, und sie haben Flügel, mit denen sie fliegen können. Die Drachen hatten viele verschiedene Farben: Rot, Weiß, Gold, Schwarz, Silber und andere Farben. Diese Drachen wohnten zusammen in einer großen Höhle.

Jeden Monat kam ein Ritter, und er kämpfte mit den Drachen. Alle größeren Drachen hatten so viel Angst vor dem Ritter, dass sie sich nicht trauten, aus ihrer Höhle zu kommen. Der Ritter hatte ein scharfes Schwert, und er war immer böse zu den Drachen.

Eines Tages kam wieder der Ritter, und er stand vor der Höhle und schrie: »Welcher Drache kommt heraus? Wir müssen ja kämpfen!« Die größeren Drachen zitterten, weil sie nicht herauskommen wollten. »Wir kommen diesen Monat nicht heraus!«, schrie der größte Drache, der noch von dem letzten Monat verletzt war. »Wenn kein Drache herauskommt, komme ich hinein!«, schrie der Ritter.

Als der Ritter das sagte, hatten die Drachen noch mehr Angst. Sie wollten nicht herauskommen, aber sie wollten ihn auch nicht hereinkommen lassen. Sie zitterten, und sie wussten nicht, was sie tun sollten. Ein Drache, der kleinste und jüngste, wusste nicht, warum die größeren Drachen so viel Angst hatten, und er war auch neugierig. Er wollte wissen, warum dieser Ritter immer so böse war. Deswegen kroch er aus der Höhle.

Der Ritter war ganz überrascht. »Gibt es keinen größeren Drachen als dich?«

»Ja, aber sie wollten nicht kämpfen«, sagte der kleinste Drache.

»Also denn, ich kämpfe mit dir!«, sagte der Ritter, und er zog sein scharfes Schwert.

»Erst musst du ein paar Fragen beantworten.« Das war eine noch größere Überraschung für den Ritter.

»Wieso?«

»Ich möchte wissen, warum du mit uns kämpfen willst.«

»Ach! Ich kämpfe mit den Drachen, weil sie immer so böse sind!«

»Wieso sind wir böse?«, fragte der Drache.

»Drachen können Feuer spucken«, antwortete der Ritter.

»Ja, aber nur wenn wir etwas Schlechtes gegessen haben und wir Bauchschmerzen haben.«

»Aber die Drachen essen immer unsere Kühe.«

»Nicht mehr, Fleisch verursacht uns Bauchschmerzen. Jetzt sind wir Vegetarier.«

»Aber Drachen sind immer so groß, und es gibt keinen Platz für sie in unserem Land.«

»Möchten die Menschen in Höhlen leben?«

»Nein, ich glaube nicht. Höhlen sind immer dunkel und nass. Alles ist besser in unseren Häusern.«

»Dann gibt es ja genug Platz, weil wir nicht in Städten und Häusern wohnen möchten. Unsere Höhle ist bequemer als die kleinen Menschenhäuser.«

»Hm, das stimmt.« Der Ritter musste ganz schwer nachdenken, weil er keine anderen Gründe hatte, mit den Drachen zu kämpfen. »Aber wenn ich nicht mit den Drachen kämpfe, dann habe ich keinen Beruf, und ich habe keinen anderen Weg, Geld zu verdienen.«

»Ja, das ist ein wirkliches Problem«, sagte der kleinste Drache. »Gibt es noch Kriege?«

»Nein, die verschiedenen Länder haben entschieden, nett miteinander zu sein.«

»Gibt es keine Prinzessinnen zu retten?«, fragte der Drache.

»Nein, die Prinzessinnen sind jetzt emanzipiert, und sie wollen keine Hilfe haben.« Der Ritter schüttelte den Kopf. »Die Leute brauchen einfach keine Ritter. Ich kann nur mit den Drachen kämpfen, aber jetzt habe ich keinen Grund mehr, mit ihnen zu kämpfen.« Der Ritter saß auf dem Boden und weinte.

Der Drache setzte sich neben den Ritter und sagte, »Na ja, wir haben da in der Tat ein großes Problem, aber es gibt sicher eine Lösung. Wir müssen sie nur finden. Du musst nicht weinen! Deine Rüstung wird rosten!«

»Ja, aber jetzt bin ich arbeitslos! Erst keine Kriege, dann keine Prinzessinnen zu retten, und jetzt die Drachen, die nicht streiten wollen!«, jammerte der Ritter.

»Vielleicht gibt es einen Weg.«

»Wieso?« sagte der Ritter.

»Vielleicht können wir ja ohne Waffen kämpfen.«

»Wie kann man ohne Waffen kämpfen?«, fragte der Ritter überrascht.

»Wir können ein Spiel spielen, statt zu kämpfen«, antwortete der Drache.

»Was für ein Spiel denn?«, fragte gespannt der Ritter.

»Verstecken.«

»Verstecken?«

»Ja, ich verstecke mich irgendwo in der Nähe, und du suchst mich. Wenn du mich findest, hast du gewonnen!«

»Hm«, dachte der Ritter, »und ich muss keinem Drachen wehtun, aber ich kann doch gewinnen und meinen Beruf retten!«

»Genau!«, sagte der kleinste Drache. Danach spielten sie Verstecken, und natürlich gewann der Ritter, weil der Drache zu groß war, um sich gut zu verstecken. Der Ritter ging zurück in seine Stadt und sagte, dass er die Drachen wieder besiegt hätte. Die Leute freuten sich sehr, und der Ritter brauchte nicht mehr um seinen Arbeitsplatz zu fürchten.

Jeden Monat ging der Ritter zu den Drachen, und sie spielten Verstecken, und natürlich hat der Ritter immer gewonnen, und die Drachen freuten sich sehr, weil die Drachen viel lieber Verstecken spielen als kämpfen.

Der alchimistische Drache

Die alchimie ist eine sehr alte Wissenschaft (oder Pseudo-Wissenschaft), die auf das Wissen der Priestergelehrten früher Hochkulturen, vor allem Äygptens, sowie auf die Naturphilosophie der Vorsokratiker und Aristoteliker zurückgeht.

Herkunft, Geschichte, Verbreitung und Entwicklung der Alchimie müssen uns hier aber nicht weiter kümmern. Wichtig ist allerdings, dass schon seit früher Zeit eines der Hauptziele der Alchimie darin bestand, den Stein der Weisen zu finden. Er verwandelt unedle Metalle in Gold und ist außerdem ein Allheilmittel gegen alle Krankheiten, die Essenz aller Dinge, das höchste Gut der Natur. Bereits im dritten Jahrhundert n. Chr. verbannte Kaiser Diokletian die ihm suspekten Alchimisten und ihre Bücher aus seinem Reich, doch erst im zwölften Jahrhundert gelangte die Kunst des Goldmachens auch zu uns, wurde dann allerdings rasch populär.

Neben einer Reihe von Scharlatanen befassten sich viele ernsthaft »Suchende« verschiedener Disziplinen mit dieser Kunst, darunter namhafte Gelehrte wie Albertus Magnus, Paracelsus und Johann Rudolph Glauber. Die Suche nach dem Gold hatte für sie nichts mit profaner Gewinnsucht zu tun, ihre Ziele waren eher ethisch-religiöser Natur. Die Gewinnung von Gold aus unedlen Stoffen war zugleich Symbol und physischer Ausdruck einer fortschreitenden seelischen Läuterung.

Ob nun aber Scharlatane, Magier, Philosophen oder Chemiker, sie alle hatten eines gemeinsam: Sie waren darauf bedacht, dass ihre Wissenschaft geheim blieb, nur Eingeweihten zugänglich und für alle anderen unverständlich. Die Gründe für diese Geheimhaltung waren naturgemäß unterschiedlich: Der Scharlatan verbarg hinter einer möglichst geschwollenen, unverständlichen Ausdrucksweise lediglich sein Unvermögen; den »Ernsthaften« ging es – den Zauberern ähnlich – darum, das zu verbergen, was nicht entweiht werden durfte. Außerdem war ihnen begreiflicherweise nicht unbedingt daran gelegen, ihre Entdeckungen an die große Glocke zu hängen. Je weniger Konkurrenten man hatte, desto besser. Jeder wollte den Stein der Weisen finden, sei es aus Profitgier oder aus esoterisch-philosophischen Gründen. Von Gott auserwählte Alchimisten, so glaubte man, konnten ihnen offenbarte Naturgeheimnisse nur in dunkler, verdeckter Rede ausdrücken. Wie es in einem alchimistischen Text heißt, diente die Geheimhaltung auch dazu, sich durch Besserwisser oder Spötter nicht entmutigen zu lassen. »Darüber hinaus wird ihn [den Alchimisten] seine Geheimhaltung vor der Lächerlichkeit bewahren, die ihm beim Scheitern seiner Experimente droht. Wenn es ihm gelingt, wird sie vor der Verfolgung durch gierige und grausame Tyrannen schützen.«

Daher hielten sich wirkliche Alchimisten generell an ein Schweigegelübde, dessen Bruch, wie sie glaubten, von Gott selbst bestraft werden würde. So sicherten sie sich nicht nur das alleinige Wissen und die eventuelle Vermarktung ihrer Geheimnisse, sie schützten sich auch vor Betrügern, Übergriffen anderer Alchimisten und der Verfolgung durch die Obrigkeit. Lange Zeit war die Alchimie nämlich bei Todesstrafe verboten und die Geheimhaltung schon aus diesem Grund lebenswichtig.

Die Sprache und Ausdrucksweise der Alchimisten war daher bewusst dunkel und metaphorisch. Da ist etwa von weiblichen und männlichen Stoffen die Rede, von unreifen und kranken Metallen, die aus Samen geboren werden, geheilt und getötet werden können. Und hier begegnen wir endlich auch dem »Drachen«. Er ist nämlich zum einen die Materie in ihrem unvollkommenen, unregenerierten Zustand. Diese *prima materia* muss, damit sie einen neuen Geist erhalten kann, in ihren nicht-metallischen Zustand überführt werden – der »Drache« muss also »getötet werden«. Das kennt man inzwischen schon und ist eigentlich einsichtig. Weit weniger klar und ein schönes Beispiel für die blumige, verdeckte Sprache der Alchimisten ist das folgende, zu allem Überfluss auch noch in Verse gesetzte Rezept zur Herstellung von Silber:

… draus steigt ein Drach', der, wenn in Pferdedung
Für zwanzig Tage mazeriert, den eignen Schwanz
Verschlingt, bis nichts davon verbleibt. Der Drache,
Den man Ouroboros (Schwanz-Beißer) heißt,
Ist weiß von Äußrem, fleckenüberbesät …
Ein Monstrum, das die ganze Welt
Mit Brunst versengt, prangend in seiner Kraft
Und Schrecklichkeit, schwimmt und gelangt er zu
Einer Stätte im Strom des Nils; sein' grelle Haut
Und all die Bänder, die ihn rings umgeben,
Sind hell wie Gold und sprühen Funkenblitze.
Den Drachen fang und schlachte mit Geschick
Im Meeresraum und schwing geschwind dein Messer
Mit Doppelschneide heiß und feucht, und dann,
Hast du den Leichnam aufgeschlitzt, entnimm
Die Galle ihm und trag die Schwärzliche davon,
Befrachtet mit der Last irdischer Galle …

So unklar diese Verse auf den ersten Blick wirken, sind sie doch vergleichsweise leicht zu interpretieren. Der Drache ist eine Kupfer-Silber-Legierung, die hergestellt wird, indem die beiden Metalle mit Quecksilber (»das Meer«) in einem Gefäß voll gärendem Pferdemist erwärmt werden. Nach 20 Tagen ist keine sichtbare Spur mehr vom Silber und dem Kupfer vorhanden. Der Drache hat sich also in den Schwanz gebissen, bis nichts von ihm zurückblieb. Das Kupfer-Silber-Amalgam kommt dann in eine so genannte ägyptische Retorte, bis das Quecksilber kondensiert. Darauf wird es in ein Gefäß gegossen, und die heiße flüssige Legierung bleibt in der Retorte zurück, bedeckt von einer schwarzen Schlacke. Diese »irdische Galle« entfernt nun der Alchimist, woraufhin darunter das glänzende geschmolzene Metall sichtbar wird.

Ist »der Drache« getötet, wird letztlich das freigesetzt, was das reale Tier in der Regel hütet, nämlich Gold (beziehungsweise dessen Vorstufe, Silber). Und insofern ist das Bild, das sowohl im wörtlichen wie im übertragenen Sinn verstanden werden kann, absolut passend.

Der Drache symbolisierte jedoch nicht nur die *prima materia*, sondern auch andere Zustände oder Dinge in der Alchimie. Ein geflügelter Drache stand beispielsweise für das flüchtige Element, der flügellose Drache dagegen wurde mit dem Quecksilber gleichgesetzt. Den Alchimisten war die Ambivalenz des Drachen offenbar weit mehr bewusst als anderen Menschen, die in ihm nur das Schlechte sahen. In einem alchimistischen Werk heißt es unter anderem über das Quecksilber, den Vater aller Metalle:

> »Ich bin der alte Drache, den man überall auf der Erde findet, bin Vater und Mutter, jung und alt, sehr stark und sehr schwach, Tod und Wiedergeburt, sichtbar und unsichtbar, hart und weich; ich steige in die Erde hinab und zum Himmel auf, ich bin der Leichteste und der Schwerste …«

Zum Himmel stieg auch der geflügelte Merkur auf, der Götterbote. Und so wie er die Verbindung zwischen den Menschen und den Göttern herstellte und Botschaften überbrachte, hatte – zumindest der fernöstliche – Drache, wie wir gesehen haben, ebenfalls eine Mittlerstellung inne. Er weiß, wer zum Kaiser bestimmt ist, wo

Tempel zu gründen sind und auch sonst so mancherlei, was uns Sterblichen verborgen bleibt, und auch er steigt nach Belieben zum Himmel auf.

Das Bild des Ouroboros, des (beziehungsweise der) sich in den Schwanz beißenden Drachen oder Schlange, ist eines der geläufigsten überhaupt und in der Kunst sehr häufig dargestellt. Es ist das Symbol der ewigen Erneuerung. Der Drache, wie die Alchimisten sagten, verschlingt sich selbst, heiratet sich selbst und befruchtet sich selbst. Er ist also Symbol für die ständige Erneuerung alles Lebendigen und damit keineswegs als böse und negativ abzuqualifizieren.

Den Stein der Weisen haben die Alchimisten allem Vernehmen nach allerdings trotz der Hilfe des Drachen bis heute nicht gefunden.

Immer dem Drachen nach

Standarten und Wappen

Uther Pendragon, der Vater des späteren König Artus, hatte einst eine Vision: Er sah am Himmel einen riesigen leuchtenden Stern. Von ihm ging ein Strahl aus, der in einem feurigen Drachen endete. Uther Pendragons Seher erklärten (wie es ihre Kollegen in China wohl auch nicht anders getan hätten), dies könne nichts anderes bedeuten, als dass er König werden würde. Als diese Prognose sich wirklich bewahrheitete, ließ Uther zwei goldene Drachen anfertigen. Den einen schenkte er der Kathedrale von Winchester, den anderen behielt er als sein eigenes Feldzeichen.

Dass Uther Pendragon (das Wort bedeutet »Haupt-Drache«) – und alle weiteren »prä-normannischen« Könige Englands sowie die von Wales und vieler anderer Länder – sich das Tier, das für ihn glückverheißend war, als »Totemtier« auserkoren, ist nachvollziehbar. Gleiches gilt für die chinesischen Kaiser, die ja den fünfzehigen Drachen für sich allein beanspruchten. Für sie, wie für Uther, war er kein schreckliches Ungeheuer, das es zu bekämpfen und zu töten galt, sondern ein buchstäblich himmlisches Wesen, unter dessen persönlichem Schutz sie standen. Dementsprechend wurden auch die Lanzen islamischer Herrscher und Adliger als »Drachenlanzen« bezeichnet und waren vom Gift und der Macht der Drachen durchtränkt.

Nichtsdestotrotz war es durchaus möglich und allgemein gebräuchlich, das jeweils feindliche Volk (oder, mit entgegengesetzten Konnotationen, auch das eigene) als »Drache« zu bezeichnen. Einer Sage zufolge fragte der legendäre König der Briten Vortigern (fünftes Jahrhundert) einst den Zauberer Merlin, wieso ein Turm seiner Burg, den er bauen ließ, immer wieder zusammenbrach. Merlin erklärte, unter dem Turm wohnten zwei sich ständig bekämpfende Drachen. Das Fundament wurde aufgegraben, und in der Tat erschienen ein roter und ein weißer Drache, die augenblicklich aneinander gerieten. Alle Zuschauer außer Merlin flohen verängstigt, der aber sah schweigend zu, wie die beiden miteinander kämpften. Der rote Drache, so deutete er dem König anschließend die Szene, symbolisiere Wales, der weiße die Angelsachsen.

Wenn sich Könige und Kaiser unter den Schutz des Drachen stellten, müssen sie ihn als das mächtigste aller Lebewesen angesehen haben. Der Drache ist schon deshalb stärker als etwa Bär und Löwe, weil er eben nicht vollständig irdisch ist. Ihm »gehören« alle Elemente, das Wasser ebenso wie das Feuer, die Luft ebenso wie die Erde, und daher vereinigen sich in ihm die Kräfte des gesamten Kosmos. Sie alle beherrscht er, mit allen ist er vertraut, und obendrein hat er noch Verbindung zur »Anderswelt«. Wie sonst sollte er wissen, wer demnächst König oder Kaiser werden wird? Wen Besseres könnte man sich also als Verbündeten vorstellen oder wünschen? Auf die Feinde – Geister wie Menschen – wirkt der Drache dagegen bedrohlich und furcht einflößend.

So ist es nicht verwunderlich, dass Uther Pendragon oder die chinesischen Kaiser den Drachen als Bannerzeichen weder erfunden haben noch allein für sich beanspruchen konnten. Zu uns soll die Drachenstandarte, wie schon im ersten Kapitel erwähnt, durch die Daker, Parther und/oder Sarmaten gekommen sein. Aber wer von ihnen es nun genau war, und wie diese verschiedenen Völker ihrerseits dazu gekommen sind, ist nicht sicher. Es gibt beispielsweise die Theorie, dass die ursprünglichen Wolfsstandarten der Steppenvölker mit den thrakischen Schlangenzeichen zu einem Mischwesen, eben dem Drachen, verschmolzen. Ähnliches wird ja auch in Bezug auf den chinesischen Drachen behauptet: Verschiedene Stämme sollen jeweils einen Teil ihres Totemtiers beigesteuert haben, woraus dann der Drache entstan-

den sei. Vermutlich zu Recht wird diese Behauptung allerdings von zahlreichen Forschern angezweifelt.

Wie dem auch sei, jedenfalls trugen die Daker, Parther oder Sarmaten die Drachen bei ihren Feldzügen voran und beeindruckten damit die Römer derart, dass sie es ihnen irgendwann nachzumachen begannen. Anfangs wurden solche Standarten ausschließlich bei Reiterspielen verwendet; dann aber kamen sie mehr und mehr in Mode, und im dritten und vierten Jahrhundert war die Drachenstandarte das am meisten verbreitete römische Feldzeichen überhaupt. Man darf sich diese Standarte allerdings nicht als eine einfache Fahne mit Drachenmotiv vorstellen. Wie sie aussah, beschreibt der Staatsmann, Historiker und General Flavius Arrianus (zweites Jahrhundert n. Chr.) in seiner »Kunst der Taktik« (35,4 f.):

»Die skythischen Standarten haben die Form von Drachen, die in entsprechender Größe an Stangen befestigt herabhängen. Sie sind aus gefärbten Stoffstücken zusammengenäht. Der Kopf und der ganze Körper bis zum Schwanz sind so Schreck erregend wie möglich der Gestalt von Drachen nachgebildet. Das Ganze zielt auf folgenden Trick ab: Wenn die Pferde ruhig stehen, dürfte man nicht mehr als bunte Lappen herabhängen sehen; beim Reiten blähen sie sich durch den Wind auf und sind dann den betreffenden Tieren außerordentlich ähnlich, zischen auch ein wenig, wenn bei der schnellen Bewegung der Luftzug mit Gewalt durchfährt.«

In Rheinland-Pfalz hat man den Kopfteil einer solchen – allerdings römischen – Drachenstandarte, die auf Lateinisch einfach *draco* hieß, gefunden. Sie besteht aus feuervergoldetem und versilbertem Kupfer, und deutlich zu erkennen sind die vielen scharfen Zähne und der Kamm auf dem Kopf: einem richtigen, typischen Drachenkopf. Der daran ursprünglich angenähte Stoffteil ist natürlich nicht mehr erhalten. In einer Rekonstruktion ist es im Wesentlichen ein einfacher Stoffschlauch mit schlapp herabhängenden Beinen, der sich allerdings im Wind eindrucksvoll flatternd bläht.

So Furcht erregend eine solche Standarte im Feld auch gewirkt haben mag, ist es von ihr doch noch ein recht weiter Weg bis hin zu den Drachen Uther Pendragons und denjenigen, die inzwischen auf unzähligen Wappen prangen. Ob dieser Weg, wie vielfach behauptet wird, über die Kreuzfahrer führte, sei dahingestellt, denn mit dieser Frage wird auch wieder das letztlich wohl niemals zu lösende Problem der Herkunft und Bedeutung der hiesigen Drachen berührt.

Deutlich zu sehen ist aber der Unterschied zwischen den römischen Standarten und den späteren Wappen- und Helmzierdrachen. Während Erstere eher primitiv und primär auf ihre, wie Arrian sagt, »vergnügliche oder erschreckende« Wirkung hin konzipiert waren, sind die Wappendrachen mehr eindrucksvoll als Furcht erregend und oft sehr kunstvoll ausgeführt.

Grün, schwarz, rot, golden oder silbern, sind sie in der Regel mit allem versehen, was man landläufig mit einem Drachen in Verbindung bringt: zwei oder vier krallenbewehrten Tatzen, einem Kamm, ausgebreiteten oder angelegten Fledermausflügeln und Feuerlohe oder mit einer in einem Pfeil endenden langen Zunge. Der Schwanz der Schilddrachen endet, wie zuweilen auch auf Gemälden zu sehen ist, ebenfalls häufig naturwidrig in einer Pfeilspitze. Als Grund dafür wird von manchen angegeben, dass der Schwanz des Drachen in Europa schon früh als giftig angesehen wurde. Darüber hinaus haben Wappendrachen sehr oft Pferdeohren und ein kleines Horn auf der Nase. Der Schwanz von Seedrachen dagegen endet in einer Fischflosse. Häufig sind es, wie etwa im Wappen von London, auch zwei Drachen, die den eigentlichen Schild tragen beziehungsweise flankieren, also als Schildhalter fungieren. Ihre Schwänze sind dann gern kunstvoll ineinander verschlungen – ein auch in der islamischen Kunst häufiges Motiv. Bhutan, das »Land des Donnerdrachens« *(Druk-yul)*, hat, nebenbei bemerkt, ebenfalls zwei geschuppte Drachen in seinem Wappen.

Besitzt der Drache in der Heraldik nur zwei Beine, aber Flügel, wird er in England als *wyvern* bezeichnet. Hat er keine Flügel (aber zwei Beine), ist er ein Lindwurm *(lindorm/lindworm)*. Zuweilen lässt sich darüber streiten, ob ein Wappentier denn nun eine Schlange oder ein Lindwurm ist – so beispielsweise im Fall des Mailänder Wappens: Hier sieht man ein gigantisches Schlangenwesen, das gerade dabei ist, einen Menschen zu verschlingen.

Während ein solches Emblem auch früher nicht unbedingt für jeden nachvollziehbar gewesen sein dürfte, leuchtete das Drachentötermotiv (zumindest im christlich geprägten Abendland) den meisten ein. Das Böse – in welcher Gestalt oder Form auch immer – besiegen zu wollen, ist schließlich ein mehr als löbliches Lebensziel. Damit kann sich jeder aufrechte Bürger identifizieren. Wer diese Gesinnung auch in seinem Wappen demonstriert, weist damit auf seinen ehrenhaften Charakter hin und suggeriert außerdem, dass er sich für das Gute einsetzt.

Was dieses Gute ist, bleibt jeweils der Fantasie des Betrachters und natürlich des Wappeninhabers überlassen – das Bild als solches ist aber unmissverständlich.

So fand das Drachentötermötiv – zum Befremden der Japaner und Chinesen – seinen Weg auf Kirchenfenster, aber auch auf zahllose Insignien und Wappen vor allem von Städten, wobei der Held zumeist Georg ist, der allseits beliebte und wohl berühmteste christliche Drachentöter (→ S. 66). Er findet sich beispielsweise in den Stadtwappen von Mansfeld, Nebra, Schwarzenberg und Rötha, während Michael mit dem Drachen unter anderem in den Wappen von Brüssel, Jena und Zeitz zu sehen ist. Die heilige Margareta (→ S. 97) schließlich zeigen die Stadtwappen von Kahla und Stadtlengsfeld.

Man könnte nun meinen, Drachentöter seien heutzutage längst überholt und hätten eigentlich ausgedient. Wie in der Internet-Beschreibung des Wappens von Hecklingen, auf dem Georg und sein Drache zu sehen sind, nachzulesen, gibt es allerdings für dieses Motiv auch eine für die heutige Zeit passende erbauliche Begründung: »Ein von Gott begnadeter Mensch überwindet das Unmenschliche, indem er den höchsten Repräsentanten tierisch-grausamer Lebensart aus der Welt schafft ... Das Hecklinger Wappen ist demnach ein ständiger Ansporn, als Mensch Ebenbild Gottes zu sein und zu bleiben, also menschenwürdig und verantwortlich zu leben.«

Drachenboote

Drachenboote kennt man natürlich zunächst einmal von den Wikingern, die sie passend *dreki* nannten. Daneben baute und benutzte man sie aber auch und vor allem in China – und tut es heute noch. Hier wie da war die Bugfigur weit mehr als nur ein Zierrat, eine bloße Ausschmückung des Schiffes. Sie erfüllte auch weniger einen symbolisch-sittlichen als einen sehr praktischen Zweck, denn sie hielt Gefahren von Schiff und Besatzung fern und garantierte damit eine sichere Fahrt. Man war von der Wirkung so sehr überzeugt, dass es bei den Wikingern vorgeschrieben war, die Drachenkopfsteven in Landnähe abzunehmen, um den Landgeistern und -göttern keine Angst einzujagen. Ebenfalls aus Abschreckungsgründen schmückten die Nordmänner auch ihre Stabkirchen mit Drachenköpfen. Übrigens erfüllten die drachenmaulförmigen Wasserspeier und Drachenfiguren auf und an Häusern und vor allem Kirchen bei uns zulande im Mittelalter dieselbe Funktion.

Manche behaupteten, dadurch, dass ein Boot oder Schiff mit einem Drachenkopf und -schwanz versehen wurde, verwandle es sich magisch in einen Drachen und sei dann nahezu unüberwindbar. Auch ohne so weit gehen zu wollen, versteht es sich in jedem Fall von selbst, dass die Drachenbugfigur nach dem Glauben der Wikinger eine besondere »Macht« besaß – zumal sich die Gefahren des Meeres keineswegs auf solche beschränkten, die von anderen Schiffen, also von Menschen, drohten; die weit gefürchteteren Stürme etwa waren Götterwerk, und sie fern zu halten oder zu besänftigen war die Aufgabe des Drachen.

Lange bevor die Wikinger die Meere unsicher machten, bauten die Chinesen Drachenboote. Wann sie genau damit begannen, weiß man nicht, doch wird vermutet, dass dieser Brauch seit wenigstens 2000 Jahren existiert. Die Angehörigen eines chinesischen Stammes sollen den Drachen als ihr Totem verehrt und sich als Nachfahren der Drachen die Köpfe rasiert und sich tätowiert haben. Später gingen sie dann dazu über, Drachen nicht mehr auf die eigenen Körper, sondern auf Gebrauchsgegenstände zu übertragen, darunter eben auch auf ihre Boote.

Es gibt auch andere Thesen, aber ob nun die eine stimmt oder die andere, lässt sich nicht eindeutig sagen. Jedenfalls stammt das Drachenbootfest, eines der drei wichtigsten chinesischen Feste überhaupt, aus dem Süden des Landes und wird bis heute mit Begeisterung gefeiert. Oft geht es dabei allerdings nicht eben sehr feierlich zu, denn diese Rennen nahmen, wenigstens früher, oft den Charakter von Seeschlachten an, wobei sich die jeweils 50 Mann starken Bootsbesatzungen ebenso wie die außer Rand und Band geratenen Zuschauer mit Steinen und anderen Projektilen bewarfen. Tödliche Unfälle sind daher selbst heute noch keine Seltenheit. Wie ein ausländischer Augenzeuge vor etwa 100 Jahren berichtete, wurde das Rennen keineswegs wegen eines Todesfalls abgebrochen. Fiel jemand ins Wasser, galt dies als nicht zu änderndes Schicksal, als Opfer an den Flussgott, und so kam ihm auch niemand zu Hilfe. Im Laufe der Zeit versuchte die Obrigkeit immer wieder, dieses Spektakel zu verbieten, allerdings ohne größeren Erfolg.

Ursprung des rüden Festes dürften Fruchtbarkeitsriten, Opfer an die in den Seen wohnenden Drachengottheiten gewesen sein, zumal auch heute noch Gaben von in Bambusrohre gewickeltem Klebreis ins Wasser geworfen werden. Eine spätere inzwischen weit verbreitete Erklärung wirkt dagegen eher rationalistisch und aufgesetzt. Hiernach fiel der berühmte Dichter und Staatsmann Qu Yuan (viertes bis drittes Jahrhundert v. Chr.) durch Verleumdungen in Ungnade und wurde nach Südchina verbannt. Dort fühlte er sich aber so unglücklich, dass er sich schließlich in einem Fluss ertränkte. Als die Bewohner der Gegend davon erfuhren, suchten sie in ihren Booten den Fluss vergeblich nach seinen sterblichen Überresten ab. Zum Gedenken an diesen Todestag opferten sie von nun an in jedem Jahr den Klebreis und hielten Wettrennen mit ihren Booten ab.

Die Boote wurden vielerorts vor den Rennen im Tempel geweiht und nach den Festivitäten vergraben, damit der »Drache« bis zum nächsten Jahr, wenn man ihn wieder ausgraben würde, in Ruhe schlafen könnte. Zusätzlich zur Weihe bestreute in früherer Zeit ein Schamane das Boot von Bug bis Heck mit Buchweizen, den er anschließend entzündete. Überhaupt wurde und wird in abgelegenen Regionen Chinas noch heute im Zusammenhang mit den Drachenbootrennen eine ganze Reihe von religiösen Riten durchgeführt, und zwar nicht nur von den Ruderern, sondern auch von den Zuschauern. Das Fest war also weit mehr als nur ein sportliches Vergnügen.

Bis in das 19. Jahrhundert hinein waren Drachenboote in China allerdings keineswegs nur auf diese Wettkämpfe beschränkt; auch Piraten und Schmuggler – sowie die Wasserpolizei Südchinas – verwendeten solchermaßen verzierte Schiffe.

Während Piraten und Schmuggler sich aber mittlerweile unauffälligerer Fahrzeuge bedienen, erfreuen sich die Drachenboot*rennen* noch immer größter Beliebtheit. Seit einigen Jahren kommen sie übrigens auch bei uns mehr und mehr in Mode. Ob dies zum Teil auch mit der Aufwertung und positiven Umdeutung des Drachen durch die Fantasy-Bewegung zusammenhängt, lässt sich nicht leicht entscheiden, *ein* Grund ist aber zweifellos der, dass Drachenboote einfach schön anzuschauen sind. So besteht ein wesentliches Vergnügen der Beteiligten darin, ihr Boot möglichst attraktiv umzugestalten. Der Betrachter kann sich dann sowohl über den bunten Anblick freuen als auch über den Trommler, der entweder im Heck oder im Bug den Ruder- oder Paddeltakt angibt.

Wir waren in Lychen (Mecklenburg) Zeugen eines Drachenbootrennens, das dort anlässlich eines Flößerfestes zum ersten Mal veranstaltet wurde. Zuschauer wie Bootsbesatzungen waren mit solcher Begeisterung bei der Sache, dass sich das Rennen mit Sicherheit zu einer Tradition entwickeln wird – einer Tradition allerdings, die ohne jeden religiösen Hintergrund bleiben muss.

Sternendrachen

Ladon war, wie man sich erinnert, der Drache, der die goldenen Äpfel der Hesperiden bewachte und einer Version der Sage zufolge von Herakles eingeschläfert, nach einer anderen aber von ihm getötet wurde (→ S. 93). Nach seinem Tod, so heißt es, wurde er an den Himmel versetzt, wo er noch heute als Sternbild Draco zu bewundern ist. »Andere hingegen dichten«, so ein altes Lexikon,

»dass die Riesen, als sie mit der Minerva gestritten, ihr diesen Drachen auf den Hals gehetzet; welchen sie aber ergriffen und an den Himmel geschleudert«.

Heute gehört allerdings einige Fantasie dazu, in dem Sternbild einen Drachen zu erkennen, was insofern nicht verwunderlich ist, als bereits um 500 vor unserer Zeitrechnung Thales von Milet dem Himmelsdrachen die Flügel »abschnitt« und sie zum Kleinen Bären machte. Das im 18. Jahrhundert entstandene eben zitierte Zedlersche Lexikon beschreibt den heutigen Draco wie folgt: »Drache, Draco, ist ein kenntliches Gestirne in dem Nordischen Theile des Himmels in der Gestalt eines Drachen, dessen Kopff sich über dem Hercule und der Leyer befindet, hernachmahls sich gegen den Cepheum extendiret, und endlich seinen Schwanz zwischen beyde Bären hindurch bieget.«

Das Sternbild ist zirkumpolar, mit anderen Worten, es befindet sich auf der nördlichen Halbkugel immer über dem Horizont und ist daher dort immer sichtbar. Es ist groß, denn es bedeckt mehr als tausend Quadratgrade des Himmels, aber seine Sterne sind nicht besonders hell. Es setzt sich aus einem kleinen Kopf und einem langen gebogenen Schwanz zusammen und gleicht damit heutzutage exakt einer Schlange.

In der islamischen Kunst wird das Sternbild Drache eher als Schlangendrache – mit aufgerissenem Maul, Fangzähnen und langer, gespaltener Zunge – dargestellt. Auch wenn das ursprüngliche Sternbild eher einem Drachen glich (wie am Ende des Films *Dragonheart* etwas überzeichnet zu sehen), ist die von manchen Forschern geäußerte Vermutung, die Vorstellung des irdischen Drachen könnte vom Sternbild herrühren, abzulehnen, zumal die Chinesen nicht »unseren« Drachen als Drachen ansahen, sondern vielmehr unsere Konstellationen Jungfrau, Waage und Skorpion – hier also durchaus unterschiedliche Meinungen über das Aussehen der Sternbilder herrschten.

In China ist der Drache der Hüter der östlichen Himmelsrichtung sowie – neben der Ratte, dem Ochsen, dem Tiger, dem Hasen, der Schlange, dem Pferd, dem Schaf, dem Affen, dem Hahn, dem Hund und dem Schwein – eines der zwölf »Jahres-« und »Stundentiere«. Das Jahr des Drachen zeichnet sich durch viel Regen und eine daraus resultierende besondere Fruchtbarkeit aus. Gleichzeitig ist es aber auch durch Kriege und Blutvergießen geprägt.

Neben dem Sternbild Drache kannte man in der islamischen Frühzeit wie im Mittelalter einen Pseudoplaneten namens *Jawzahr*, der als Drache begriffen wurde. Er galt als der achte beziehungsweise der achte und neunte Planet, wobei der Kopf der eine, der Schwanz der andere Planet war. *Jawzahr* bedeutet dementsprechend »Kopf und Schwanz des Drachen« oder aber »Komet«. Er war es, der für Sonnen- und Mondfinsternisse sowie für Kometen verantwortlich gemacht wurde. In der modernen islamischen Astrologie bezeichnet der Kopf des Drachen den auf- und der Schwanz den absteigenden Mondknoten, die Punkte also, in denen die Mondbahn die Ekliptik, die scheinbare jährliche Sonnenbahn am Himmel, schneidet.

Diese Gleichsetzung der Knotenpunkte mit einem Drachen dürften die Araber – ebenso wie die irrtümlich nach ihnen benannten Ziffern – von den alten Indern übernommen haben. Bei ihnen hieß der Kopf *Rahu* und der Schwanz *Ketu*, und es war Gott Vishnu, der die Schlange oder den Drachen einst entzweischlug. Der Dämon Rahu hatte vom den Göttern vorbehaltenen Unsterblichkeitstrank getrunken, war allerdings dabei von Sonne und Mond beobachtet worden, die ihn prompt bei den übrigen Göttern verpetzten. Vishnu schlug ihm daraufhin den Kopf ab (der seitdem allein Rahu heißt, während der Rest des Drachen einen neuen Namen erhielt). Da er aber durch den Trank unsterblich geworden war, treibt er jetzt am Himmel sein Unwesen, indem er den beiden Verrätern, Sonne und Mond, nachstellt. Immer, wenn er den einen oder die andere erwischt, verursacht er eine Finsternis. Ab und an wird der Schwanz in Form eines Kometen auch für den Menschen sichtbar. Sonnen- und Mondfinsternisse ebenso wie Kometen wurden, wie beschrieben, auch hierzulande den Drachen zugeschrieben oder gar mit diesen identifiziert.

Was aber Jawzahr angeht, so wird er in der islamischen Kunst mit dem ihm jeweils nahe stehenden Sternzeichen verbunden wiedergegeben. Häufig abgebildet ist er etwa als Kentaur, der auf seinen eigenen »Schwanz« zielt (Schütze); der »Schwanz« ist aber der Kopf eines Drachen – oder der Drachenkopf erscheint in Verbindung mit einer Darstellung der Zwillinge.

Kunst-Drachen und künstliche Drachen

Nicht erst seit Ausbruch der heutigen Drachenwelle kann man sagen, dass kein Fabeltier, nicht einmal das Einhorn, Zeichner, Maler und andere Kunstschaffende so inspiriert haben dürfte wie der Drache. In der islamischen Architektur ist er ebenfalls, wie behauptet wird, das am häufigsten dargestellte mythische Tier. Ob nun (als Tätowierung) auf Menschenhaut, auf Gefäßen, Schuhlöffeln, Türknaufen, Stoffen, Mauern und Wänden, auf Miniaturen, Gemälden, Bannern, Dächern, Kirchenportalen oder Grabsteinen, um nur einige wenige der tatsächlichen Möglichkeiten aufzuzählen: Der Drache wurde als dankbares Motiv vieltausendfach verewigt.

Dabei muss man klar zwischen Ost und West unterscheiden. Obgleich der Drache auch im Fernen Osten, wie wir gesehen haben, nicht ausschließlich »gut« ist, sah und sieht man ihn dort als Glücksbringer, als Spender von Fruchtbarkeit und als Beschützer. Daher wurde und wird er auf jedem nur denkbaren Gegenstand abgebildet – wie auch bei uns zulande ein Besuch in jedem beliebigen chinesischen Restaurant deutlich macht: Da sieht man Drachen auf Lampen, Tischdeckchen, Bildern, auf den Essschälchen und als Säulenfiguren. Die chinesischen Kaiser trugen (fünfklauige!) Drachen auf ihren Gewändern, und seit einigen Jahren ist auch bei uns der Drache – auf T-Shirts, Jeans und Morgenröcken – Mode.

Fernöstliche Drachen sind oft so stark ornamental ausgeführt, dass sie geradezu verrenkt wirken und nur mit Mühe die eigentliche Drachenkontur auszumachen ist. Sie wirken dekorativ und überhaupt nicht bedrohlich – sonst würde ein chinesisches Restaurant, an dessen Eingangstür zu beiden Seiten bunt bemalte Drachenfiguren prangen, wohl auch bald Pleite machen!

In der islamischen Kunst konnten solche ornamentalen Drachen, wie beispielsweise Gönül Öney ausführt, sowohl negativ als auch positiv interpretiert werden: als etwa den Baum des Lebens beschützende Wächter, als Symbole von Bewegung und Harmonie – oder aber als Symbole von Tod und Finsternis sowie als »Mond- oder Sonnenfresser«. Gerade aus Drache und Mensch, Löwe oder einem anderen Tier zusammengesetzte Zwittergestalten sind auch, wie wir im vorigen Kapitel gesehen haben, astronomisch zu deuten.

In einem Werk des chinesischen Gelehrten Shen Buhai (gestorben 337 v. Chr.) wird von dem Drachenfreund Shegong berichtet, auch er habe sich mit Darstellungen von Drachen umgeben. »Wohin man in seiner Wohnung blickte, überall sah man Abbildungen von Drachen.« Als der echte Drache im Himmel davon erfuhr, dass Shegong Drachen so sehr liebte, stattete er ihm eines Tages einen Besuch ab, streckte seinen Kopf in das Südfenster seiner Wohnung und legte seinen Schwanz ins Nordfenster. Shegong erschrak zu Tode und versteckte sich. »Daraus«, so schließt Meister Shen messerscharf, »folgt, dass Shegong die künstlichen Drachen an der Wand oder an den Säulen liebte, nicht aber den echten Drachen.«

Die »nicht originalgetreuen«, dekorativen Drachen sind natürlich nicht nur auf Ostasien beschränkt; die Skythen beispielsweise entwickelten einen bestimmten sehr ornamentalen Stil, Tiere wiederzugeben, den so genannten »Tierstil«, der Nachahmer in Ost und West fand. Hier sind die Drachen, den chinesischen gleich, auf Gürtelschnallen, Schwertern, Messern und Gefäßen zu bewundern, aber so verfremdet, dass sie oft kaum noch als solche zu erkennen sind.

Vor allem auf Wappen gibt es auch bei uns zahllose entsprechende Darstellungen. In der nicht heraldischen dekorativen Kunst sind insbesondere die ineinander oder umeinander geringelten Schwänze mehrerer Drachen ein beliebtes Sujet. Ob um einen Baum (in der islamischen Kunst den Baum des Lebens), eine Quelle, die Welt, den Himmel – der Möglichkeiten gab es viele, die Drachen und deren Schwänze ästhetisch befriedigend unterzubringen.

Trotz zahlreicher vergleichbar ornamentaler Beispiele lässt sich aber für die westeuropäischen Kunst-Drachen doch sagen, dass sie im Allgemeinen eine eher Furcht erregende, abschreckende als eine rein dekorative Wirkung hatten. Der Grund liegt einmal mehr im Christentum: Mit der Umdeutung des Drachen zum Inbegriff des Bösen, dem Teufel, zum Symbol für die »bösen Mächte, den Feind, den Tod, die Nacht, für Drangsale und Plagen aller Art«, wie es das *Lexikon der christlichen Ikonographie* ausführt, war nicht nur der Charakter, sondern auch das *Bild* des Drachen auf viele Jahrhunderte hinaus vorgegeben.

Während in der frühchristlichen Zeit zwischen Schlange und Drache nicht klar unterschieden wurde, sehen wir den Drachen ab dem frühen Mittelalter – auf Pergament, Leinwand, Putz oder Glas gemalt, in Stein gehauen oder Bronze gegossen, in Holz, Kupfer oder später Stahl gestochen – überwiegend als Feuer speiendes, sich ringelndes Reptil mit Raubtierfüßen und schrecklichem Maul, und zwar in der Regel in Verbindung mit einem Helden, der gerade dabei ist, ihn zu töten. Handelt es sich um das beliebte Motiv des Herakles-Hydra-Kampfes oder – wie etwa auf einem Gemälde Albrecht Dürers – des apokalyptischen Drachen, hat das Ungeheuer auch sieben Köpfe.

Aber wenn es darum ging, den teuflischen Charakter des Drachen auch bildlich deutlich zu machen, waren der Fantasie keine Grenzen gesetzt. Auf einem Türsturzrelief einer Kirche in Beaulieu sieht man zum Beispiel einen Drachen mit Teufelskopf und lauter Teufelchen, die aus seinem Rumpf herauskommen. Weiterhin gibt es Darstellungen, in denen Drachen »gute« Tiere wie Adler und Löwe bekämpfen sowie Drachen, die unter Leitern oder Bäumen auf Herabfallende lauern, Drachen, die von Daniel vergiftet werden, Drachen, die in Teufelsmasken beißen, mit verschlungenen Hälsen durch die Luft fliegen, Wolfs-, Krokodils-, Raubtier- oder Menschenköpfe besitzen und gerade Menschen fressen, wobei sie selbst von einem Helden angegriffen werden.

Angesichts solch einer intensiv betriebenen Verteufelung des

Drachen nimmt es nicht wunder, dass Darstellungen von »netten« Drachen in unseren Breiten – gelinde ausgedrückt – in der Minderzahl blieben. Noch im Jahr 1870 malte Arnold Böcklin einen wegelagernden, gerippigen »Drachen in einer Felsenschlucht«, düster und bedrohlich wie das beklemmende Angstgefühl, das ihn zu diesem Gemälde veranlasst hatte. Einige Jahre zuvor war er abends in Italien durch eine feuchte Klamm gewandert und musste dabei an Goethes berühmtes Gedicht »Mignon« denken, in dem es heißt:

> Kennst du den Berg und seinen Wolkensteg?
> Das Maultier sucht im Nebel seinen Weg,
> In Höhlen wohnt der Drachen alte Brut,
> Es stürzt der Fels und über ihn die Flut:
> Kennst du ihn wohl?

Auf Böcklins Gemälde sieht man einen schmalen entlang eines Abgrundes verlaufenden Bergpfad, auf dem weit hinten Flüchtende zu sehen sind, während links im Vordergrund der an einen Dinosaurier erinnernde Drache aus seiner Höhle hervorstürzt.

Seit Böcklin seinen Drachen malte, sind fast 150 Jahre vergangen, und »ernsthafte« Maler beschäftigen sich mittlerweile eher selten mit diesem Motiv. Der Drachen tötende Georg findet sich zwar weiterhin auf bayerischen Bierseideln und auf mancherlei anderen Dingen, doch sind die Zeiten, in denen der Drache für alle Arten von Übeln herhalten musste, glücklicherweise vorbei.

Wie tief diese Vorstellungen aber noch immer in uns verwurzelt sind, zeigt sich an den Comic- und vor allem den Internet-Drachenbildern, die von Drachen-Homepage zu Drachen-Homepage weitergereicht und gesammelt werden.

Wie vor vielen hundert Jahren dominiert auch bei Letzteren – ganz im Gegensatz zu Darstellungen in Kinderbüchern – noch immer das Motiv des Furcht erregenden, Jungfrauen raubenden und Feuer spuckenden Drachen. Die Internetdrachen sind sehr farbig, rot, lila, weiß, blau oder schwarz, zuweilen skelettartig wie der Böcklinsche Drache, oft riesig groß im Vergleich zu den Menschen, und sie haben bösartige Schlangenaugen, Fledermausflügel und große scharfzähnige Tyrannosaurus-Rex-Mäuler. Auch die Umgebung – mit düsteren Burgen, Gerippen, Totenschädeln, weinenden Jungfrauen und sturmgepeitschtem Gewölk – lässt an Schrecklichkeit wenig zu wünschen übrig.

Gleichzeitig aber sind viele der Drachen, wie bereits angemerkt, von einer zwar düsteren und bedrohlichen, aber unleugbaren Schönheit.

Weitaus in der Minderzahl sind bei diesen Fantasiemalereien die guten Drachen mit lieben Kulleraugen, wie sie in den heutigen Kinderbuch-Illustrationen überwiegen. Seltsam einheitlich weisen Letztere auch das aus der islamischen Kunst früherer Jahrhunderte bekannte Merkmal auf, in unterschiedlichen Farben getüpfelt oder gestreift zu sein. Einfarbig rot und grün und wiederum ausgesprochen freundlich sind auch die Drachen, die aus Überraschungseiern zum Vorschein kommen – mit großen Rehaugen und geschlossenem und daher nicht im Geringsten Furcht erregendem Maul.

Dieser Kontrast zwischen den unter Jugendlichen (und Erwachsenen!) so beliebten, schaurig schönen Fantasy-Drachen aus Internet und Comic und den für kleine Kinder gedachten harmlosen Drachenbildern ist auffällig genug und demonstriert ein neues, gewolltes und ganz bewusst seit etlichen Jahren inszeniertes Umdenken in Sachen Drache – beziehungsweise in Sachen Feindbild überhaupt.

Kinderdrachen müssen lachen

Ich bin ein Drache. Ich finde es toll, wenn ich durch die Lüfte gleite und die Menschen sehe, die weglaufen. Ich lebe allein und friedlich in meiner Höhle, doch ich werde oft von Menschen gestört, die mich besiegen wollen. Ich brülle dann mal und speie Feuer – dann laufen sie in Panik weg. Doch es gibt nicht mehr viele meiner Art, weil wir so bedingungslos gejagt werden. Ich verputze drei Schafe und eine Kuh pro Tag. Ich kann mir dann auch vorstellen, warum sie uns jagen. Die wollen ja auch nur ihre Herde in Schutz nehmen. Außerdem können sie von einer Kuh lange leben und sie gegen etwas anderes eintauschen. Doch ich finde mein Leben toll. Man hat so viel Spaß. Manche Menschen mögen mich auch, und ich fliege mit ihnen durch die Luft oder tauche in den Seen und Flüssen. Dort treffe ich oft andere Drachen, mit denen ich dann spiele oder mit denen ich mich paare. Wir werden manchmal 1000 Jahre alt, wenn wir nicht schon von den Menschen umgebracht werden. Wenn ich mich nicht mehr mit den Klauen verteidigen kann, wehre ich mich mit den Zähnen, die rasiermesserscharf sind. Aber auch mein Schwanz ist eine fürchterliche Waffe. Ich kann ihn an der Spitze richtig scharf machen, indem ich ihn an einem Stein hin- und herreibe. Im Ganzen habe ich ein tolles Leben als Drache.

Anonymes Internet-Märchen

»Vor sehr langer Zeit, als es noch böse, Feuer speiende Drachen gab, wohnte ein Herzog mit all seinen Rittern in einem großen Schloss im Ostwesten.« Mit diesem Satz beginnt die Nacherzählung von Robert Bolts Hörspielfolge *Ritter Fitz-Oblong und Baron Bolligru*. Hier wimmelt es zu Anfang von bösen Drachen, die es zu bekämpfen gilt, wobei die Trophäe nicht wie früher üblich die Zunge, sondern die Schwanzspitze ist.

Alle Ritter sind tüchtig im Drachenmeucheln – bis auf einen, den kleinen dicken Ritter eben, der ein ausgesprochener Tierfreund ist. Der kehrt von seiner ersten Drachenjagd mit einem lebendigen Drachen wieder, einem hübschen rosafarbenen Drachenkind namens Bonzo, dem er unterwegs auch schon kleine Kunststückchen beigebracht hat.

Als die anderen Ritter und der Herzog den niedlichen Drachen sehen, sind sie einverstanden, dass er am Leben bleiben und im Schloss wohnen darf. Als Fitz-Oblong allerdings auch von zwei weiteren Drachenaktionen mit den lebendigen Tieren (der eine blau mit hellen Streifen, der andere gelb mit blutrotem Zickzackkamm) im Schlepptau ankommt, wird er ab sofort von der Pflicht, Drachen zu bekämpfen, entbunden. Bis auf einen schrecklichen schwarzen Drachen, mit dem der kleine dicke Ritter im weiteren Verlauf der Geschichte noch hautnah in Berührung kommt, sind allerdings inzwischen alle bösen Drachen ausgerottet, und auch dieser letzte stürzt sich am Ende des Buches ins Meer, um dort in einer turmhohen Feuer-Wasser-Fontäne dramatisch unterzugehen.

Am Leben bleibt nur Bonzo, der zahme, ausgesprochen liebenswerte Drache, der fröhlich jodelt, einen munteren Drachentrab anschlägt, wenn er's eilig hat, anhänglich wie ein Hundchen ist und wie ein solches mit seinem Herrchen schmust und herumtollt. Außerdem dient er ihm praktischerweise als Reittier. Anders als der erzböse schwarze Drache kann Bonzo nicht sprechen. Seine Rolle im Buch ist auch alles in allem eine recht marginale, aber sie ist dennoch wichtig. Bonzo gehört nämlich zu den ersten literarischen Drachen, die ausdrücklich lieb sind.

Den noch heute andauernden Drachen-Rehabilitierungs-Prozess setzte jedoch bereits mehr als 50 Jahre vor dem Engländer Bolt dessen Landsmann Kenneth Grahame in Gang. Er versuchte Ende des 19. Jahrhunderts im Rahmen seiner allegorischen Geschichte vom *Reluctant Dragon* (»Der Drache, der nicht kämpfen wollte«), der bis dahin vorherrschenden positiven Einstellung zu Kampf und Krieg etwas entgegenzusetzen. Alte fest verwurzelte Feindbilder sollten aufgegeben werden, und es sollte mehr Toleranz herrschen.

Der Drache in seiner Erzählung hat nicht die geringste Lust dazu, Menschen zu fressen, und lehnt überhaupt jegliche Gewalt ab. Er lümmelt sich stattdessen lieber träge in der Sonne, schnurrt vor Behagen wie eine Katze und verfasst zusammen mit dem Sohn eines Schäfers, seinem Freund, Gedichte. Die Bewohner der Umgegend trauen dieser Friedfertigkeit aber nicht und setzen einen Killer auf ihn an. Dem Schäferssohn gelingt es dann, den abgesandten Drachentöter, den heiligen Georg, davon zu überzeugen, dass es sich wirklich um einen guten Drachen handelt. Sie inszenieren einen Scheinkampf, und alle sind schließlich zufrieden.

Es dauerte aber noch etliche Jahrzehnte, bis sich der gute Drache auf breiter Front durchsetzen konnte – und ohne Erklärungen ging und geht es auch heute noch nicht ab. Der Drache Bonzo des kleinen dicken Ritters Fitz-Oblong ist jung und noch formbar. Er wird also zum Gutsein *erzogen*.

Michael Ende, ein weiterer Vorkämpfer in Sachen Drachen, versucht die Wandlung vom bösen zum guten Drachen auf eine andere Weise plausibel zu machen. Zum einen gibt es da die Halbdrachen, allen voran Nepomuk. Halbdrachen sind nicht etwa Drachen mit nur zwei Beinen, sondern solche, deren einer Elternteil *kein* Drache ist. Im Falle von Nepomuk ist die Mutter ein Nilpferd gewesen. Er hat also ein entsprechend dickes Maul und darüber hinaus ist er gelb und blau getüpfelt. Tupfen sind nett, und ein Nilpferd ist ein sympathisches Tier, daher ist den Lesern – ein erster Schritt in Richtung Freundschaft mit den Drachen – auch Nepomuk sympathisch, zumal er als lieb, hilfsbereit und ein klein wenig naiv geschildert wird. Er spricht ganz normal wie die Menschen auch und weint zu Anfang wie ein kleines Kind. Dass er Lava frisst, verzeiht man ihm daher leicht. Auf diese Weise führt Michael Ende seine kleinen und größeren Leser langsam an das Phänomen Drache heran. Er gewöhnt sie gewissermaßen in kleinen Schritten an die Vorstellung eines netten Drachenwesens.

Die richtigen Drachen in Endes *Jim Knopf* aber sind nicht nett. Sie stinken ihre Stadt voll, kreischen, johlen, patschen und machen überhaupt einen ohrenbetäubenden Lärm. Außerdem besteht ihre Nahrung aus Teer, Knochenmehl, Gift und Galle, Glasscherben und Reißnägeln. Kummerland, wie ihre Stadt treffend heißt, ist kahl, abweisend, übelriechend und düster.

Näher geschildert wird als einziger Drache ein besonders scheußlicher Vertreter seiner Gattung. Er – beziehungsweise sie – ist mit ekligen Warzen und Borsten bedeckt, nicht dick und niedlich, sondern dünn und hat kleine stechende Augen, eine spitze Schnauze und ein großes grausames Maul mit einem einzigen Zahn darin. Mit einem Wort: Frau Mahlzahn sieht überaus abstoßend aus. Obendrein pflegt sie geraubte kleine Kinder an Schulbänke zu ketten und mit einem Rohrstock zu verprügeln. Sie hat ihre Freude daran, die Kleinen zu quälen, und spricht zudem mit ekelhaft schlangenartig zischender Stimme: »Sssssso? ... Wassss du nichchchcht sagst!«

Angesichts dieser Beschreibung scheint es ein schier unmögliches Unterfangen zu sein, aus diesem Monsterwesen einen netten Drachen zu machen. Einen Drachen mit einem Namen (das ist wichtig!) tötet man aber auch nicht. Ein namenloser Feind kann skrupellos angegriffen werden, einer, der Paul heißt, nicht. Michael Ende nun zieht sich hier geschickt aus der Affäre. Er bedient sich dazu einfach einer der Möglichkeiten, die einem Märchen von jeher zur Verfügung standen.

Zunächst wird Frau Mahlzahn von der Lokomotive Emma unschädlich gemacht, anschließend gefesselt und dann mitgenommen. Da sie die ganze Rückreise von der Drachenstadt zum mythisch-chinesischen Kaiserreich Mandala schwimmend zurücklegen muss, vergeht ihr gründlich die Lust zum Schlechtsein. Doch das reicht natürlich noch nicht, denn ihrem Kern nach ist sie nach wie vor »nicht gut«.

Aber nun kommt das Wunderbare. Die eingesperrte Drachin lässt Lukas und Jim Knopf rufen, um sich bei ihnen dafür zu bedanken, dass sie sie besiegt haben, ohne sie zu töten. Denn wer das tut, so erklärt sie den beiden, hilft dem Drachen dabei, sich zu verwandeln. »Niemand, der böse ist«, fügt sie hinzu, »ist dabei besonders glücklich, müsst ihr wissen. Und wir Drachen sind eigentlich nur so böse, damit jemand kommt und uns besiegt.«

Der Grund für ihr seltsames Verhalten in ihrer »Privatschule« lag darin, dass Drachen grundsätzlich nicht wissen, wohin mit ihren vielen Kenntnissen. So suchen sie sich in ihrer Verzweiflung, solange sie böse sind, geeignete Opfer – im Fall von Frau Mahlzahn eben kleine Kinder –, die sie damit quälen können. »Wenn wir aber verwandelt sind, dann heißen wir ›Goldener Drache der Weisheit‹, und man kann uns alles fragen, wir wissen alle Geheimnisse und lösen alle Rätsel. Aber das kommt alle tausend Jahre nur einmal vor, weil eben die meisten von uns getötet werden, ehe es zur Verwandlung kommt.«

Damit nun diese Verwandlung eintreten kann, muss Frau Mahlzahn ein ganzes Jahr lang reglos und ohne berührt zu werden still liegen. Zuvor erteilt sie den beiden Scheidenden kluge Ratschläge, was an den sterbenden Sigurd-Drachen erinnert (→ S. 106).

Ein Jahr und ein Buch später, nämlich in *Jim Knopf und die Wilde Dreizehn*, ist die Verwandlung vollendet. Frau Mahlzahns einer hässlicher Zahn und ihre spitze Schnauze sind ebenso verschwunden wie die zischende Sprache. Die ehemals »abscheuliche Schuppenhaut« ist jetzt von geheimnisvollen Zeichen und Mustern bedeckt, und der ganze Drache schimmert golden. Frau Mahlzahn ist zu einem verehrungswürdigen Drachen der Weisheit geworden. Der Halbdrache Nepomuk seinerseits darf die beiden Helden der Geschichte fortan auf ihren Abenteuern begleiten.

Die Regel, dass nur namenlose Drachen getötet werden, durchbricht Astrid Lindgren in ihrem Kinderbuch *Die Brüder Löwenherz* bis zu einem gewissen Grad. Allerdings stirbt die grausame Drachin Katla nicht durch Menschenhand, sondern im Kampf gegen einen ebenso schrecklichen Lindwurm (der dabei gleichfalls umkommt), nachdem sie in den Karmafall gestürzt ist. Jonathan Löwe, der eine Bruder Löwenherz, ist nur indirekt für ihren Tod verantwortlich. Er wälzt einen Findling auf sie, wodurch sie das Gleichgewicht verliert und in den Abgrund fällt.

Aber auch Astrid Lindgren dachte offenbar um, was Drachen angeht, denn in einer mehr als zehn Jahre später entstandenen Geschichte, *Der Drache mit den roten Augen*, geht es um ein zwar launisches und streitsüchtiges, aber gleichzeitg nettes Drachenkind, dessen Mutter ein Schwein ist. Da es von der Sau verstoßen wird, nehmen sich die Kinder des Bauernhofes des Drachenkindes an und weinen bitterlich, als es eines Tages Abschied nimmt und davonfliegt.

Astrid Lindgren war nicht die Einzige, die dem Drachen seine Metamorphose zugestand, denn ab den siebziger Jahren entstand eine Flut von Kinderbüchern, in denen gute, liebe, nette Drachen eine tragende Rolle spielen. Auch das böse Krokodil beziehungsweise der böse Drache, im Kasperletheater bislang eine unentbehrliche Figur, wurde durch den guten Drachen Dagobert ersetzt. Der Drache wurde, mit einem Wort, salonfähig.

Einer, der damit zu nicht wenig Geld und Ehre kam, ist Franz Sklenitzka. Er erhielt für sein häufig aufgelegtes Büchlein *Drachen haben nichts zu lachen* den Österreichischen Kinder- und Jugendbuchpreis. Ein wenig erinnert der Inhalt bei näherer Betrachtung an den kleinen dicken Ritter Fitz-Oblong. Auch hier ist der Ritter ein erklärter Tierfreund, auch hier ist er eher ein Anti-Held, der erst gezwungenermaßen beweist, was er kann. Und auch er besitzt einen zahmen Drachen, Klemens, den er aus einer Falle gerettet hat. Schließlich haben auch bei ihm die Tiere Streifen oder Punkte und verschiedene Farben.

Anders als bei Robert Bolt gibt es bei Sklenitzka aber gar keine bösen Drachen mehr. »Das Märchen, dass Drachen Feuer speien können, glaubt doch kein Kind mehr! Sie fressen nur Pflanzen und sind noch dazu hochmusikalisch!« Der erste Teil des Satzes, der sich in unterschiedlichen Variationen durch die meisten Drachenkinderbücher zieht, zeigt, dass auch heute durchaus noch ein Erklärungsbedarf besteht. Im Klappentext zu *Der kleine Drache Habmich-lieb* von Andrea Schwarz heißt es etwa: »Ein ›lieber‹ Drache? Ist das nicht ähnlich unsinnig wie ein ›weißer Schimmel‹?« In der Regel lautet die direkt oder indirekt gestellte Frage aber: »Wie kommt es, dass die Drachen auf einmal gut sind?« Mögliche Antwort: Sie waren schon immer gut, die Menschen hatten nur keine Ahnung, waren verblendet oder falsch informiert. Andere mögliche Antwort: Sie haben eingesehen, dass Gutsein viel besser und lohnender ist als Bösesein.

Verfolgt wurden die Drachen, weil sie für die Menschen wertvoller waren als sämtliche anderen Tiere. »Aus den Ohrmuscheln von Drachen«, so informiert Sklenitzka seine Leser, »wurden Einkaufstüten genäht, Drachenklauen und Drachenzähne waren ein beliebter Schmuck und baumelten an Halskettchen um Ritterhälse, und aus der Drachenhaut entstanden Regenschirme, Handtaschen, Sommerschuhe und Kaugummi für die Ritterfräulein.« Gegessen wurden das Fleisch, die Leber, das Herz und die Zunge.

An die Chinesen erinnert, dass auch der Speichel verwendet wurde (allerdings als Medizin, nicht als Parfüm). Drachenblut schließlich benutzte man als Haarwuchsmittel. Der Gründe, die Drachen auszurotten, gab es, wie man sieht, genug.

Mit seinem energischen Einsatz schafft es der Held des Buches, Ritter Zipp-Kübelhelm-Drachenfreund, zwar, eine dreijährige Schonfrist für die letzten Drachen zugesichert zu bekommen, aber ein eigentlich positives Ende kann auch Sklenitzka nicht bieten. Zumindest die Erwachsenen wissen schließlich, dass es keine Drachen mehr gibt. Also folgt ein deprimierendes Nachwort, in dem steht, dass die drei Jahre leider nur ein Aufschub für die Drachen sind. Nach deren Ablauf werden sie dann endgültig zu Taschen und Regenschirmen, Gürteln und Strumpfhosen verarbeitet.

In das Buch eingestreut ist eine kleine Drachenkunde in Bildern. Hier wie auch im Text unterscheidet Sklenitzka zwischen Erddrachen, Zaundrachen, Kammdrachen, Smaragddrachen und stacheligen Bürstendrachen. Vermutlich nicht zufällig fühlt man sich da an Zauneidechsen, Smaragdeidechsen und Kammmolche erinnert – hübsche kleine Tiere, die niemandem etwas zuleide tun.

Sind die Drachen bei Sklenitzka also eigentlich eidechsenartige Mischwesen, handelt es sich bei dem berühmten Urmel von Max Kruse ganz klar um einen Drachen-Dinosaurier-Verschnitt, der dazu passend aus der Urzeit stammt. Urmel wird aus einem Ei geboren und sieht anschließend wie eine Mischung aus Dino und Drache aus, nur ist es kindgemäß niedlich, sehr anhänglich und lieb. Max Kruse muss in seinen Urmel-Büchern eigentlich nichts erklären, da die sprechenden und handelnden Tiere, Schwein, Seeelefant und Pinguin, ohnehin »nicht von dieser Welt« sind und sich daher jede auf die Realität bezogene Frage erübrigt.

Max Kruse trägt, so wie viele andere, mit seinen inzwischen neun Urmel-Bänden allerdings aktiv dazu bei, dass für die heutige Jugend die Grenzen zwischen Drache und Dinosaurier mehr und mehr verschwimmen. Immerhin behauptet er nirgendwo, das Urmel sei das eine oder das andere. Das grüne Tierchen zeigt auch keinerlei typische Dracheneigenschaften. Es spuckt (soweit wir uns erinnern) nicht mal ansatzweise Feuer, hütet keine Schätze und hat mit Jungfrauen gleich gar nichts am Hut.

Der Drache im *Prinz von Pumpelonien* von Katharina Kühl liebt Gurkenmus und Himbeereiscremetorte, ist also auch gehörig verfremdet. In anderen heutigen Kindergeschichten wird dagegen die Rolle des Drachen in dieser Hinsicht entweder einfach umgekehrt oder ins Komische gezogen, etwa, wenn die Prinzessin oder ein Junge partout keine Angst vor dem Drachen haben wollen – wie beispielsweise in Lieven Beatens *Kleiner, schrecklicher Drache*. Der kleine Drache Dragomir (von Werner Färber) spuckt zwar noch Feuer, hilft mit dieser Gabe aber am liebsten seinen Freunden, und der kleine Drache Grisu will eigentlich Feuerwehrmann werden.

Der Kinderbuchdrache ist aber weit mehr als eine drollige oder komische Witzfigur, über die kleine Leser oder Zuhörer lachen müssen. Er übernimmt nämlich zum einen eine erzieherische Funktion mit der kurz und bündigen Moral: Wenn du unfreundlich und herzlos bist (wie zum Beispiel der Drache in Sigrid Sonbergers *Glücksdrache*), hast du keine Freunde. Zum anderen wird der Drache zu einem Freund, zu jemandem, der hilft, schützt und für einen da ist. Und da auch die Kinderbuchdrachen in der Regel Einzelgänger sind, fühlen sich vor allem die geschwisterlosen oder aus einem anderen Grund eher einsamen Kinder von ihnen angesprochen. Kinder wie Bastian Balthasar Bux, der Held aus Michael Endes

Unendlicher Geschichte. Er ist wie die beiden Ritter ein Anti-Held, mit dem sich die meisten leicht identifizieren können.

Bastian trifft in seinem Traumleben auf den Drachen Fuchur, einen weißen Glücksdrachen, der ihm zum ständigen Begleiter, zum wirklichen Vertrauten wird. Michael Ende unterscheidet übrigens explizit zwischen ihm und den »gewöhnlichen Drachen oder Lindwürmern, die wie riesige, ekelhafte Schlangen in tiefen Erdhöhlen hausen, Gestank verbreiten und irgendwelche wirklichen oder vermeintlichen Schätze hüten. Solche Ausgeburten des Chaos sind meist von boshaftem oder grämlichem Charakter, haben fledermausartige Hautflügel ... und speien Feuer und Qualm.«

Nicht so die Glücksdrachen. Sie sind – sommerwolkenleicht – Geschöpfe der Luft, der Freude und der Wärme, und sie singen wie Glocken. Michael Ende erschuf hier also ein Wesen, das es vorher nicht gab, das mit den herkömmlichen bösen Drachen nichts zu tun hat – einen Fantasy-Drachen eben. Für Bastian ist Fuchur der Freund, den er im wirklichen Leben nicht hat. Wie Claudia Peschel-Wacha ausführt, die sich eingehend mit den »guten« Drachen befasste, bieten die Drachen heutzutage eine Lebenshilfe, »indem sie sich mit Problemen wie Angst, Identitätsfindung, Außenseitertum usw. befassen. Der Drache wird dabei ein Medium zum Abbau der Angst, er kann zum Lieblingstier der Kinder werden. Der Fantasiegefährte kann als Ersatz für fehlende Bezugspersonen dienen und zur Projektion eigener Sehnsüchte, Wünsche und Aggressionen eingesetzt werden.«

Darüber, wie diese doch sehr erstaunliche Entwicklung zustande kam, gibt es verschiedene Spekulationen. Eine von ihnen besagt, dass mit dem Ende des Zweiten Weltkrieges – sowie später des Kalten Krieges – auch alte Feindbilder hinfällig wurden. Kampf und Krieg waren in Deutschland und großen Teilen Europas nicht mehr »in«; an ihrer Stelle wurden Toleranz und friedliches Miteinander groß geschrieben.

Drachentöten ist also »megaout« und zudem höchst unpädagogisch. Kinder werden nach Möglichkeit vor allem Schlimmen abgeschottet, und man versucht, ihnen Ängste zu ersparen, indem man dafür sorgt, dass sie nicht mit irgendwelchen schrecklichen Ungeheuern in Berührung kommen. Die meisten alten Märchen sind daher vollkommen abzulehnen und mit ihnen auch die bösen Drachen.

Nicht alle Fachleute heißen allerdings diese Tendenz gut. Es gibt durchaus auch Stimmen, die da sagen, Kinder bräuchten die Personifizierung von Ängsten, um mit ihnen fertig werden zu können. Ein Drache, der getötet wird, ist tot und kann niemandem mehr schaden und niemanden mehr fressen. Ängste werden demnach nicht dadurch abgebaut, dass man Kindern eine aus rosa Plüschkaninchen bestehende Welt vorgaukelt, die es de facto nicht gibt. Tag für Tag werden Kinder in der Schule und auf der Straße mit der rauen Wirklichkeit konfrontiert, einer Wirklichkeit, die mit dieser heilen Welt nicht das Geringste gemein hat. Die Welt *ist* schließlich nicht gut und wird es aller Voraussicht nach niemals sein, und so könnte man vielleicht mit dem Märchenforscher Lutz Röhrich fragen:

»Schafft man die Schrecken, die heute geschehen, beiseite, wenn man die alten Schrecksymbole verharmlost?«

Der fantastische Drachen

Wir hatten uns gewöhnt daran
und litten ihn in Frieden
Wir schrieen uns die Hälse wund
Dass wir den Drachen lieben

Wolf Biermann

Der drache schwebte über ihnen. Neunzig Fuß maß wohl die Spannweite seiner ungeheuren häutigen Schwingen, die im jungen Sonnenlicht wie golddurchschossener Rauch glänzten, und sein Leib war sicherlich ebenso lang, aber schlank, geschwungen wie der Rumpf eines Windhunds, krallenbewehrt wie eine Echse und schlangenschuppig. Entlang des Kiels seines Rückgrats verlief eine Reihe von spitzigen Zacken, wie Rosendornen geformt, aber auf dem höchsten Punkt seines Rückens drei Fuß hoch aufragend und nach und nach immer kleiner werdend, so dass die letzte, am Ende des Schwanzes, nicht länger war als die Klinge eines kleinen Messers. Diese Dornen waren grau, und eisengrau waren die Schuppen des Drachen, aber von einem Goldglitzern überhaucht.

Der in einem Roman von Ursula Le Guin mit diesen Worten beschriebene Drache wäre, wenn man sich die einzelnen Charakteristika, zu denen noch grüne Schlitzaugen kommen, konkret vorstellt, im Grunde schrecklich anzusehen. Schrecklich wie die überkommenen Drachen des Mittelalters – kein Kinderbuchdrache also. Gleichzeitig aber nehmen Wörter wie »golddurchschossener Rauch«, »Rosendornen« und »Goldglitzern« dem Drachen das Furchtbare und machen ihn zu einem schönen Geschöpf – schön und auf seine düstere Drachenart auch edel.

Genau diese Mischung zwischen einerseits schrecklich, andererseits Ehrfurcht gebietend und anziehend ist für viele Fantasy-Drachen charakteristisch. Ausschließlich hell, gut und freundlich wie Michael Endes Glücksdrache Fuchur sind die wenigsten unter ihnen. Auch wenn die *Unendliche Geschichte* tatsächlich eine Fantasy-Geschichte ist, wurde sie doch in erster Linie für Kinder geschrieben, und dementsprechend fiel der Drache aus. Er ist ein Saubermanndrache, der mit Ariel gewaschen worden sein könnte und auch der anspruchsvollsten Hausfrau bei Tisch keine Schande machen und keine Brandlöcher in die Tischdecke sengen würde.

In der Regel sind Fantasy-Geschichten aber Märchen für größere Kinder, Jugendliche und Erwachsene, und als solche sind sie keineswegs darauf fixiert oder auch nur bestrebt, den Lesern eine heile Welt vorzugaukeln, die leider nicht existiert. Das Böse wird im Allgemeinen nicht dadurch beseitigt, dass man die Augen davor verschließt oder so tut, als ob es nicht vorhanden sei. Wie es der weise, aber nicht nur gute Drache Yevaud in einem anderen Buch von Le Guin ausdrückt: »Wenn du es beim Namen nennen kannst, wirst du auch damit fertig.«

Anders ausgedrückt, kann jegliches »Böse«, in welcher Form auch immer es auftreten mag, erst dann überwunden werden, wenn man bereit ist, es wahrzunehmen und sich ihm mutig zu stellen. Die Welten, in denen die Fantasy-Geschichten spielen, sind voller Konflikte, widerstreitender Mächte und Wesen. Ununterbrochen treten Hindernisse auf, die bewältigt werden müssen, andauernd wird gekämpft und verteidigt, werden Ränke geschmiedet und Manöver ersonnen, Verstecke gesucht und Festungen eingerannt. Friede herrscht selten – und wenn, wird er bald wieder von irgendwem bedroht oder gebrochen.

Eines der beliebtesten Motive der heutigen Fantasy-Bücher und allen weiteren damit zusammenhängenden Möglichkeiten, Fantasy auszuleben – ist der Drache. Seine unbestrittene Vielseitigkeit in jeder nur denkbaren Hinsicht macht ihn so begehrt. Er ist, um es noch einmal aufzuzählen, mächtig, weise, oft riesig groß, wehrhaft, er beherrscht alle Elemente, kann fliegen, Feuer spucken und ist so gut wie unverwundbar. Er ist ein Einzelkämpfer, er ist sehr reich und lebt praktisch unendlich lang. In der Fantasy-Szene gilt er außerdem als zu jeder Verwandlung fähiger Vater der Magie, als mit Urkräften ausgestatteter, Ehrfurcht gebietender Halbgott und wie etwa in *Dragonheart* als gerechter Vertreter alter Werte. Was also will man mehr?

Smaug

J. R. R. Tolkien präsentiert in seinem *Kleinen Hobbit* eines dieser mächtigen Wesen. Allerdings handelt es sich bei ihm noch durchaus um einen »klassischen«, negativ besetzten abendländischen Lindwurm – wenn er auch, anders als die meisten seiner sagenhaften Vorgänger, einen Namen hat: Smaug.

Smaug ist unter den Drachen des Nordens, wie der Zwerg Thorin erklärt, besonders gierig, verschlagen und stark. Er suchte einst den Süden auf, wo die Zwerge wohnten, knickte dabei die Kiefern wie nichts und setzte die Wälder in Brand. Der Fluss zerkochte, und alle Zwerge, die sich durch die Flucht zu retten suchten, kamen um. Damit noch nicht zufrieden, durchstöberte Smaug die Zwergenstadt nach Reichtümern – denn Drachen stehlen Gold und Edelsteine und hüten sie dann, solange sie leben; allerdings leben sie »praktisch ewig, wenn sie nicht umgebracht werden«. Im Zuge dieser Plünderungsaktion kamen auch fast alle übrigen Zwerge ums Leben. »Wahrscheinlich«, lesen wir bei Tolkien weiter, »denn das ist Drachengewohnheit, hat Smaug alles tief in der Erde auf einen großen Haufen gestapelt und schläft darauf wie auf einem Bett.« Später verlässt der Drache die Stadt nur bei Nacht, um sich Opfer, vor allem natürlich Jungfrauen, zum Fressen zu besorgen, und das macht er so lange, bis schließlich das ganze Umland entvölkert ist.

»Und der Berg rauchte unter dem Mond,
und die Zwerge hörten den Schritt des Schicksals,
Sie flohen aus ihrer Halle, um sterbend zu fallen,
unter Drachentatzen, unter dem Mond.«

Die wenigen Zwerge, die diesem Gemetzel entgehen, verfluchen Smaug und schwören Rache. Und mithilfe des kleinen Hobbit Bilbo schaffen sie es unter vielen Mühen und unter Bewältigung der verschiedensten Gefahren schließlich auch, bis in Smaugs Nähe vorzudringen. Dann allerdings lassen die Zwerge den kleinen Hobbit allein, denn »Zwerge sind keine Helden«.

Bilbo ist das eigentlich auch nicht, hierin gleicht er etwa Bastian aus der *Unendlichen Geschichte* oder den Rittern Fitz-Oblong und

Zipp-Kübelhelm. Aber wie diese stellt er sich den Dingen, die auf ihn zukommen, und dringt bis in das ehemalige Verlies der Zwerge vor, in dem jetzt der Drache Smaug haust. Dann sieht er ein Glühen, und:

»Da lag er, der rotgoldene Drache, und war feste eingeschlafen. Ein Rasseln fuhr aus Schlund und Nüstern, Strähnen von Rauch, aber sein Feuer gloste nur schwach im Schlummer. Unter ihm, unter seinen Gliedern und dem mächtigen, aufgeringelten Schwanz, neben ihm und weiter überall auf dem unsichtbaren Boden lagen zahllose Haufen kostbarer Dinge, verarbeitetes und nicht verarbeitetes Gold, Gemmen und Juwelen und Silber, das im Lichtschein rotfleckig schimmerte.«

Der kleine Hobbit schafft es, dem Drachen einen goldenen Pokal zu entwenden (man erinnere sich an *Beowulf*, → S. 113). Doch Drachen kennen ihren Besitz bis aufs Gramm genau, auch wenn sie eigentlich nichts damit anfangen können, und so gerät Smaug, als er den Diebstahl bemerkt, in helle Wut. Die Zwerge und Bilbo müssen fliehen und sich einen Plan ausdenken. Der Schatz ist unermesslich groß und ihn nach und nach zu stehlen, würde unzählige Jahre dauern. Schließlich begibt sich der Hobbit noch einmal zu Smaug und fängt ein langes Gespräch mit ihm an, wobei er ständig darauf achten muss, in sicherer Entfernung zu bleiben, um nicht dem von dem Drachen ausgehenden Zauber zu erliegen – ein Motiv, das in unterschiedlichen Variationen auch in vielen anderen Fantasy-Erzählungen vorkommt.

Er versucht, den Drachen zu überlisten, indem er ihm schmeichelt. Dass Drachen eitel sind, ist ein weiteres immer wiederkehrendes Motiv; und so lässt sich auch Smaug bauchpinseln. Er zeigt Bilbo schließlich seine diamantbewehrte Brust, auf der der Hobbit einen kahlen schutzlosen Fleck entdeckt. Dieser Fleck, der natürlich an Siegfried erinnert, wird Smaug schließlich zum Verhängnis. In der Luft kreisend und Feuer sprühend wird der Drache von einem Pfeil an eben dieser verwundbaren Stelle getroffen. Der Schütze ist Bard, edler Nachfahr eines Fürsten, dem eine Drossel zugeflüstert hat (wieder ein Motiv aus der Siegfried/Sigurd-Sage!), wohin er zielen muss.

»Der große Eibenbogen schwirrte und der schwarze Pfeil verließ in gradem Flug die Sehne, geradewegs hinauf zu jenem stumpfen Fleck in der linken Brustseite, über dem sich die Vordertatze zum Schlag erhoben hatte. Der Pfeil schlug ein – und Widerhaken, Schaft und Feder verschwanden, so scharf war sein Flug. Mit einem Schrei, der Menschen ertauben ließ, Bäume fällte und Steine zersplitterte, schoss Smaug Feuer speiend in die Höhe, überschlug sich und krachte zu Tode getroffen herab.«

Tolkien hat in seinem Werk viele traditionelle Ansichten über Drachen verarbeitet, und so ist sein Smaug eigentlich kein richtiger Fantasy-Drache. An einer Stelle wird deutlich, dass Tolkien als Mittelalter-Spezialist auch die Vorstellung des feurigen Hausdrachen kannte. Da rauscht nämlich der glühende Smaug »hoch in die Luft und [lässt] sich in einem Feuerball von grünen und scharlachroten Flammen auf dem Berggipfel nieder«.

Der Drache ist bei ihm noch fast ausschließlich schlecht, und die Zwerge können nur von ihm befreit werden, wenn er getötet wird. Aber bei der Beschreibung des Drachen ist bereits zu spüren, dass von ihm eine gewisse Faszination ausgeht, dass er eine schreckliche Anziehungskraft besitzt. Dadurch, dass er einen Namen hat, dass er sprechen kann und eine für uns durchaus nachvollziehbare Eitelkeit an den Tag legt, erhält er außerdem so etwas wie ein Gesicht: Er ist kein anonymes fremdes Wesen mehr, sondern hat eine Persönlichkeit, und man würde sich fast wünschen, dass die Rache an ihm anders endete als mit seinem Tod.

Auch in der späteren Fantasy-Literatur büßen die Drachen nichts von ihrer Angst einflößenden Schrecklichkeit ein. Niedliche und nette kleine dicke Drachen, wie sie uns in den Kinderbüchern begegnen, sind deutlich in der Minderzahl. Die Drachen bilden zuweilen auch ein eigenständiges, ausgesprochen intelligentes Volk mit eigenen Gesetzen. Sie werden oft von den Menschen gejagt, die es auf ihre magischen Bestandteile wie Blut und Haut abgesehen haben. Nur ein besonderer Mensch schafft es dann, das Vertrauen der Drachen zu gewinnen, und kann ihnen helfen.

In der bekannten *Drachendämmerung* aus den *Drachenlanze*-Geschichten von Margaret Weis und Tracy Hickman sind die Bösewichter die Drakonier, die Drachen besitzen, auf denen sie reiten. Aber auch die Gegenseite hat – in diesem Fall bronzefarbene und goldene, im Wesen also »gute« – Drachen. Hier zeigt sich die Ambivalenz des Fantasy-Drachen besonders deutlich: Solche Wesen sind nicht schwarz und nicht weiß, nicht »nur böse« oder »nur gut«.

Ob diese eindrucksvolle Drachen-Renaissance mit der Angst vor Nuklearkriegen und einem ökologischen Desaster zusammenhängt, wie Joyce Tally Lionarons vermutet, sei dahingestellt. Da aber die Fantasy-Bewegung den Drachen, wie wir gesehen haben, keineswegs nur als bedrohlich ansieht, sondern in gleichem Maße als Beschützer, ist er in jedem Fall nicht einfach als Verkörperung unserer heutigen Ängste zu verstehen.

In die Angst derer, die in den Fantasy-Geschichten mit Drachen in Berührung kommen, mischt sich vielmehr die Ehrfurcht vor der Macht, der Schönheit und der in einem unendlich langen Leben angesammelten Weisheit dieser Wesen. Überhaupt ist die Weisheit in den Augen heutiger Drachenfans eine der wesentlichsten Eigenschaften ihres »Totemtieres«. Immer und immer wieder wird dieser Punkt besonders betont – wie etwa in einer Internet-Geschichte, in der ein alter sterbender Drache seinen Mörder und dessen Tochter anschaut: »Goldene Augen, in denen feurige Funken tanzten, hielten die ihren fest und schienen bis auf den Grund ihrer Seele zu blicken, als bestünde sie aus Glas. Vergessen waren die glanzlosen Schuppen, die kraftlosen Flügel. Trey schaute in golden leuchtende Seen, in denen tausende und abertausende Jahre Weisheit und Wissen lagen, das Schimmern einer Magie, die älter war als die Welt.«

Ein Drachenfürst verdient daher nicht nur Achtung und Respekt, es ist auch besser, einen weiten, ehrfürchtigen Bogen um ihn zu machen. Wer es aber schafft, vor seinen Augen zu bestehen oder gar seine Freundschaft zu erringen, der hat fortan nichts mehr zu befürchten.

Oft sind es – wie bereits in den alten Sagen aus Ost und West – Magier oder Zauberer, die dieses Wagnis eingehen. So wird auch Cyan Blutgeißel (in der *Drachendämmerung*), »der den armen Lorac, den Elfenkönig, gequält und gepeinigt hat«, dessen gigantische Flügel eisige dunkle Schatten werfen und dessen Zunge zwischen seinen geifernden Kiefern zuckt, durch den Willen des Magiers Raistlin zu einem wahren Lämmchen und dient ihm brav als Reittier.

Yevaud

Ein weiterer Magier ist Ged. Er, der Zauberer von Erdsee, macht sich auf zur Insel Pendor, um die dort hausenden neun Drachen, acht Junge und ihren Vater, zu beseitigen. Menschen, die von ihnen drangsaliert werden, haben den Erzmagier um Hilfe gebeten, und dieser hat Ged zu ihnen geschickt. Als sich die Drachen nicht blicken lassen, fährt Ged mit einem Boot zur Dracheninsel, landet aber nicht an, sondern fordert den Drachen rufend auf, seinen Schatz zu verteidigen.

Sofort lässt sich ein Drache blicken, aber es ist einer von den Jungen, und Ged hat keine Schwierigkeiten, ihm mit einem Zauber die Schwingen zu binden, so dass er direkt ins Meer fällt und ertrinkt. Als die drei nächsten kleinen Drachen erscheinen, verwandelt sich der Zauberer selbst in einen Drachen, versengt zwei mit seinem Feuer, der dritte Drache entkommt schwer verletzt. Nun fordert er, wieder im Boot, erneut den alten Drachen auf, sich zu zeigen, und da erscheint er schließlich, grauschwarz und groß wie ein Berg.

Er spricht mit dem Zauberer in der alten Sprache, gönnerhaft, spöttisch und herablassend. Als er begreift, dass Ged nicht seines Schatzes wegen gekommen ist, sondern ihm einen Handel vorschlagen will, fragt er ihn trocken, was er denn anzubieten habe, das er sich nicht ohnehin jederzeit holen könne.

»Sicherheit«, sagt da der Zauberer, »*deine* Sicherheit. Schwöre, dass du niemals mehr östlich von Pendor fliegen wirst, dann werde ich dir nichts tun.«

Der Drache ist platt angesichts solcher Dreistigkeit, aber Ged ist der Stärkere, denn er kennt den Namen des Drachen, Yevaud, und besitzt damit Macht über ihn. Nun sind sie beide gleich stark, der schmächtige Zauberer und das turmgroße Ungeheuer – und der Drache muss nachgeben. Widerwillig leistet er den gewünschten

Eid, und Ged kann beruhigt zurückkehren, weiß er doch, dass der Drache auf immer daran gebunden sein wird.

Yevaud bleibt am Leben, ein anderer Drache stirbt. Auch hier ist es ein Magier, mit dem er es zu tun hat, aber er wird nicht von dessen Hand getötet. Merlin, der Zauberer, sollte ihn zwar im Auftrag einer Zwergenkönigin umbringen, dann aber nimmt die Geschichte einen anderen Verlauf. Der alte Drache, Valdearg, schützt und behütet sein Drachenbaby mit einer hingebungsvollen Vaterliebe vor feindlichen Wesen, stirbt aber schließlich an einer von diesen geschlagenen Wunde. Mit seinen letzten Worten offenbart er dem Magier seine Angst vor dem Tod, und Merlin verspricht ihm, sich um sein Baby zu kümmern – eine wahrhaft rührende Geschichte, und daher wohl eher für die Jugend gedacht! Sie endet damit, dass der Zauberer bei seinen eigenen Leuten dafür wirbt, Drachen nicht mehr als Feinde zu betrachten:

»Der Tod des alten Drachen könnte eine Chance sein … die alte Kluft zwischen den Drachen und uns zu überbrücken. Auch wenn es schwer fällt, könnten wir nicht versuchen, das Kleine als unser Mitgeschöpf zu behandeln? Vielleicht sogar als unseren Freund? Es wäre immerhin möglich, dass es eines Tages uns auch so behandelt.«

Die Vertrautheit mit dem Drachen, eine Vertrautheit, die nur bestimmte Auserwählte erlangen, spielt in der Fantasy-Literatur eine wesentliche Rolle. Die enge Verbindung zwischen diesen Ausnahmemenschen und den Drachen äußert sich beispielsweise darin, dass sie und nur sie mit den Drachen kommunizieren können; darin, dass diese sich nur bei ihnen zahm verhalten und sich von ihnen reiten lassen.

In einer Episode aus dem Roman-Zyklus *Die Drachenreiter von Pern* von Anne McCaffrey suchen sich gerade aus dem Ei geschlüpfte Drachen selbst aus einer Anzahl umstehender Jungen diejenigen heraus, die sie als Reiter haben wollen – mit den anderen gehen sie äußerst rüde um.

»Einer warf einen Jungen zu Boden und trat über ihn hinweg, ohne darauf zu achten, dass er ihm mit seinen scharfen Klauen die

Haut aufriss. Der zweite Drache blieb neben dem Kind stehen und summte eifrig. Mühsam richtete sich der Kleine auf und wischte sich die Tränen aus den Augen. Dann redete er liebevoll auf den Drachen ein.«

Die neugeborene Drachenkönigin Ramoth schüttelt ein Mädchen, das sich als Betreuerin anbietet, gar zu Tode. Der von ihr auserwählten Lessa begegnet sie dagegen mit kindlichem Gehorsam: »Der Drache sah sie wehmütig an. Er war traurig, dass er Lessa Kummer bereitet hatte. Lessa tätschelte beruhigend den feuchten Nacken, der sich ihr vertrauensvoll entgegenstreckte.«

Das Drachenreiten ist ein aus der Fantasy-Literatur (man denke beispielsweise an Wolfgang Hohlbein), aber auch aus Kinderbüchern – erinnert sei an Cornelia Funkes zurzeit sehr erfolgreichen *Drachenreiter* – nicht wegzudenkendes Motiv. In der vielbändigen *Midkemia-Sage* von Raymond Feist reiten die Drachenherrscher auf Drachen, mit denen sie sich auf telepathischem Weg verständigen. Gleiches gilt übrigens für die Drachenreiter der Anne McCaffrey und viele andere mehr.

Wie der »Dracologe« Arnulf von Heyl ausführt, wurde das Science-Fiction-Raumschiff in der Fantasy-Literatur weitgehend durch den Drachen ersetzt. »Der Raum-Zeit-Transport lässt sich so ... viel überzeugender lösen. So hat eine Reise in die Vergangenheit auf einem Drachen eine frühere Katastrophe erst ausgelöst, um die zu klären die Reise unternommen wurde.«

Davon abgesehen hat der Drache gegenüber dem Raumschiff den Vorteil, dass er lebendig ist und damit seinem Reiter ein echter Verbündeter sein kann. Der Gedanke ist nicht ganz neu, denn auch islamische Heilige sollen deshalb gut mit Drachen ausgekommen sein, weil sie sich ihrer magischen Fähigkeiten bedienten. Und hierzulande hatten Magier und Zauberer, wie etliche Geschichten erzählen, gleichfalls ein recht gutes Verhältnis zu Drachen. »Noch heute«, so heißt es in einer Sage aus Vorarlberg, »weiß man das Haus von der Belzreute, an welchem ein fahriger Schüler seinen ›Drack‹ anzubinden pflegte, auf dem er jedes Jahr um Weihnachten hergeritten kam.«

Als ebenfalls in Vorarlberg bei Bezau einst ein hartherziger, geiziger Bauer einem bettelnden Männlein die Tür wies, zog direkt anschließend ein großes Unwetter auf, der Bergfluss trat reißend über die Ufer und überschwemmte das Land. »Mitten in den tobenden Fluten erschien das unbekannte Männlein mit einem großen Drachen, den es an einer roten Schnur führte, und blieb ober dem Haus des Bauren stehen. Der Drache stieß alle vom Wasser herabgerollten Felsblöcke und Baumstämme mit seinem Schwanz gegen das Haus des Bauern, so dass es mit Mann und Maus verschüttet wurde und noch ein ganzer Hügel sich darüber häufte.« Danach verschwand das Männlein mit seinem Drachen, und ward nicht mehr gesehen.

Rollenspiele, Dragonheart und Tabaluga

Es sind beileibe nicht die Fantasy- und Kinderbücher oder Comics allein, die den Drachen wiederbelebten und ihm ein neues Image verpassten. Filme, Musicals und Spiele trugen das Ihrige zur Drachenrenaissance bei. Auch hier gibt es, je nach Alter der Zielgruppe, Unterschiede, was die »Böse-lieb-Skala« der Drachenhelden angeht.

Tabaluga beispielsweise ist ein durch und durch lieber Drache, der keiner Fliege was zuleide tut und den Umgang mit seinem Feuer und seinen eigenen Fähigkeiten, einschließlich des Fliegens, erst lernen muss. Man hat das Gefühl, ihn bemuttern zu müssen, zumal der Kleine ein Waisenkind ist und – allerdings sehr liebevoll – von Raben aufgezogen wird. Außerdem sieht er auch noch niedlich aus. Er ist klein und rundlich, hat einen gelben Fleck auf dem Bauch und eine Känguruh-Tasche, in die er zeitweise – wenn er fliegt oder es eilig hat – die Häsin Ojo stopft.

Bei all seiner Kinder-Niedlichkeit nimmt er es doch mit dem inkarnierten Bösen auf, dem eiskalten Arktos, der sich das schöne warme Paradies mit seinen netten Tieren und Pflanzen einverleiben und »vereisen« möchte. Als die Versuche des »Herrn des Eises«, Tabaluga zu töten, fehlschlagen, probiert der Bösewicht es mit der verführerischen Aufziehpuppe Lilli, und tatsächlich verfällt Tabaluga ihr. Anders als von Arktos beabsichtigt, gibt der Drache Lilli aber so viel vom eigenen Lebensfeuer ab, dass sie zum

Leben erwacht – und sich ebenfalls in Tabaluga verliebt. Jetzt braucht sie ihren Aufziehschlüssel nicht mehr und schenkt ihn ihrem Freund.

In einem großen Finale lenkt Tabaluga einen von Arktos auf ihn abgeschossenen Blitz mithilfe dieses Schlüssels um, so dass Arktos selbst getroffen wird und stirbt. Übrig bleibt nur eine stinkende Pfütze, auf der Arktos' Karottennase schwimmt.

Es geht hier also um den Kampf des Feuers gegen das Eis als Versinnbildlichung des Guten gegen das Böse, wobei das Gute, wie in jedem Märchen, auf ganzer Front siegt. *Das* ist also nichts Neues; neu ist allerdings, dass ausgerechnet ein Drache dieses durch und durch Gute verkörpert.

Die Idee zu dieser Geschichte stammt von Peter Maffay, Gregor Rottschalk, Rolf Zuckowski und Helme Heine, und sie hat dermaßen eingeschlagen, dass inzwischen eine ganze »Tabaluga-Industrie« entstanden ist, mit Plüschdrachen, einer monatlich erscheinenden Zeitschrift, Fernsehsendungen, Büchern, Tabaluga-Reimen, Tabaluga-Liedern und den verschiedensten Merchandising-Artikeln: Tabalugas gibt es etwa auf Schuhen, Kleidern, Schulartikeln und als Bastelanleitungen für Schultüten.

Von ähnlicher Art wie Tabaluga sind der grüne Trickfilmdrache Flitze Feuerzahn und der Schutzdrache Mushu aus dem Zeichentrickfilm *Mulan*. Flitze Feuerzahn gleicht im Verhalten weniger einem Drachen als einem kleinen tolpatschigen Kind, und auch hierin Tabaluga und anderen Kinderdrachen (wie dem Drachen Lung in Cornelia Funkes *Drachenreiter*) ähnlich, hat er einen Raben als Freund.

Vom Drachen als Drache ist in den genannten Beispielen (und zahlreichen ungenannten weiteren) nicht mehr viel übrig, wobei auch auffällt, dass Tabaluga und Flitze Feuerstein wie viele Kinderbuchdrachen dinosauriermäßig aus einem Ei schlüpfen.

Ein richtiger Drache, wenn auch ein recht ramponierter, wurde Ende der siebziger Jahre von Monty Python im Film *Jabberwocky* präsentiert. Allerdings sind hier weder der Drache noch die Geschichte ernst zu nehmen – handelt es sich dabei doch, wie auf der Verpackung der deutschen Videokassette zu lesen steht, um ein »Schlachtfest der Heiterkeit«. Den Namen ihres Films hat Monty Python übrigens von Lewis Carrolls berühmtem Nonsens-Gedicht über den Drachen Jabberwock geklaut (→ Abbildung links), das sich in der (übrigens von einem Engländer stammenden) frühesten deutschen Übersetzung wie folgt anhört:

Es brillig war. Die schlichte Toven
Wirrten und wimmelten in Waben;
Und aller-mümsige Burggoven
Die mohmen Räth' ausgraben.

Bewahre doch vor Jammerwoch!
Die Zähne knirschen, Krallen kratzen!
Bewahr vor Jubjub-Vogel, vor
Frumiösen Banderschnätzchen!

Er griff sein vorpals Schertchen zu,
Er suchte lang das manchsam' Ding;
Dann, stehend unten Tumtum-Baum,
Er an-zu-denken-fing.

Als stand er tief in Andacht auf,
Des Jammerwochen's Augen-feuer
Durch tulgen Wald mit wiffek kam
Ein burbelnd Ungeheuer!

Eins, Zwei! Eins, Zwei! Und durch und durch
Sein vorpals Schwert zerschnifer-schnück,

Da blieb es todt! Er, Kopf in Hand,
Geläumfig zog zurück.

Und schlugst Du ja den Jammerwoch?
Umarme mich, mien Böhm'sches Kind!
O Freuden-Tag! O Halloo-Schlag!
Er chortelt froh-gesinnt.

Es brillig war. Die schlichte Toven
Wirrten und wimmelten in Waben;
Und aller-mümsige Burggoven
Die mohmen Räth' ausgraben.

Ebenfalls in die Kategorie Nonsens gehört der neue Zeichentrickfilm *Shrek*, in dem der Drache, eigentlich eine Drachen*dame*, sich in einen niedlichen Esel verliebt und ihm überallhin folgt. »Draco« aus dem Film *Dragonheart* ist dagegen ein ernst zu nehmender Drache, der so echt wirkt, dass die Geschichte – auch dank der guten Schauspieler – zu Herzen geht. Draco ist natürlich gut und redlich – so gut, dass er ausgerechnet dem Bösewicht des Films, Einon, die Hälfte seines Herzens abgibt, wodurch er sein eigenes Schicksal unauflöslich mit dem Einons verknüpft. Als der Held Bowen merkt, dass sein einst gehorsamer Schüler Einon sich, auf den Thron gelangt, plötzlich als blutgieriger Tyrann entpuppt, denkt er zunächst, Draco sei daran schuld und widmet sich der Ausrottung des Drachengeschlechts. Als alle Drachen bis auf Draco ums Leben gekommen sind, verbündet er sich mit ihm, ohne zu wissen, dass Draco genau derjenige ist, auf den er es eigentlich die ganze Zeit abgesehen hat. Sie ziehen gemeinsam durch das Land und täuschen der Bevölkerung Drachenkämpfe vor, bis Bowen begreift, dass Einon von sich aus – also nicht *wegen*, sondern *trotz* des Drachenherzens – böse ist. Schließlich kommt es zum Kampf zwischen der unterdrückten Bevölkerung (unter der Führung von Bowen) und Einon. Draco macht Bowen klar, dass Einon nur sterben kann, wenn er, der Drache, gleichfalls stirbt. Selbstlos befiehlt er seinem menschlichen Freund, sein Herz zu durchbohren, und opfert bereitwillig sein Leben. Als er im Sterben liegt, fragt ihn der verzweifelte Bowen: »Was nun? Wonach sollen wir uns richten?« Und der Drache antwortet: »Nach den Sternen«, und steigt als Sternbild Draco in den Himmel auf.

Mit einem Helden wie dem rüden, aber sympathischen und unter seiner rauen Schale edlen Bowen kann sich der Zuschauer leicht identifizieren; eine in den siebziger Jahren entwickelte Spielform – das Rollenspiel – ermöglicht noch mehr als das: Die Mitspieler können im Geist in die Haut jeder beliebigen handelnden Person »ihrer« Geschichte schlüpfen, wobei sie allerdings bestimmte »Richtlinien« befolgen müssen, die in den detaillierten Anleitungen vorgegeben sind. (Es handelt sich dabei zum Beispiel um Charaktereigenschaften sowie geistige und physische Fähigkeiten). So kann man nach Belieben Magier, Zwerg, Fee oder Ritter werden, in dieser gewählten Gestalt durch die – gleichfalls vorgegebenen – komplexen Fantasiewelten streifen und jede Menge selbst gewählte Abenteuer bestehen.

Ein unabdingbares Muss in diesen Echtzeit-Rollenspielen ist, seit 1974 *Dungeons & Dragons* (»Verliese & Drachen«) auf den Markt kam, der Drache. Ein Rollenspielexperte versicherte uns sogar, der Drache sei von allen »herkömmlichen mythologischen Tieren«, die in diesen Spielen vorkommen, das mit Abstand wichtigste und häufigste.

Dabei ist bemerkenswert, dass die klassischen Drachenmerkmale, wie das Schätzehüten, das Wohnen in Höhlen, der Jungfrauenraub, aber auch körperliche Besonderheiten wie die magisch wirkenden Zähne, Blut, Haut und Speichel auch hier bekannt sind und »verwendet« werden. Der Drachenstein etwa übernimmt in *DSA* (»Das Schwarze Auge«) als »Drachenkarfunkel« eine wesentliche Rolle als Sitz der Zauberkraft des Ungeheuers.

Da die Action natürlich nicht zu kurz kommen darf, läuft es in manchen Spielen leider auf ein brachiales Drachengemetzel hinaus – dort jedenfalls, wo es genügend von ihnen gibt, wie beispielsweise in *Dungeons & Dragons (D&D)*.

Wie überhaupt in der Fantasy-Welt sind die Drachen der Rollenspiele keineswegs nur böse; es gibt unter ihnen auch gute, die im

Allgemeinen durch eine »gute« Farbe gekennzeichnet sind. Positiv besetzt sind in diesem Fall in der Regel Metallfarben. Je edler das Metall, desto besser, aber auch desto seltener der Drache – ganz wie im Drachenzyklus der Anne McCaffrey.

Wie in der Literatur werden die Drachen mit zunehmendem Alter auch in Rollenspielen immer erfahrener und mächtiger. Mit solch alten weisen Drachen versuchen sich, wie unser Informant uns versicherte, »nur Idioten anzulegen«, da sie nicht die geringste Chance gegen sie haben. Neben ihnen gibt es aber zahlreiche, zum Teil vergleichsweise kleine oder eher unbedeutende Drachenarten, wie etwa im gegenwärtig beliebtesten deutschen Rollenspiel *Das Schwarze Auge* die diebischen Baumdrachen oder den flugunfähigen »Gletscherwurm des Nordens«. Der so genannte Perldrache wird immerhin bis zu 15 Schritt lang und hat sechs Beine; der »Kaiserdrache« bringt es laut Beschreibung gar auf 20 Schritt. Er ist nicht nur schön, sondern auch äußerst mächtig: »Er nimmt, was er begehrt, selten mit Gewalt, nein, er fordert und erhält den Tribut, der ihm zusteht.«

In diesem Zusammenhang ist ein weiteres Spiel zu erwähnen, das unter den Drachen-Rollenspielen ein echter Renner wurde: *Dragonlance*. Es spielt in einer Welt, Krynn, aus der sowohl Götter als auch Drachen zunächst verschwunden sind, in die sie aber nach und nach zurückkehren. In diesem Spiel werden die Drachen am Ende nicht erschlagen, sondern – im Gegenteil – vor dem völligen Aussterben bewahrt.

In dem Rollenspiel *Middle-Earth-Role-Playing (MERP)*, das Tolkiens *Herr der Ringe* nachempfunden ist, gibt es nur Feuer- und Kältedrachen, und das sind üble Genossen, die wie Smaug im *Kleinen Hobbit* Siedlungen überfallen und Schätze rauben. Man kann sie nur dadurch überwinden, dass man sie an ihrer verwundbaren Stelle (im wörtlichen oder übertragenen Sinn) trifft.

Die Anlehnung an die germanische Mythologie ist bei diesem Spiel besonders ausgeprägt, und den Helden, die Drachen töten, ergeht es, wie bei Tolkien, anschließend nicht eben gut. Im *Herrn der Ringe* wird Fram etwa von den Zwergen erschlagen, nachdem er den Drachen Scatha getötet hat. Ein anderer begeht Selbstmord, als ihm der sterbende Drache Glaurung erklärt, er habe Inzest begangen. Und so lohnt es sich auch im »Mittelerde-Spiel« letztlich nicht, sich mit einem Drachen anzulegen.

Fertig werden können mit ihnen im Allgemeinen nur Magier oder, wie es in dem Spiel *Etherlords* heißt, »nur erfahrene Helden können sie beschwören«. Es ist auf jeden Fall besser, sich mit ihnen, den mit Urkräften gesegneten Vätern der Magie, zu arrangieren. In der Spielanweisung zu *DSA* heißt es explizit: »Stellt sich ein wahnwitziger Held einem veritablen Kaiserdrachen allein zum Kampf, schenken Sie dem Helden nicht leichtfertig den Sieg, weil er halt ein Held ist. Seien Sie hart und geben Sie dem Drachen all die Stärke, den Witz, die Macht, die ihm zusteht, um sich des (menschlichen) Quälgeistes zu erwehren, lassen Sie ihn sein ganzes Register der Magie ziehen – denn im Gegensatz zum Helden ist ein Drache immer noch *die* mythische Kreatur des Fantasy-Genres –, und Sie werden sehen, dass die Drachen es Ihnen danken werden.«

Auch in den Rollenspielen zeigt sich also der ambivalente Charakter, den bestimmte Fantasy-Drachen für Jugendliche und Erwachsene gewöhnlich besitzen. Sie sind weder, wie die heutigen Kinderbuchdrachen, durch und durch gut, noch, wie die christlich beeinflussten Drachen früherer Jahrhunderte, abgrundtief schlecht.

Im Fantasy-Drachen treffen sich somit, wie Burkard Sievers richtig bemerkt, verschiedene Möglichkeiten, einen Drachen zu behandeln:

»1. Die heroische Herangehensweise: ›Du musst ihn töten!‹
2. Die magische Lösung: ›Küss ihn!‹
3. Die chinesische Version: ›Er ist der Herr der Weisheit und des Regens!‹
4. Der Science-Fiction-Ansatz: ›Reite ihn!‹
5. Die Lösung des einsamen Kindes: ›Lass uns Freunde sein!‹«

Der Drache lebt

Der drache hat eine lange Reise hinter sich: Es ist zeitlich gesehen ein weiter Weg von der schrecklichen Tiamat Babylons zu Tiamat, der regenbogenfarbigen Drachenkönigin eines modernen Rollenspiels – und zwischen dem Fafnir der nordischen *Edda* und Tolkiens Smaug liegen immerhin auch fast tausend Jahre. Inhaltlich ist die Distanz zwischen den genannten Drachen allerdings gar nicht so groß.

Weit tiefer ist die Kluft zwischen diesen und Drachen wie Fuchur, Klemens, Elliott oder Tabaluga, denn diese netten Tierchen haben mit »echten« Drachen offenbar nur die Bezeichnung und das – allerdings stark ins Niedliche verfremdete – Äußere gemein; sie sind zum Schmusemonster geworden, zu einem salonfähigen Kuscheltier. Aber ist das nicht bis zu einem gewissen Grad nachvollziehbar?

Der Drache hat viele Jahrhunderte lang die entgegengesetzte Rolle gespielt: Er wurde zum Teufel herabgewürdigt, zur Erbsünde, zum Inbild von Hass, Krankheit und Verblendung. Er war hässlich, schrecklich und abscheulich, und es war sein grausamer Tod, den man in Kunst und Literatur am liebsten darstellte.

Was jetzt mit ihm geschieht, ist eine Wiedergutmachung, die er wohl verdient hat, auch wenn sie nun ins andere Extrem umschlägt. Ob als weiches Plüschtier mit großen Knopfaugen, als Plastikfigürchen in Kinder-Überraschungseiern, als Legolandpüppchen oder Lesebuchzeichen: Der Drache ist in die Kinderzimmer eingezogen und wird als Knuddeltier von unzähligen Kindern beim Einschlafen im Arm gehalten. Wer hätte das vor hundert Jahren wohl gedacht – und gar erst vor dreihundert Jahren, als die feurigen Hausdrachen noch um die Schornsteine flogen und Lexika von Drachen in der Gegenwartsform sprachen?

Ebenso verblüffend ist die seit einigen Jahren zu beobachtende

Verbindung zwischen *dem* Symbol des Fortschritts, dem Computer, und den, wie man meinen könnte, so antiquierten Märchen und Drachen. Neue Drachengeschichten aller Art finden sich im Internet zuhauf, nicht nur Fantasy von Großen für Große geschrieben, nein, auch Märchen von Kleinen für Kleine. Die meisten thematisieren bei aller Schlichtheit die Sehnsucht nach einem mächtigen Freund, jemandem, der einen behütet und beschützt – wie das folgende Märchen von Meike Rausch:

Vor langer Zeit lebte ein Junge namens Peter: Er wollte zum Spielplatz bei der Burg Wissen. Auf einmal sah er einen Drachen, der war rot und grün. Peter lief und lief, aber am Schluss gab er auf, und der Drache fing ihn. Der Drache flog mit Peter durch ganz Troisdorf. Peter überwand sich und fragte den Drachen: »Wo fliegen wir denn hin?« Der Drache antwortete: »Wohin immer du willst.«

Nach und nach sprachen sie immer mehr miteinander. Nach einiger Zeit fragte der Drache: »Willst du mein Freund sein?« Peter wollte der Freund von dem freundlichen Drachen sein. Um sieben Uhr musste Peter nach Hause; der Drache ließ ihn runter, und sie wollten sich morgen wieder treffen.

Ein Häschen eignet sich zum Kuscheln, ein Bärchen auch, aber beide sind verglichen mit dem Drachen Hanswurste, auf die im Fall eines Falles nicht zu bauen ist. Die kleine Häsin Ojo in *Tabaluga* ist keine Hilfe, wenn es um den bösen Feind geht, und sie stirbt schließlich auch durch Arktos' Hand. Der Drache aber ist mächtiger als mächtig, mit ihm an der Seite ist man sicher.

So werden die Drachen eben niedlich und nett, wie im Märchen von Meike Rausch. Sie werden verkannt, und keiner hat bisher gemerkt, dass sie »in Wirklichkeit« zahm und nett sind, oder sie danach gefragt, was sie eigentlich lieber fressen als Jungfrauen, wie es in der Geschichte *Der allerletzte Drache* von Edith Nesbit heißt. Oder sie wurden zu Vegetariern, zu Freunden des Versteckspiels. Sie können sogar heilig werden – wie in einem von verschiedenen Personen verfassten Internet-Fortsetzungsmärchen behauptet wird.

Der Kinderdrache ist ein Freund, wie im Lied »Puff, the Magic Dragon«, das durch die Gruppe Peter, Paul & Mary bekannt wurde.

Er ist so sehr mit seinem menschlichen Freund verbunden, dass er all seine Lebenslust verliert, wenn dieser kleine Kamerad nicht mehr da ist. Der Drache ist einer, der hilft, einer, zu dem man mit seinen Problemen gehen kann, einer, der einen überallhin bringt, einer, der weiser als weise ist. Einer mit Herz, einer der liebt, auch wenn er keine Gegenliebe erhält, einer, der dicke Tränen weint, und einer, mit dem man spielen kann. Kurzum: Er ist das ideale Wesen ... in der Fantasie heutiger Kinder. Und was kleine Kinder zusammenfantasieren, ist für sie – das weiß jede Mutter – so wahr, als ob es wirklich Realität wäre.

Die meisten Jugendlichen, und erst recht die Erwachsenen, wissen dagegen längst, dass es weder den Weihnachtsmann noch den Osterhasen gibt; für sie ist der Lack der Welt bröckelig geworden. Doch auch sie und gerade sie haben sich den Drachen als Verbündeten ausgesucht. Für sie ist er allerdings nicht ausschließlich gut oder ausschließlich schlecht, für sie ist er beides. Der westlichen Sichtweise gemäß ist es oft nicht *ein* einziges Tier, in dem beides verkörpert ist, sondern der eine Drache ist schlecht, der andere gut. Der goldene Drache ist gut, der schwarze schlecht. Diese Schwarzweiß-Malerei ist dem östlichen Denken eher fremd. Kobras werden in Indien für heilig gehalten, aber wegen ihrer Giftigkeit gefürchtet. Man bittet sie um Kindersegen, verjagt sie jedoch durchaus aus dem Kinderzimmer. Man widmet ihnen ein eigenes Fest, scheut sich aber gegebenenfalls auch nicht, sie zu erschlagen.

Die Frage »gut oder böse?« stellt sich für die Chinesen hinsichtlich ihrer Drachen ebenso wenig. Verursachen sie eine Überschwemmung, so gibt es Gründe dafür. Die Menschen haben dann versäumt, ihnen Opfer darzubringen, oder sie haben ihre Seen und Teiche verschmutzt. Weigern sich die Drachen, es regnen zu lassen, werden sie vielleicht ein wenig der Sommersonnenhitze ausgesetzt oder ausgeschimpft, ansonsten aber forscht man nach der möglichen Ursache dieser Verstimmung. Die Drachen sind und waren hier als Nachbarn Teil des täglichen Lebens und wie die Menschen selbst weder wirklich gut noch richtig schlecht.

Nun ist es der Fantasy-Bewegung zu verdanken, dass die Drachen auch bei uns keine undifferenzierten Schreckgespenster mehr sind und aus dem Teufelsloch, in dem sie so lange Zeit sitzen mussten, herauskommen durften. Mehr als das: Sie sind in Comics, Büchern, Bildern und Spielen wieder zum Leben erweckt, bzw. in die Gegenwart zurückgeholt worden.

Im Internet gibt es eine Website, in der Anatomie und Physiologie des Drachen genau beschrieben werden. Exakte Zeichnungen geben Aufschluss über seine Muskeln und sein Skelett. Die unterschiedlichen Farben der Schuppen werden aufgelistet und abgebildet, die Sinne werden erörtert. Da heißt es beispielsweise: »Der Geruchssinn ist hundertfach besser entwickelt als der eines Bluthundes. Sie können einen Menschen oder ein Tier bereits in mehreren Meilen Entfernung riechen und hören!« Schließlich wird auch genaustens erklärt, wie es dazu kommt, dass Drachen Feuer spucken.

Auch auf anderen Internetseiten und vor allem in den Anleitungen für Games und Rollenspiele werden ohne jedes Augenzwinkern verschiedene Drachenarten aufgelistet und ihre jeweiligen Merkmale, Vorlieben, Eigenheiten, Wohnorte und ihr Familienleben ausführlich behandelt. Eine solche Beschreibung liest sich in der Tat wie einem Biologiebuch entnommen. Überhaupt sind neue Drachenarten groß in Mode, und sogar die Kleinen und nicht so Kleinen werden damit konfrontiert: In Joanne K. Rowlings beziehungsweise Harry Potters beziehungsweise Newt Scamanders *Phantastische Tierwesen* werden zehn verschiedene Drachenrassen vorgestellt, darunter der gemeine Walisische Grünling, der Peruanische Viperzahn, der Schwedische Kurzschnäuzler und der Norwegische Stachelbuckel, der, selbst rabenschwarz, auch noch aus einem schwarzen Ei schlüpft. In dem Computerspiel *Star Wars Galaxies* werden dagegen Wohnort, Aussehen und Verhalten der so genannten Krayt-Drachen besprochen. »Wenn nicht

gerade Paarungszeit ist, leben die Krayt-Drachen einzeln, und wenn sie sich begegnen, tragen sie grausame Machtkämpfe aus, die nur mit dem Tod eines Kontrahenten beendet werden«, heißt es da etwa. Außerdem ist zu erfahren, dass die weiblichen Krayt-Drachen liebevolle Mütter sind, die ihre Kleinen noch einige Tage füttern, sie dann aber im Stich lassen, weshalb die Lebenserwartung dieser Drachen nicht besonders hoch ist.

Es gibt jede Menge Drachenvereinigungen, Drachen-Sites mit Hunderten von farbenprächtigen und zum Teil sehr kunstvollen Abbildungen, Drachenmärchen-Sammelseiten und Fantasy-Drachengeschichten, die mit viel Sorgfalt, Liebe und Engagement zusammengestellt sind. Wenige der Jugendlichen oder der Erwachsenen, die für solche Homepages verantwortlich sind, glauben vermutlich an die *reale* Existenz von – irgendwo noch in abgelegenen Gegenden der Welt lebenden – Drachen. Offenbar interessieren sich auch nur vergleichsweise wenige von ihnen für eine rationale Erklärung des Phänomens Drache. Für sie spielt es keine Rolle, ob er nun den dunklen Teil des Mondes, die Ur-Erinnerung an Dinosaurier oder das wesentliche Hindernis unseres Lebens darstellt, das es zu überwinden gilt.

Die Frage nach der Realität des Drachen, die Frage: »Was ist ein Drache?«, spielt schlicht keine Rolle, zumal sie, wie wir gesehen haben, letztlich nicht zu beantworten ist. Ob sich dahinter das Krokodil verbirgt oder die Drachenbanner der Römer, eine Ur-Vorstellung oder der Teufel in Person, wird man wohl nie ergründen können.

Aber das ist eigentlich auch nicht wichtig. Die Macht des Drachen, seine ungebrochene Ausstrahlung, der man sich nicht entziehen kann, die schillernden Facetten seines Charakters – sie sind es, worauf es ankommt. Mit ihnen zieht er seit Jahrtausenden die Menschen in seinen Bann, und man könnte sogar sagen: heute mehr denn je. Wir müssen Jorge Luis Borges also widersprechen, der die Ansicht vertritt, das Ansehen des Drachen habe sich im Lauf der Zeit beträchtlich vermindert, er erscheine uns kindisch und stecke die Geschichten, in denen er vorkommt, mit seiner kindischen Art an.

Zwei Jugendliche erklärten auf die Frage, was der Drache für sie bedeute oder ob er etwas Reales für sie sei, nach einigem Nachdenken: »Er ist nicht göttlich, aber auch nicht irdisch, sondern die Verbindung zwischen beidem. Er ist Macht und Weisheit, unsichtbar, aber irgendwie da, wenn man ihn braucht.«

Die beiden sind wahrlich nicht die Einzigen, die so denken. In einer Internetgeschichte, von »Drachenkind« aus der Sicht eines Drachen geschrieben, heißt es: »Du kannst deinen Drachen nicht suchen, er wird dich finden. Wenn es die Zeit verlangt; wenn er spürt, dass er gebraucht wird. Obwohl wir so klein sind, ist es uns möglich, unsere Schwingen über die Seelen der Menschen zu breiten, sie zu beschützen und auf den richtigen Weg zu lenken.« Wir sehen hier also beinahe die Umkehrung des auf dem alten Benediktus-Segen eingravierten Spruches: *Non Draco sit mihi Dux!*: »Der Drache *sei* mein Führer!«

Wir können uns am Ende dieses Buches eigentlich nur den Worten anschließen, mit denen sich das einzige Drachenmuseum Deutschlands, das Museum zu Furth im Wald, in seinem Prospekt und im Internet präsentiert:

»Wer über die wahrhaft grandiosen Erscheinungsformen von Drachen nachgedacht hat, kann nur eine der folgenden drei Ansichten vertreten:

1. Drachen sind reine Legende.

2. Sie sind größtenteils Legende, haben aber Merkmale, die es auch bei wirklichen Tieren gibt, wie dem Krokodil, den Riesenschlangen oder den Rochen.

3. Drachen haben wirklich existiert.«

Vielleicht könnten wir sogar noch einen Schritt weitergehen und sagen: *Es gibt sie noch!*

Quellennachweis

Quellen von Direktzitaten und Geschichten sind der Übersichtlichkeit wegen kursiv gesetzt.

Kapitel 1: **S. 11**: *Panzer*: 9; *Grimm* 1903: Sage Nr. 219; **S. 12**: Osborn: 166; Simpson: 80ff.; **S. 13**: *Jontes*: 154; *Grimm* 1991: Bd. 2, Spalte 1315; Steffen: 16ff.; Newman: 199ff.; Rohner 1989: 45ff.; ders. 1995: 158ff.; Simpson: 108ff.; Rosén; Bandini, P.: 252ff.; Bächtold-Stäubli: Bd. 2, Spalte 370f.; Reiß; Lionarons: 19; Hogarth/Clery: 28 (Abb.); Lexikon des Mittelalters: Bd. 3, Spalte 1341; Rosenberg; Steffen: 95ff.; di Nola: Index s. v. Drache; **S. 14**: Hierse: 48f.; Daneshvari: 16; Hierse: 30f.; Steffen: 38f.; Diény: 153ff.; Ingersoll: 20ff.; Hogarth/Clery: 15f.; Maul: 26, 35f.; *Cherry*: 23; **S. 15:** Haussig: 96f., 129; Burkolter-Trachsel: 118ff.; Allen/Griffiths: 20ff.; Huxley: 21f.; Bandini, P.: 55–72; Siecke: 3; van Buren: 45; Hierse: 51ff.; Daneshvari: 16ff.; **S. 16**: *Siecke*: 8f.; Encyclopaedia Iranica: Bd. 3, 201; Siecke: 111; Stapenhorst; Steiner; Jontes: 140; *Newman*: 253; Steffen: 24ff.; Lexikon des Mittelalters: Bd. 3, Spalte 1344; **S. 17**: McConnell: 173; Daneshvari: 24; Simpson: 114ff.; Encyclopaedia Iranica: Bd. 3, 202f.; Shuker: 93; Newman: 111ff.; *Simpson*: 14f.; Ingersoll: 28f., 129; van Buren: 1; **S. 18**: Peuckert: 20; Hierse: 15; Wild: 44; Gould 1977: 35; Bächtold-Stäubli: Bd. 2, Spalte 367; Höfler: 99f.; **S. 19**: Peuckert: 24f.; »Muscheldrache« abgebildet u. a. in Cang: 4; Xiaohong: 29ff. und Abb. S. 31, Zhao: 15f.; Kaminski: 10; Hierse: 15ff.; Gierlichs: 10; *Wild*: 21; Cassel; **S. 20**: *Doderer* 1980; zitiert auch in Steffen: 19; Beitl 2000: 168ff.; Meurger 2001: 227f.; Gams/Gedicke: 8 ff.; **S. 22**: nach *Maierbrugger*; hierzu u. a. auch Abel: 174ff.

Kapitel 2: S. 23: *Ende/Schlüter*; zitiert in *Hackwood*: 2; Simpson: 34ff.; **S. 24**: Hackwood: 148; Simpson: 60; Titley: 5; Advanced Dungeons & Dragons: 14; Jontes: 151; Daneshvari: 17; **S. 25**: Rowling: 256; Hettinger: 14 mit Schnittbogen; **S. 26**: Reinagle; Titley: 4f.; Treff: 34; Diény: 197f.; **S. 27**: Mode: 120ff.; Hogarth/Clery: 126; Simpson: 26f.; zitiert in *Ley*: 81; zur alten Literatur über Drachen ausführlich bei Meurger 2001; **S. 28**: Hogarth/Clery: Abbildungen; mündliche Aussage Christian Dreßler, Rollenspielexperte; Simpson: 63; **S. 29**: *Schwab* 1838f.; Siecke: 87ff.; Shuker: 106ff.; **S. 30**: Wild: 3; Meurger 2001: 17; Hogarth/Clery: 80; zitiert in *Jontes*: 153; Gould 1977: 9ff.; Adelung: Bd. 1, Spalte 1531, s. v. Drache; Gierlichs: 10; Grimm 1875–78: Bd. 2, 573; **S. 31**: Lexikon des Mittelalters: Bd. 3, Spalte 1339f.; Diény: IX; de Visser: 66, Anm. 3 und S.70, nach Wang Fu; Zhao: 19ff.; Ingersoll: 75f.; Kaminski: 15; **S. 32**: Simpson: 36f.; Treff: 33f.; Korschunow: 12; Künnemann: 90; Lionarons: 14; Allen/Griffiths: 48; Canby: 62; De natura animalium Buch 6, Kap. 21, auch zitiert in Gould 1977: 14f., 45.; Lionarons: 13; Lexikon des Mittelalters: Bd. 3, Spalte 1340; **S. 33**: *Carl*: 16; Diény: 75; Ingersoll: 100ff.; Kubo: 119f.; Rochholz: Bd. 2,

84; **S. 34**: *Lütolf*: 315 f.; Shuker: Gliederung des Buches und 96 ff.; **S. 36**: Simpson: 39 ff.; Jontes: 144; Höfler: 97; Jontes: 137; Shuker: 88 f.; Ingersoll: 46; Hogarth/Clery: 53; Mode: 125; Bandini, P.: 141 ff., 149; sehr viele Abbildungen auch in Hogarth/Clery; **S. 37**: Petzoldt: s. v. Drache; zum Basilisken u. a. Sammer; Peuckert: 33 ff.

Kapitel 3: S. 39: nach: *Die schönsten Sagen aus Österreich*, o. J.; **S. 41**: Simpson: 41 ff.; Davidson; Treff: 34; *Zedler*: s. v. Drache; Jontes: 153; Allen/Griffiths: 79; Simpson: 44 f.; **S. 42**: Bandini, P.: 138; *Hildegard von Bingen*: 138; aus H. Haas-Hyronimus (Yornimus), »Der Aschaffenburger Tatzelwurm« Internet; eigene Übersetzung von Hackwood: 117; Bolt: 39 f.; **S. 43:** Kircher zitiert in Ley: 85 und Newman: 40; zitiert in Künnemann: 110 f.; Hohberg: 48 ff.; Simpson: 60 f., 69; Fraund/Waffender: 376 ff.; **S. 44**: Hogarth/Clery: 116 f.; Daneshvari: 17; Simpson: 33, 70; **S. 45**: eigene Übersetzung von Simpson: 34; Gebert: 137 ff.; Dukova: 221; **S. 46:** *Vonbun*: 121, 102; ähnliche Sage in Alpenburg: 210; Rowling 2001: 11 f.; **S. 47:** nach *Isau/Oberdieck*

Kapitel 4: S. 48: *Lütolf*: 315; **S. 49**: Sage erzählt auch in Simrock: 160 f.; **S. 51**: freie Übersetzung nach *Newman*: 144; *Haltrich*; **S. 52**: Hierse: 113; Dukova: 246; Rilke: Der Drachentöter; Bandini, P.: 154 ff.; Dukova: 237; **S. 53**: *Berengi* 1995; **S. 54**: Shakespeare: König Lear, I, 1; Lisa Dreßel 1998; Bächtold-Stäubli: Bd. 2, Spalte 384 f.; Dickinson 1987: Kapitel Drachenhorts: 167 ff.; Simpson: 29 ff.; **S. 55**: Grimm 1875–78: Bd. 2, 575; Daneshvari: 20, Anm. 24; Grimm 1875–78: Bd. 2, 574; *Meriamon*, »Der Drache« (Internet); **S. 57**: *Tolkien* 1997: 45; *Lütolf*: 315; Meurger 2001: 45 ff.; *Isau/Oberdieck*: 6; **S. 58**: Gould 1977: 86; **S. 60**: nach *de Visser*: 81; Burkolter-Trachsel: 4 ff.; Ingersoll: 63; Dukova: 235, 240 usw.; Dalla Torre; Grimm 1903: Nr. 217; Rochholz: Bd. 2, 13; **S. 61**: Vonbun: 102; *Vonbun*: 62, 102; Alpenburg: 163; Bandini 2002; **S. 62**: de Visser: 118; Dukova: 229; **S. 63**: Loewe; de Visser: u. a. 160 ff.; Burkolter-Trachsel: 40; **S. 64**: de Visser: 70, 120, 160 f., 163, 174; Encyclopaedia Iranica: Bd. 3, 201; zur Perle: Ingersoll: 110 ff.; **S. 65**: de Visser: 88; Canby: 40; Diény: 142 ff.; **S. 66**: de Visser: 88; Canby: 40; de Visser: 143; Diény: 143; Borges; de Visser: 106; **S. 69**: *Legenda aurea*, aus dem Lateinischen von Richard Benz; ausführlich auch in Hackwood: 12 ff.; Steffen: 219 ff.; Shuker: 58 ff.

Kapitel 5: S. 70: Hogarth/Clery: 59; Diény: 209; Canby: 34, 45; **S. 71**: *Julia Bergius*, »Das Märchen vom Drachen Kunibert«, Internet; Simpson: 65 ff.; **S. 72**: Geschichte von Gozione erzählt in Gould 1977: 41; Rohner 1989: 19 f.; Simpson: 58, 62 f.; Hogarth/Clery: 154; **S. 73**: Simpson: 68 f.; **S. 74**: *Geißler*; Hackwood: 54; Kühnau: 389 ff.; Simpson: 24; Jontes: 147; Hogarth/Clery: 35; **S. 75**: Spenser-Geschichte erzählt in Hackwood: 147 ff.; Peuckert: 28; **S. 76**: nach Matthias *Maierbrugger*: Sechs Kärntner Sagen, in: Kärntner Bauernkalender 1970, S. 114; **S. 77**: Bandini 1999 und 2000: s. v. Bilsenkraut; **S. 78**: Simpson: 73 ff; Lambton-Drachensage in: Gebert: 137 ff.; Ingersoll: 153 ff.; Simpson: 57 f., 64, 124 ff. **S. 79**: nach *Gebert* 137 ff.; Rheinsagen, Geschichten entlang des Stromes, Köln; Simpson: 78; Künnemann: 91 ff.; Jontes; 159 f.; Sage von More von Morehall in Shuker: 62 f.; Ingersoll: 155 f., 134 ff.; Dickinson 1987: 163 ff.; **S. 80**: Ballade übersetzt nach Allen/Griffiths: 104

Kapitel 6: S. 81: *Mode*: 122; Mode: 124; **S. 82**: Bandini 2001: 17; Uehlinger: 58 ff. und Abb. S. 87 ff.; Henan-Drache abgebildet in Cang: 4; Kreissl: 10 f.; Xiaohong: 41 ff.; Mode: 123; Brühlmeier; Steffen: 83; Bandini, P.: 22 f.; Talmud, Mas.Baba Bathra 75a; Jüdisches Lexikon, Bd. III: 1183; Hogarth/Clery: 31 ff.; Uehlinger: 77 ff.; **S. 83**: Maul, mündliche Auskunft; Shuker: 55, 81; van Buren: 32; Ingersoll: 24 f.; Hogarth/Clery: Abb. 12; Allen/Griffiths: 21; Steffen: 46; Burkolter-Trachsel: 134 f.; Uehlinger: 70 ff.; Renz; Hogarth/Clery: 27 f.; **S. 84**: Gilgamesch-Epos: Zweite Tafel, S. 31, und 33; Huxley: 22; Allen/Griffiths: 22; Edzard: 72; Cherry: 24; van Buren: 3 ff.; Maul 2000: Anm. 61; **S. 83**: van Buren: 8, 14, 45; **S. 85**: Burkolter-Trachsel: 122 ff.; Bliss: 132 ff.; Hogarth/Clery: 19 f.; Mode: 122; Helck: 337 f.; Smith 1918–20: 356 ff.; Hogarth/Clery: 22 ff.; E. Laroche in von Schuler: 177; **S. 86**: nach Laroche in von *Schuler*: 177 f.; Steffen: 42; H. Venzlaff, mündlich; Titley: 4 f., 29, 35 f.; Canby: 54 f.; Gierlichs: 11 ff.; Frembgen: 88 ff.; Steffen: 51; Burkolter-Trachsel: 130 ff.; Ingersoll: 36; Encyclopaedia Iranica: Bd. 3, 191 ff.; G. Fussman, mündlich; **S. 87**: Encyclopaedia Iranica: Bd. 3, 196; nach *Titley*: 21; Canby: 51; **S. 88**: Encyclopaedia Iranica: Bd. 3, 200; **S. 88**: Titley: 22 f., 25, 30, 35; und Abb. S. 8; Raffat: 120; Gierlichs: 14

Kapitel 7: S. 90: *Schwab*; Pierer: Bd. IX, 211; Siecke: 50 ff.; *Ovid*: Metamorphosen, 3. Buch; Siecke: 40 ff., 58; **S. 91**: Allen/Griffiths: 32; Bandini, P.: 74 ff.; **S. 92**: Hesiod: Theogonie: 823 ff.; Siecke: 39; Allen/Griffiths: 25; zu einer anderen Typhon-Sagenversion vgl. Sauer-Gaertner: 28; Ovid, Metamorphosen: 5. Buch, 118; **S. 94**: Pauly: s. v. Ladon; nach *Schwab* 1838 f.; Steffen: 181; Siecke 42 ff.; Bandini, P.: 87 ff.; Pauly: s. v. Python; *Ovid*, Metamorphosen: 1. Buch, 446 ff.; Lexikon alte Kulturen: s. v. pythische Spiele; Allen/Griffiths: 27 f.; **S. 95**: *Ovid*, Metamorphosen: 1. Buch 446 ff.; Allen/Griffiths: 33; Sauer-Gaertner: 30; Shuker: 30 ff.; **S. 96**: Treff: 34; Simpson: 47 ff.

Kapitel 8: S. 97: Ingersoll: 164 ff.; Newman: 46 ff., 232 f.; Hogarth/Clery: 135 ff.; Rohner 1989: 24; ders. 2000: 151 f.; Lexikon der christlichen Ikonographie: Bd. 7, s. v. Margareta; **S. 98**: Rohner 2000: 147; di Nola: 265 ff.; **S. 99**: Ingersoll: 181 ff.; Newman: 79 ff.; Jontes: 149; Bächtold-Stäubli: Bd. 2, Spalte 376; zu Snap: Lane; Hoult: 15 f.; Ingersoll: 177; Simpson: 91 ff.; Hackwood: 24; **S. 100**: Rohner 2000: 148, 154; Melchers: s. v. Silvester und Martha; Steffen: 229 ff.; **S. 101**: zum Drachen Tarasque: Dumont; Shuker: 100 ff.; Melchers: s. v. Martha; Hackwood: 44 f.; Newman: 51; **S. 102**: Rohner 2000: 148; Lexikon der christlichen Ikonograohie: Index s. v. Drachen; **S. 103**: Hackwood: 45; Ingersoll: 174 f.; Hackwood: 36; nach *Rohner* 2000: 155; **S. 104**: zu Simeon: Hackwood: 46 f.; Allen/Griffiths: 55 f.; Newman: 49; Hogarth/Clery: 118

Kapitel 9: S. 105: Wolf *Biermann*, Der Dra-Dra, in Köpf: 86; Lionarons: 49 ff., 71 ff., 93 ff.; Lexikon des Mittelalters: Bd. VII, s. v. Seyfrid; **S. 106**: *Nibelungenlied* 3, 104; Schubart-Stumpfe: 19; Shuker: 44 ff.; Wild: 20 f.; Lionarons: 51 ff.; McConnell: 176 f.; Jontes: 138; **S. 107**: McConnell: 178; nach Die ältere *Edda*: 24, Fafnismal; Simpson: 25 f.; Operntexte, Wagner Siegfried; McConnell: 180; **S. 109**: nach *Schwab* o. J.: 5 ff.; hierzu auch Genzmer in *Edda*: 306; **S. 110**: Lionarons: 64 ff.; **S. 111**: Vgl. Anm. zur Wolfdietrichsage in Fraund/Waffender: 392; nach *Fraund/Waffender*: 376 ff.; Röth: 12; Hierse: 19; Röhrich 1969: 250; Ley: 74 f.;

Bandini, P.: 206; Abel: 193 ff.; **S. 112**: nach *Ingersoll*: 145 und *Hierse*: 324 ff.; Wild: 16 ff.; Buschinger/Spiewok; Lionarons: 23 ff.; zu Grendel: Osborn; **S. 113**: Hackwood: 73 ff.; Simpson: 29; Osborn: 166; nach *Beowulf* und Lexikon des Mittelalters: s. v. Beowulf; **S. 114**: zur Midgardschlange: Heizmann: 415; Shuker: 20; Hogarth/Clery: 91 f.; Vollmer: s. v. Jörmungand

Kapitel 10: S. 115: de Visser: 2 ff.; Hogarth/Clery: 45 f.; Zhao: 31 ff.; Ingersoll: 42 ff.; Stubbe-Diarra: 110 ff.; Bandini, P.: 101 ff.; Vogel: 27 ff.; Fergusson; **S. 116**: de Visser: 4 f., 12 ff.; Hogarth/Clery: 47; **S. 117**: Vogel: 93 ff.; Canby: 37; Przyluski; Ingersoll: 34 f.; nach *Watters*: Bd. 1, 229; **S. 118**: Seckel: 265; Vogel: 96; Hogarth/Clery: 42 ff.; Simpson: 19; Rig-Veda, 1, 32 (Oldenberg: 134); Hierse: 28; Siecke: 13 f.; Encyclopaedia Iranica: Bd. 3, 192; **S. 119**: Burkolter-Trachsel: 116 f.

Kapitel 11: S. 120: Diény: 32; Kaminski: 35; **S. 121**: Zhao: 127 ff.; zu Zhaos Unterscheidungen vgl. auch Dragan: Kapitel Dragon Slayers; Kaminski: 34 ff.; Bandini, P.: 133 ff.; zu den japanischen Drachen: de Visser: Kapitel IVff.; Ingersoll: 100 ff.; **S. 122**: Geschichte u. a. in Burkolter-Trachsel: 111; Akiko Kubo: 114 f.; Bandini, P.: 151 ff.; nach *Kaminski*: 39; *Steffen*: 27; Burkolter-Trachsel: 161 f.; **S. 123**: Dragan: Kapitel »Rain Prayers in ancient China«; **S. 124**: Kaminski: 23; Hogarth/Clery: 57; Kaminski: 43, 69; Canby: 39; **S. 125**: de Visser: 123; Diény: 107, 156, 184 ff.; Zhao: 29; Canby: 42 f.; **S. 126**: de Visser: 44 f.; Diény: 87, 108 ff., 118 ff.; Canby: 39; Ingersoll: 102; Zhao: 25 f.; Abbildungen der neun Drachensöhne in: Zhao: 193; ders.: 22; Canby: 41 (spricht von drei Zehen); Shuker: 89 f.; Gould 1977: 80, 83, 87; Ingersoll: 78; Hogarth/Clery: 54; **S. 127**: Kreissl: 98; **S. 128**: Canby: 38; Kaminski: 28; **S. 129**: Rowling 2001: 12 ff.; Ingersoll: 72 f.; Hogarth/Clery: 51 f.; de Visser: 89 f.; **S. 130**: Canby: 46; Lionarons: 7; nach de *Visser*: 216; Wilhelm: 138; **S. 131**: nach de *Visser*: 205 f.; **S. 132**: Allen/Griffiths: 41; Ingersoll: 58 f.; Newman: 244 ff.; 261; Kaminski: 33; **S. 133**: *www.feng-shui-forum.de*, Dao-Magazin; Ingersoll: 61; **S. 134**: Pennick/Devereux: 190 f.; Dragan: Kapitel »Guardian Spirits of the Four Directions«; Kaminski: 33; **S. 135**: *Dragan*

Kapitel 12: S. 137: nach *Shuker*: 66 ff.; Smith 1918–20: 327 ff.; Allen/Griffiths: 59 f.; Schmelz: 49; Shuker: 82 ff.; **S. 138**: nach *Shuker*: 64 f.; **S. 139**: nach *Hohberg*: 111 ff.; **S. 140**: Shuker: 69; zu den Seedrachen: Meurger 1988: 165 ff.; Streicher; Allen/Griffiths: 62; Meurger 1988: 167, 172 f.; Hawkins; Allen/Griffiths: 61; **S. 141**: Meurger 1988: 167; Smith 1918–20: 331; Bliss: 138 ff.; zu afrikanischen Drachen auch Heuvelmans; **S. 142**: nach *Hohberg*: 41 ff.

Kapitel 13: S. 144: Bölsche: 32; Ley: 84 f.; Hackwood: 162 ff.; Meurger 2001: 167 ff.; Treff: 32; Bölsche: 45; **S. 145**: *Treff*: 36; Simpson: 16 f.; Doberer 1970; Bölsche 48 ff: Doderer 1987: 189 f.; Abel: 191 f.; nach Matthias Maierbrugger, Sechs Kärntner Sagen, in: Kärntner Bauernkalender 1970: 114; Allen/Griffiths: 90; **S. 146**: *Bölsche*: 65: Rohner 1989: 17; Treff: 32; Bölsche: 70 f.; Allen/Griffiths: 91 f., 95 f.; Doderer: 184 f.; Meurger 2001: 207 ff.; **S. 147**: Kaminski: 45 ff.; Jontes: 142; Rohner 1989: 12; Allen/Griffiths: 45, 91 ff.; Dragan: Kapitel »Natural origins of the dragon«; Diény: 53, 104, 168; Kaminski: 45; **S. 148**: Ingersoll: 71; Peschel-Wacha: 178; Jontes: 142

Kapitel 14: S. 151: *Bartsch*: Bd. 1, 260 f.; ebd.: 256; Kühnau: 16–41; Wossidlo: Bd. 2, 247 ff.; Rochholz: Bd. 2, 84; Wuttke: 45; **S. 152**: *Bartsch*: Bd. 1, 259; **S. 153**: *Peuckert*: 152 f.; Vonbun: 255; Wuttke: 262; Bartsch: Bd. 1, 260; **S. 154**: Bandini 1999: s. v. Drache; Bartsch: Bd. 1, 257; Wuttke: 45; Wild: 24; Lionarons: 15; Rochholz: Bd. 2, Simpson: 114; **S. 155**: Meurger 2001: 23; Peuckert: 153; Wuttke: 77; Bächtold-Stäubli: Bd. 2, s. v. Drache; Erich/Beitl: s. v. Drache; *Lütolf*: 322 f.; **S. 156**: Meurger 2001: 67; nach *Mez-Mangold*: 123 f.; Gould 1977: 40; Bächtold-Stäubli: Bd. 2, s. v. Drachenstein; **S. 157**: Plinius Naturgeschichte Bd. 37, 158; Dickinson: 137; Hogarth/Clery: 121 f.; Aichele/Block: 269; Jontes: 153; Lexikon des Mittelalters: Bd. 3, 1341; **S. 158**: Bächtold-Stäubli: Bd. 2, Spalte 379 f.; Bestiarium Aventuricum: 257; *Lütolf*: 320, Nr. 265

Kapitel 15: S. 159: Hogarth/Clery: 122 f.; übersetzt nach *Newman*: 150; Meurger 2001: 54 f.; Shuker: 74; Abel: 181; **S. 160**: nach *Abel*: 181; Grimm 1903: 218; Dickinson 1987: Kapitel Drachenblut, S. 142 ff.; Lexikon des Mittelalters: Bd. 3, 1342; *Hildegard von Bingen*: 138 f.; Hovorka-Kronfeld: Bd. 1, S. 103; **S. 161**: Hierse: 19; Abel: 193; Ley: 74; Bestiarium Aventuricum: 257; Rowling 2001: 12; Monroe, Vermächtnis: 263; zitiert in *Jontes*: 153; Hogarth/Clery: 123 f.; *Hildegard von Bingen*: 138; **S. 162**: Hogarth/Clery: 60 f.; de Visser: 93; Read; Ingersoll: 94 ff.; **S. 163**: de Visser: 95 ff.

Kapitel 16: S. 164: *Flucher* 1932: 68; Doblhoff; Meurger 2001: 153 ff., 224; **S. 165**: Peuckert: 25; Magin; Nicolussi; Steinböck; Doderer: 192, 196 ff.; Meurger 2001: 195 ff.; Shuker: 56; *Flucher* 1931: 120; Rochholz: Bd. 2, 4 (Der Stollenwurm bei Wölfliswil); *Doderer* 1987: 193; **S. 166**: sehr ausführlich über den Haselwurm in Alpenburg: 363 ff.; Bächtold-Stäubli: Bd. 7, s. v. Schlange; Hovorka-Kronfeld: Bd. 1, 200; **S. 167**: *Jahn*: 171 f.; *Panzer*: Bd. 2: 76; **S. 168**: Panzer: Bd. 2, 76; Alpenburg: 189 f. (ausführliche Sage über den Alber)

Kapitel 17: S. 169: *Bartsch*: Bd. 1, 39 f.; **S. 170**: *Peuckert* 1969: 136; Probst; **S. 171**: *Bartsch*: Bd. 1, 41; Dickinson 1987: 173; Newman: 118; **S. 172**: Simpson: 64 f.; nach *Newman*: 148 f.; Gebert: 145 ff.; Simpson: 52 f.; **S. 173**: übersetzt nach *Newman*: 123 f.; Köpf: 125 ff.

Kapitel 18: S. 174: Dukova: 227; Okken; Hohberg: 61 f.; Früh 1987: 170; **S. 177**: Röth: 18 ff.; Steffen: 170 ff.; Simpson: 63; Karlinger: 238 ff.; **S. 178**: bei Shuker: 40 ff. sind es Zwiebeln; **S. 179**: Dukova: 238; Früh 1987: 171; **S. 180**: frei nach *Guter*: 73 ff.

Kapitel 19: S. 185: Newman: 85 ff.; Carter; Hogarth/Clery: 127 ff.; Gilchrist: 16 f.; Mez-Mangold: 57, 60; **S. 186**: Lexikon des Mittelalters: Bd. 1, s. v. Alchemie; *Gilchrist*: 95; **S. 187**: übersetzt nach *Allen/Griffiths*: 69; **S. 188**: Allen/Griffiths: 71; übersetzt nach *Allen/Griffiths*: 71; Gilchrist: 69

Kapitel 20: S. 190: Wild: 46 f.; Allen: 114; Hackwood: 89 f.; Ingersoll: 148; Daneshvari: 16; **S. 191**: Lionarons: 16; Ingersoll: 146; Newman: 57 ff.; Drachen 1991: 73; Canby: 63 f.; Maul: 33; Wild: 47 ff.; Junkelmann: Anm. 270; **S. 192**: Cang: 6; Höfler: 99; zitiert in *Junkelmann*: 90; abgebildet ebd.: 79; **S. 193**: Oswald: 103;

Hackwood: 84 ff.; Hogarth/Clery: 160; Oswald: 102; Allen/Griffiths: 114; Jontes: 146; Lexikon des Mittelalters: Bd. 3, 1340; von Volborth: 24 f.; **S. 194:** Burkolter-Trachsel: II; Voskamp; *www.hecklingen.de*; **S. 195**: Wild: 45; Lexikon des Mittelalters: Bd. 3, 1341 f.; Burkolter-Trachsel: 64; Steffen: 31; Jontes: 140; Bishop: 415; Diény: 163 ff.; Aijmer; Ingersoll: 83; Kreissl: 101; **S. 196**: Kreissl: 103, 107 f.; **S. 197**: Bishop: 417; **S. 198**: Zedler: s. v. Draco; Fasching; Moore: 180: Canby: 48 f.; Allen/Griffiths: 85; Burkolter Trachsel: 25; Hopkins 1931: 792 und 1932: 97; Hogarth-Clery: 133 f.; **S. 199**: Allen/Griffiths: 45; Aubier; Öney: 215 f.; Hartner: 120 ff.; Canby: 49; Daneshvari: 16; Hartner: 131, 137; Burkolter-Trachsel: 28; **S. 200**: Titley: 14 und Abb. S. 5; Gierlichs: 16

Kapitel 21: S. 201: Daneshvari: 15; Newman: 32 f.; Rohner 1989: 26 f.; **S. 202**: Öney: 213 ff.; *Gu Sheng-qing*: 90; **S. 203**: Öney; Lexikon der christlichen Ikonographie: Bd. 1, 522; **S. 204**: Heilmann: 81 ff.

Kapitel 22: S. 208: Peschel-Wacha: 185 f.; **S. 210**: *Ende* 1960: 222; **S. 211**: *Sklenitzka*: 26, 8; **S. 214**: *Ende* 1990: 79, 205; **S. 215**: zitiert in *Peschel-Wacha*: 202

Kapitel 23: S. 216: übersetzt nach *Le Guin* (The farthest Shore); **S. 217**: Christian Dreßler, mündlich; **S. 218**: *Tolkien* 1997: 44, 30; **S. 219**: *Tolkien* 1997: 340; **S. 220**: *Tolkien* 1997: 396; **S. 221**: Lionarons: 111; *www.chrisuv.de* (Sylvia); Weis und andere: *Drachendämmerung*, S. 188; **S. 222**: Le Guin (Wizard of Earthsea); **S. 223**: Barron: 308; **S. 224**: McCaffrey: *Die Welt der Drachen*: 80 f.; von Heyl: 192; Daneshvari: 21 ff.; *Beitl*, Richard: 111; **S. 225**: *Vonbun*: 61; **S. 226**: Peschel-Wacha: 201; **S. 228**: Robert Scott in Macmillan's Magazine, Februar 1872; **S. 229**: Bestiarium Aventuricum: 257; Advanced Dungeons & Dragons; **S. 230**: *Bestiarium Aventuricum*: 263; Schiele/Finn: 195 ff.; **S. 231**: Schiele/Finn: 196; GambleXX Heft 1, 2002, S. 36; *Bestiarium Aventuricum*: 259; zitiert in *von Heyl*: 194

Kapitel 24: S. 233: http://home.tronet.de/gesamtschule/europa/partner/drache.htm; Köpf: 237– 245; **S. 235**: *www.draconian.com/body/body.html*; Rowling 1998: 256; **S. 236**: http://swg.gamesurf.de; in Böhner 1995 und Bandini, P: 252 f.; **S. 237**: *www.drachental.de*; Rohner 1989: 163; Bandini 2000: 22 f.

Bibliografie

Sachliteratur, Märchen- und Sagensammlungen

Abel, Othenio: *Vorzeitliche Tierreste im Deutschen Mythus, Brauchtum und Volksglauben*. Jena 1939.

Adelung, Johann Christoph: *Grammatisch-Kritisches Wörterbuch der Hochdeutschen Mundart*, 4 Bde. Wien 1808.

Aichele, W.A., und M. Block: *Zigeunermärchen*. München 1962.

Aijmer, Göran: *The Dragon Boat Festival on the Hupeh-Hunan plain, Central China*. Stockholm 1964 (Dissertation).

Allen, Judy, und Jeanne Griffiths: *The Book of the Dragon*. London 1979.

Alpenburg, J. N. Ritter von: *Deutsche Alpensagen*. Zürich 1857 (Nachdr. München 1977).

Arz, Franz: »Flugdrachen aus Asien«, in: Schmelz/Vossen (Hg.), 199–212.

Asimov/Waugh/Greenberg (Hg.): *Drachenwelten*. München 1985.

Aubier, Catherine: *Chinesische Tierkreiszeichen, Drache*. München 1986 (2. Aufl.).

Bächtold-Stäubli, H. (Hg.): *Handwörterbuch des deutschen Aberglaubens*. 9 Bände. Berlin 1927 (Nachdruck Berlin 1987).

Bandini, Ditte und Giovanni: *Kleines Lexikon des Aberglaubens*. München 1999 (2. Aufl.).

–: *Das Igel-Buch*. München 2001.

–: *Kleines Lexikon des Hexenwesens*. München 2000 (2. Aufl.).

–: *Who's who im Himmel*. München 2002 (2. Aufl.).

Bandini, Pietro: *Drachenwelt. Von den Geistern der Schöpfung und Zerstörung*. Stuttgart 1996.

Bartsch, Karl: *Sagen, Märchen und Gebräuche aus Mecklenburg*. 2 Bde. Wien 1879, 1880.

Battin, Tom J.: *Damsels and Dragons*. Wien 1992.

Beitl, Klaus: »Drachen in Österreich zwischen niederer Mythologie und Städtesymbolik: Der ›Lindwurm‹ von Klagenfurt in Kärnten« in: Kaminski/Kreissl, 166–174.

Beitl, Richard: *Im Sagenwald. Neue Sagen aus Vorarlberg*. Feldkirch 1953 (Reprint Bregenz 1982).

Binyon, Laurence: *The Flight of the Dragon*. London 1911.

Bishop, Carl Whiting: »Long-Houses and Dragon-Boats« in: *Antiquity* XII, Nr. 48, 1938, 411–424.

Bliss, Frank: »Drachen in Afrika und im islamischen vorderen Orient« in: Schmelz/Vossen (Hg.), 129–146.

Bölsche, Wilhelm: *Drachen. Sage und Naturwissenschaft*. Stuttgart 1929.

–: *Von Drachen und Zauberkünsten: Abenteuer aus dem Kampf mit dem Unbekannten in der Natur*. Jena 1925.

Borges, Harald: *Drache, Einhorn, Phoenix: Über altchinesisches Denken*. Stuttgart 1993.

Brühlmeier, Daniel: »Leviathan« in: Müller/Wunderlich, 387–394.
Burkolter-Trachsel, Max: *Der Drache. Das Symbol und der Mensch.* Bern und Stuttgart 1981.
Buschinger, Danielle, und Wolfgang Spiewok (Hg.): *Le Dragon dans la culture medievale.* Greifswald 1994.
Campbell, John F.: *The Celtic Dragon Myth.* Edinburgh 1911.
Canby, Sheila R.: »Drachen« in: Cherry, 21–67.
Cang, Shi (Hg.): *The Dragon.* Beijing 1988.
Carl, Victor: *Pfälzer Sagen und Legenden.* Edenkoben 2000.
Carter, Frederick: *The Dragon of the Alchemists.* London 1926.
Cassel, Paul: *Drachenkämpfe. Archäologische und mythologische Auslegungen.* Berlin 1878.
Cherry, John (Hg.): *Fabeltiere. Von Drachen, Einhörnern und anderen mythischen Wesen.* Stuttgart 1997.
Conway, Deanna J.: *Der Tanz mit dem Drachen: Handbuch der Drachenmagie.* Engerda 2002.
Dalla Torre, Karl Wilhelm von: »Die Drachensage im Alpengebiet« in: *Zeitschrift des deutschen Alpenvereins* Bd. 18, 1887.
Daneshvari, Abbas: »The Iconography of the Dragon in the Cult of the Saints of Islam« in: G.M. Smith. *Manifestations of Sainthood in Islam.* Istanbul 1993, 15–25.
Davidson, Hilda R. Ellis: »The Hill of the Dragon: Anglo-Saxon Mounds in Literature and Archeology« in: *Folklore* (London) LXI, 1950, 169–185.
Day, John: *God's Conflict with the Dragon and the Sea.* Cambridge 1985.
Dickinson, Peter: *Das große Buch der Drachen: Die fliegenden Ungetüme.* Oldenburg/Hamburg/München 1981.
Dickinson, Peter: »Drachenkunde« in: Köpf 1987, 137–40.
Diény, Jean-Pierre: *Le Symbolisme du Dragon dans la Chine antique.* Paris 1994.
Doberer, K.K.: *Drachenschlacht: Legenden, Berichte, Augenzeugen.* Gerabronn – Crailsheim 1970.
Doblhoff, Josef von: »Altes und Neues vom Tatzelwurm« in: *Zeitschrift für österreichische Volkskunde* 1, 1896, 142–265.
Drachen. Time-Life, Amsterdam 1991.
Dragan, Raymond Anthony: »The Dragon in Early Imperial China«. Unveröffentlichte Dissertation, University of Toronto, 1993.
Dukova, Ute: »Das Bild des Drachen im bulgarischen Märchen« in: *Fabula* 11, 207–252.
Dumont, L.: *La Tarasque.* Paris 1951.
Edzard, Dietz Otto: »Mesopotamien. Die Mythologie der Sumerer und Akkader« in: Hans Wilhelm Haussig (Hg.), *Götter und Mythen im Vorderen Orient* Stuttgart 1965, 19–139.
Egli, Hans: *Das Schlangensymbol: Geschichte, Märchen, Mythos.* Darmstadt 1985 (2. Aufl.).
Encyclopaedia Iranica. Hrsg. von E. Yarshater. Bd. 3. New York 2000.
Erich, Oswald A., und Richard Beitl: *Wörterbuch der deutschen Volkskunde.* Leipzig 1936.
Fasching, Gerhard: *Sternbilder und ihre Mythen.* Wien/New York 1994 (2., verb. Aufl.).

Fergusson, J.: *Tree and Serpent Worship*. Delhi 1971.
Flucher, H.: »Zur Frage: Gibt es einen Tatzelwurm?« in: *Kosmos* 28, 1931, 118–121.
Flucher, H.: »Noch einmal die Tatzelwurmfrage« in: *Kosmos* 29, 1932, 66–68, 100–102.
Fraund/Waffender: *Deutsche Heldensagen*. Bayreuth 1982.
Freisauff, R. von: *Salzburger Volkssagen*. Wien 1880.
Frembgen, Jürgen Wasim: »Shoehorns in late Ottoman Turkey« in: *Turcica* 32, 85–109.
Früh, Siegrid: »Der Drache im Märchen« in: Schmelz/Vossen (Hg.), 168–173.
Gams, A., und S. Gedicke: *Das große Buch der Drachen (Kites)*. Münster 1991.
Geissler, Karl: *Sagen aus dem Paltentale*. Wien/Leipzig 1928.
Gesner, Conrad: *Vollkommenes Fischbuch*. Hannover 1981 (Nachdruck der Ausgabe von 1670).
Gierlichs, Joachim: *Drache – Phönix – Doppeladler. Fabelwesen in der islamischen Kunst*. Berlin 1993.
Gilchrist, Ch.: *Alchimie*. Braunschweig 1992.
Gilgamesch-Epos. Übersetzt und mit Anmerkungen versehen von Albert Schott, neu herausgegeben von Wolfram von Soden. Stuttgart 1989.
Golowin, Sergius: *Drache, Einhorn, Oster-Hase und anderes phantastisches Getier*. Basel 1994.
Gorys, E.: *Lexikon der Heiligen*. München 1997.
Gould, Charles (und andere): *The Dragon*. London 1977.
Gould, Charles: *Mythical Monsters*. London 1886.
Gould, Rupert T., und Georg-Günther Forstner: *Begegnungen mit Seeungeheuern*. Leipzig 1935.
Green, Roger Lancelyn (Hg.): *A Cavalcade of Dragons*. New York 1970.
Grimm, Jacob: *Deutsche Mythologie*. 3 Bde. Berlin 1875–78.
Grimm, J. und W.: *Deutsches Wörterbuch*. 33 Bde. München 1991. (Nachdruck der Erstausgabe 1854–1984).
–: *Deutsche Sagen*. 2 Bde. Berlin 1903.
Gu Sheng-qing (Übers. und Hg.): *Sprichwörter und Lehrgeschichten der Chinesen*. Köln 1985.
Guter, Josef (Hg. und Übers.): *Chinesische Märchen*. Frankfurt a. M. 1973.
Hackwood, Frederick W.: *Dragons and Dragon Slayers*. London o. J.
Haltrich, Josef: *Deutsche Volksmärchen aus dem Sachsenlande in Siebenbürgen*. Berlin 1856.
Hartner, Willy: »Pseudoplanetary Nodes of the Moon's Orbit in Hindu and Islamic Iconographies« in: *Ars Islamica*, 1938, 112–154.
Haussig, Hans Wilhelm (Hg.): *Götter und Mythen im vorderen Orient*. Stuttgart 1965.
Hawkins, Thomas: *The Book of the Great Sea Dragons, Ichthyosauri and Plesiosauri*. London 1840.
Hayes, L. Newton: *The Chinese Dragon*. Shanghai 1923 (3. Aufl.).
Heilmann, Ch.: *Deutsche Malerei der Spätromantik. Ein Führer durch die Schack-Galerie München*. München 1988.
Heizmann, Wilhelm: »Midgardschlange« in: Müller/Wunderlich 1999, 413–433.
Helck, Wolfgang: »Die Mythologie der alten Ägypter« in: Haussig, H.W. (Hg.), 313–406.

Hettinger, Gudrun: *Zum Schulanfang, Schultüten und mehr.* Freiburg 1999.
Heuvelmans, Bernard: *Les Derniers Dragons d'Afrique.* Paris 1978.
Heyl, Arnulf von: »Fantasy-Drachen« in: Schmelz/Vossen (Hg.), 189–194.
Hierse, Wolfgang: *Das Ausschneiden der Drachenzunge und der Roman von Tristan.* Hannover 1969 (Dissertation).
Hildegard von Bingen: *Naturkunde. Das Buch von dem inneren Wesen der verschiedenen Naturen in der Schöpfung.* Nach den Quellen übersetzt und erläutert von Peter Riethe. Salzburg 1959.
Höfler, Otto: *Siegfried, Arminius und die Symbolik.* Heidelberg 1961.
Hogarth, Peter, und Val Clery: *Dragons.* London 1979.
Högler, Peter: *Aus dem Sagenschatz des Landkreises Würzburg: Heimatpflege im Landkreis Würzburg.* Würzburg 1996.
Hohberg, Rainer: *Der Lindwurm von Lambton. Drachen-Märchen aus aller Welt.* Weimar 1983.
Höllmann, Thomas O.: »Exkurs: Drachendarstellungen im alten China« in: Bandini-König, *Die Felsbildstation Hodar.* Mainz 1999, 107–109.
Hopf, Andreas und Angela: *Fabelwesen.* München 1980.
Hopkins, L.C.: »The Dragon Terrestrial and the Dragon Celestial: A Study of Lung and the Ch'en, Part I« in: *The Journal of the Royal Asiatic Society*, 1931, 791–806.
–: »The Dragon Terrestrial and the Dragon Celestial, Part II, Ch'en, the Dragon Celestial« in: *The Journal of the Royal Asiatic Society*, 1932, 91–97.
Hornblower, G.D.: »Early Dragon-Forms« in: *Man* 33, London 1933, 79–86.
Hoult, Janet: *Dragons: Their History and Symbolism.* Glastonbury 1987.
Hovorka, O. v., und A. Kronfeld: *Vergleichende Volksmedizin.* 2 Bde. Stuttgart 1908–9.
Huxley, Francis: *The Dragon. Nature of spirit, spirit of nature.* London 1979.
Ingersoll, Ernest: *Dragons and Dragon Lore.* New York 1928.
Jahn, U.: *Volkssagen aus Pommern und Rügen.* Stettin 1886.
Jöckel, Markus: »Woher kommt das Wort DRACHE?« in: Schmelz/Vossen (Hg.), 25–31.
Johnsgard, Paul und Karin: *Dragons and Unicorns: A natural History.* New York 1982.
Johnston, R.F.: *Lion and Dragon in Northern China.* New York 1910.
Jontes, Günther: »Drachenbrut. Vom antiken Fabeltier zum ›Jurassic Park‹« in: Kaminski/Kreissl, 135–165.
Jüdisches Lexikon. Ein enzyklopädisches Handbuch des jüdischen Wissens. 5 Bde. Frankfurt 1987 (2. Aufl.).
Junkelmann, Marcus: *Reiter wie Statuen aus Erz.* Mainz 1996.
Kaminski, G.: »Drachenfahndung im Reich der Mitte« in: Kaminski/Kreissl, 9–87.
Kaminski, G., und B. Kreissl: *Drache – Majestät oder Monster.* Wien 2000.
Karlinger, F. (Hg. und Üb.): *Italienische Volksmärchen.* München 1973.
Kleine Pauly, Der. Lexikon der Antike in fünf Bänden. München 1979.
Knopf, Reinhold: *Der feurige Hausdrache im deutschen Volksglauben.* Berlin 1943 (Dissertation).
Kreissl, Barbara: »Popcorn und Queen Elizabeth – Der Drache im chinesischen Volksbrauchtum« in: Kaminski/Kreissl, 88–113.

Kubo, Akiko: »Vom betrunkenen achtköpfigen Drachen und seiner Verwandtschaft« in: Kaminski/Kreissl, 114–122.
Kühnau, Richard: *Schlesische Sagen*. Bd. II: *Elfen-, Dämonen- und Teufelsagen*. Leipzig 1911.
Künnemann, Horst: *Drachen, Schlangen, Ungeheuer: Gefundenes und Erdachtes zu rätselhaften Lebewesen*. Bayreuth 1970.
Kurmann, Margrit: *Drachen: Vorkommen, Erscheinen – Bild und Sinnbild*. Zürich 1992.
Lämmermann, Ingeborg: *Drachendarstellungen in Literatur und Kunst des Mittelalters*. Dissertation. Wien 1968.
Lane, Richard: *Snap the Norwich Dragon*. 1976.
Lang, Paul: *Schöne Sagen von Zwergen, Drachen und Geistern*. Bamberg, o. J.
Le Dragon dans la culture médievale (colloque du Mont-Saint-Michel, 31 octobre–1er novembre 1993). Greifswald 1994.
Lexikon der christlichen Ikonographie. 8 Bde. Herausgegeben von Engelbert Kirschbaum SJ u. a. Rom/Freiburg/Basel/Wien 1990.
Lexikon des Mittelalters. 9 Bde. Stuttgart – Weimar 1999.
Ley, Willy: *Drachen, Riesen. Seltsame Tiere von gestern und heute*. Stuttgart 1953.
Lionarons, Joyce Tally: *The Medieval Dragon: The Nature of the Beast in Germanic Tradition*. Entfieldhock 1997.
Li Xiaohong: *Céleste Dragon. Genèse de l'iconographie du dragon chinois*. Paris 1999.
Loewe, Michael: »The Cult of the Dragon and the Invocation for Rain« in: ders., *Divination, Mythology and Monarchy in Han China*. Cambridge (Mass.) 1994.
Lonicerus, Adamus: *Kreuterbuch: Kunstliche Conterfeyunge der Bäume, Stauden, Hecken, Kräuter, Getreyd, Gewürtze etc. Mit eigentl. Beschreibung derselben Nahmen in sechserley Sprachen*. Ulm 1679.
Lütolf, Alois: *Sagen, Bräuche und Legenden aus den fünf Orten Lucern, Uri, Schwyz, Unterwalden und Zug*. Lucern 1865.
Lurker, Manfred: *Lexikon der Götter und Dämonen: Namen, Funktionen, Symbole, Attribute*. Stuttgart 1989.
Magin, Ulrich: *Trolle, Yetis, Tatzelwürmer: Rätselhafte Erscheinungen in Mitteleuropa*. München 1993.
Maidens, Snakes and Dragons. London 1991.
Maierbrugger, M.: *Kärntner Sagenbuch*. Klagenfurt 1991.
Mani, Vettam: *Puranic Encyclopedia*. Delhi/Patna/Varanasi 1979 (2. Aufl.).
Maul, Stefan M.: »Der Sieg über die Mächte des Bösen. Götterkampf, Triumphrituale und Torarchitektur in Assyrien« in: Tonio Hölscher (Hg.). *Gegenwelten. Zu den Kulturen Griechenlands und Roms in der Antike*. Leipzig 2000, 19–46.
McConnell, Winder: »Mythos Drache« in: Müller/Wunderlich, 171–183.
Melchers, Erna und Hans: *Das grosse Buch der Heiligen. Geschichte und Legende im Jahreslauf*. München 1996.
Meurger, Michael: *Lake Monster Traditions*. London 1988.
Meurger, Michael: »Drachen und Saurier« in: Schmelz/Vossen (Hg.), 174–182.
–: »Drachen und Wasserungeheuer« in: Schmelz/Vossen (Hg.) 183–188.
–: *Histoire naturelle des Dragons*. Rennes 2001.

Mez-Mangold, Lydia: *Aus der Geschichte des Medikaments.* Basel 1972 (2. Aufl.).
Mode, Heinz: *Fabeltiere und Dämonen in der Kunst. Die fantastische Welt der Mischwesen.* Mainz 1973.
Moore, Patrick: *Großer Atlas der Sterne.* Bergisch Gladbach 1997.
Müller, Ulrich, und Werner Wunderlich (Hg.): *Dämonen Monster Fabelwesen.* St. Gallen 1999.
Mysteriöse Fabeltiere und geisterhafte Wesen: vom Ungeheuer im Loch Ness bis zum Schneemenschen. (Einführung von Hans Biedermann). Gütersloh 1987.
Newman, Paul: *The Hill of the Dragon. An Enquiry into the Nature of Dragon Legends.* Totowa (New Jersey) 1979.
Nicolussi, Jacob: »Der Tatzelwurm und seine Verwandtschaft« in: *Der Schlern* 14, 1933, 119–127.
Nola, Alfonso di: *Der Teufel. Wesen, Wirkung, Geschichte.* München 1997 (3. Aufl.).
Öney, Gönül: »Dragon figures in Anatolian Seljuk Art« in: *Belleten* 33, 1969, 193–216.
Okken, Lambertus: »Zur Stammesgeschichte des europäischen Märchendrachen« in: *Fabula* XXVI, 1985, 81–97.
Oldenberg, Hermann: *Die Religion des Veda.* Stuttgart. o. J.
Osborn, Marijane: »Die Monster in Beowulf« in: Müller/Wunderlich 1999, 161–169.
Oswald, Gert: *Lexikon der Heraldik.* Mannheim–Wien–Zürich 1984.
Oswald, A. E., und R. Beitl: *Wörterbuch der deutschen Volkskunde.* Leipzig 1936.
Panzer, Friedrich: *Bayerische Sagen und Bräuche.* 2 Bde. München 1848, 1855.
Pennick, Nigel, und Paul Devereux: *Leys und lineare Rätsel in der Geomantie. Geheimnisvolle Muster in der Landschaft.* Zürich 1991.
Peschel-Wacha, Claudia: »Der Weg vom ›bösen‹ Lindwurm aus der Sagenwelt zum ›freundlichen‹ Drachen im kindlichen Spielbereich« in: Kaminski/Kreissl, 175–212.
Petzoldt, Leander: *Vergleichende Sagenforschung.* Darmstadt 1969.
–: *Kleines Lexikon der Dämonen und Elementargeister.* München 1995 (2. Aufl.).
Peuckert, Will-Erich: *Deutscher Volksglaube des Spätmittelalters.* Stuttgart 1942.
–: »Die Welt der Sage«, in: Petzoldt 1969, 135–188.
Pierer's Universal-Lexikon der Vergangenheit und Gegenwart. 19 Bde. Altenburg 1857–65.
Probst, Ernst: *Monstern auf der Spur: Wie die Sagen über Drachen, Riesen und Einhörner entstanden.* Mainz-Kostheim 2001.
Przyluski, J.: »Dragon Chinois et Naga Indien« in: *Monumenta Serica* 3, 1938, 602–610.
Raffat, Hakim: »Drachen im islamischen Kulturkreis und seine Vorläufer« in: Schmelz/Vossen (Hg.), 119–128.
Read, Bernard E.: *Chinese Materia Medica. Dragon and Snake Drugs.* Peking 1934.
Reinagle, Damon J.: *Ritter & Drachen. Zeichnen Schritt für Schritt.* Köln 2000.
Reiß, Julia: *Zwischen Weisheits-Drache und Chaos-Ungeheuer: Das Bild des Drachen in verschiedenen Kulturen und in der Bibel.* Freiburg 2000.

Renz, B.: *Der orientalische Schlangendrache.* Augsburg 1930.
Rochholz, Ernst Ludwig: *Schweizersagen aus dem Aargau.* 2 Bde. Aarau 1856.
Röhrich, Lutz: »Die deutsche Volkssage. Ein methodischer Abriß« in: Petzoldt 1969, 217–286.
–: »Drache, Drachenkampf, Drachentöter« in: *Enzyklopädie des Märchens*, Bd. 3, Berlin/New York 1981, Spalte 787–820.
Röth, Diether: *Kleines Typenverzeichnis der europäischen Zauber- und Novellenmärchen.* Hohengehren 1998.
Roheim, G.: *Drachen und Drachenkämpfer.* Berlin 1912.
Rohner, Ludwig: »Drachenheilige« in: Schmelz/Vossen (Hg.), 147–157.
–: *Der Kampf mit dem Drachen. Eine mythologische Studie.* Schwäbisch Gmünd 1989.
–: »Der Kampf um den Drachen. Hypothesen und Spekulationen in der Drakologie« in: Schmelz/Vossen (Hg.), 158–167.
Rose, Carol: *Giants, Monsters, and Dragons: An Encyclopedia of Folklore, Legend, and Myth.* Santa Barbara 2000.
Rosén, Sven: »The Dragons of Sweden« in: *Fate*, 1982, 36–45.
Rosenberg, Alfons: *Michael und der Drache: Urgestalten von Licht und Finsternis.* Olten 1956.
Rudd, Elizabeth (Hg.): *Dragons.* London 1980.
Salverte, Eusèbe: *Des dragons et des serpents monstrueux.* Paris 1826.
Sammer, Marianne: *Der Basilisk. Zur Natur- und Bedeutungsgeschichte eines Fabeltieres im Abendland.* München 1998.
Sanct Georg, Der Ritter mit dem Drachen. (Ausstellungskatalog) Freising 2001.
Sanders, Tao Tao Liu: *Geister und Drachen der Chinesen.* Nürnberg 1981.
Sant, Montserrat, und Ciruelo Cabral: *Das Buch der Drachen.* Augsburg 1994.
Sauer-Gaertner, M.: »Drachenkämpfer in der Antike« in: *Sanct Georg, Der Ritter mit dem Drachen*, 27–31.
Schiele, Lars, und Thomas Finn: »Der Drache in fantastischen Rollenspielen« in: Schmelz/Vossen (Hg.), 195–198.
Schmelz, Bernd: »Drachen in Amerika« in: Schmelz/Vossen (Hg.), 48–54.
Schmelz, B., und R. Vossen (Hg.): *Auf Drachenspuren. Ein Buch zum Drachenprojekt des Hamburgischen Museums für Völkerkunde.* Bonn 1995.
Schubart-Stumpfe, Ortrud: *Der Kampf mit dem Drachen. Begegnungen mit einer Elementarkraft im Spiegel der Kulturen.* Stuttgart 1999.
Schuler, Einar von: »Die Mythologie der Hethiter und Hurriter« in: Haussig, 141–216.
Schwab, Gustav: *Deutsche Volks- und Heldensagen.* Stuttgart o. J. (7. Aufl.).
–: *Die schönsten Sagen des klassischen Alterthums: Nach seinen Dichtern und Erzählern.* Stuttgart 1838.
Seckel, Dietrich: *Kunst des Buddhismus: Werden, Wanderung und Wandlung.* Baden-Baden 1962.
Shahbazi, A.Sh.: »The Parthian Origins of the House of Rustam« in: *Bulletin of the Asia Institute*, New Series, Vol. 7, 1993.
Shuker, Karl: *Dragons.* London 1995.
Siecke, Ernst: *Drachenkämpfe. Untersuchungen zur indogermanischen Sagenkunde.* Leipzig 1907.
Simpson, Jacqueline: *British Dragons.* London 1980.

Simrock, Karl (Hg.): *Rheinsagen aus dem Munde des Volks und deutscher Dichter*. Bonn 1876.
Smith, Elliot: *The Evolution of the Dragon*. Manchester 1919.
–: »Dragons and Rain Gods« in: *Bulletin of The John Rylands Library, Manchester*, Vol. 5, 1918–1920, 317–380.
Snoek, Hans: »Flugdrachen in Europa« in: Schmelz/Vossen (Hg.), 213–220.
Spicer, Dorothy Gladys: *13 Dragons*. New York 1974.
Stapenhorst, Lucie: *Die Drächin und der Held: Vom Kampf gegen die weibliche Ur-Macht in Mythen, Märchen und Tiefenpsychologie*. Norden 1993.
Steffen, Uwe: *Drachenkampf. Der Mythos vom Bösen*. Zürich 1984.
Steinböck, Otto: »Der Tatzelwurm und die Wissenschaft« in: *Der Schlern* 15, 1934, 453–467.
Steiner, Rudolf: *Der Streit Michaels mit dem Drachen*. Dornach 1976 (2. Aufl.).
Streicher, Sonnfried: *Fabelwesen des Meeres*. Rostock 1996 (4. Aufl.).
Stubbe-Diarra, Ira: »Drachen und Schlangen (Naga) in Indien« in: Schmelz/Vossen (Hg.), 110–118.
Tally, Joyce Ann: *The Dragon's Progress: The Significance of the Dragon in »Beowulf«, the »Volsunga Saga«, »Das Nibelungenlied«, and »Der Ring des Nibelungen«*. (Dissertation) University of Denver 1983.
Titley, Norah M.: *Dragons in Persian, Mughal and Turkish Art*. London 1981.
Tolkien, John R.R.: *Gute Drachen sind rar: Drei Aufsätze*. Stuttgart 2000.
Topsell, Edward: *The History of four-footed Beasts and Serpents*. New York 1967 (Nachdruck der Ausgabe London 1658).
–: *The historie of serpents, or the second booke of living creatures*. Amsterdam 1973 (Nachdruck der Ausgabe London 1608).
Treff, Hans-Albert: »Drachen – tierisch ernst genommen« in: *Sanct Georg. Der Ritter mit dem Drachen*, 32–37.
Trubshaw, Bob: *Dragon Slaying Myths. Ancient and Modern*. Wymeswold 1993.
Uehlinger, Christoph: »Drachen und Drachenkämpfe im alten vorderen Orient und in der Bibel« in: Schmelz/Vossen (Hg.), 55–101.
van Buren, E. Douglas: »The Dragon in Ancient Mesopotamia« in: *Orientalia* Vol. 15, 1946, 1–45.
de Visser, M.W.: *The Dragon in China and Japan*. Amsterdam 1913.
Vogel, J. Ph.: *Indian Serpent-Lore, or, The Nagas in Hindu Legend and Art*. London 1926.
Volborth, Carl-Alexander von: *Fabelwesen der Heraldik in Familien- und Städtewappen*. Stuttgart/Zürich 1996.
Vollmer Wörterbuch der Mythologie aller Völker. Neu bearbeitet von Dr. W. Binder. Stuttgart 1874 (3. Aufl.).
Vonbun, Franz Josef: *Die Sagen Vorarlbergs. Mit Beiträgen aus Liechtenstein*. Neu bearbeitet und herausgegeben von R. Beitl. Feldkirch 1950 (Reprint Bregenz 1980).
Voskamp, Carl J.: *Unter dem Banner des Drachen und im Zeichen des Kreuzes*. Berlin 1898.
Watters, T. (Hg.): *Yuan Cheng's Travels in India 629–645 A.D.* 2 Bde. London, 1904–1905.
Wickramasinghe, Chandra: *Cosmic Dragons: Life and Death on our Planet*. London 2001.

Wilhelm, Richard (Hg. und Übers.): *Chinesische Märchen.* München 1958.
Wild, Friedrich: *Drachen im Beowulf und andere Drachen. Mit einem Anhang: Drachenfeldzeichen, Drachenwappen und St. Georg.* Wien 1962.
Wossidlo, Richard: *Mecklenburgische Sagen. Ein Volksbuch.* 2 Bde. Rostock 1939.
Wuttke, Adolf: *Der deutsche Volksaberglaube der Gegenwart.* Bearbeitet von E. H. Meyer. Leipzig 1925 (4. Aufl.).
Xiaohong, Li: *Céleste Dragon. Genèse de l'iconographie du dragon chinois.* Paris 1999.
Zedler, Johann Heinrich (Hg.): *Grosses vollständiges Universal-Lexicon aller Wissenschaften und Künste.* 64 Bde. Halle/Leipzig 1732–54 (Nachdruck Graz 1961–64).
Zhao, Qiguang: *A Study of Dragons, East and West.* New York 1992.
Ziegler, Bernhard: *Der schwäbische Lindwurm: Funde aus der Urzeit.* Stuttgart 1986.
Zötsch, Claudia: *Powergirls und Drachenmädchen. Weibliche Symbolwelten in Mythologie und Jugendkultur.* Münster 1999.

Ausgewählte literarische Drachen

Advanced Dungeons & Dragons. Mystische Kreaturen. Dietzenbach 1998.
Akutagawa, Ryunosuke: »Der Drache« in: Köpf, Gerhard (Hg.), 11–23.
Baeten, Lieve: *Kleiner, schrecklicher Drache.* Deutsch von Angelika Kutsch. Hamburg 2000.
Barron, T. A.: *Merlin und die Feuerproben.* München 2001 (2.Aufl.).
Beowulf. Ein altenglisches Heldenepos. Übertragen und herausgegeben v. Martin Lehnert. Leipzig 1986.
Bestiarium Aventuricum. Handbuch der aventurischen Tierwelt. Erkrath 1997 (2. Aufl.).
Bloomfield, Frena: *Die Drachenpfade.* (1. Roman der Dunkelwelt-Legenden). München 1986.
Böhner, Ines (Hg.): *Das Drachenbuch.* Mannheim 1995.
Bolt, Robert: *Der kleine dicke Ritter Oblong-Fitz-Oblong.* München 1986 (11. Aufl.).
Borges, Jorge Luis: *Einhorn, Sphinx und Salamander: Buch der imaginären Wesen.* München 1982.
Bradley, Marion Zimmer: *Der Bronzedrache: Drei spannnende Romane.* München 1999.
Daele, Henri van: *Prinzessinnen und so ... Aberwitzige Geschichten für kleine Drachen.* Stuttgart 1998.
Dickson, Gordon R.: *Die Romane des Drachenritter-Zyklus.* Mehrere Bände. München 1997.
Doderer, Heimito von: »Das letzte Abenteuer. Ein ›Ritter-Roman‹« in: *Erzählungen.* Frankfurt a. M. 1980.
–: »Die Wiederkehr der Drachen« in: Köpf, Gerhard (Hg.), 179–200.
Edda: Die Edda. Götterdichtung, Spruchweisheiten und Heldengesänge der Germanen. Übertragen von Felix Genzmer. Eingeleitet von Kurt Schier. München 1997.

Ende, Michael: *Jim Knopf und Lukas der Lokomotivführer*. Stuttgart 1960.
–: *Jim Knopf und die wilde Dreizehn*. Stuttgart 1962.
–: *Die unendliche Geschichte*. München 1990 (4. Aufl.).
Ende, Michael, und Manfred Schlüter: *Der Lindwurm und der Schmetterling*. Stuttgart 1981.
Färber, Werner: *Geschichten vom Drachen Dragomir*. Bindlach 1997.
Fedorcák, Mariana: *Eine Drachengeschichte*. Berlin 1977.
Feist, Raymond E.: *Die Midkemia-Saga*. Mehrere Bände. München o. J.
Forester, C.S.: *Drachen hat nicht jeder*. Gütersloh 1966.
Früh, Siegrid: *Märchen vom Drachen*. Frankfurt a. M. 1993.
Funke, Cornelia: *Drachenreiter*. Hamburg 1997.
Gaskell, Jane: *Der Drache* (2. Roman des *Atlantis-Zyklus*). München 1987.
Gebert, Helga: *Riesen & Drachen*. Weinheim 1981.
Grahame, Kenneth: *Der Drache, der nicht kämpfen wollte*. Hildesheim 1997.
Grothusen, Katrin: *Ein Drache auf dem Schulweg*. München 2000.
Guggenmos, Josef: *Mit dem Ungeheuer am Lagerfeuer*. München/Wien/Hollywood (Florida) 1984.
Hall, Willis: *Drachenjagd*. Deutsch von Irmela Brender. Hamburg 1986.
Hambly: *Der schwarze Drache*. Bergisch Gladbach 2000.
Heine, Helme, und Gisela von Radowitz: *Tabaluga*. München 1994.
Hesiod: *Theogonie. Werke und Tage*. Herausgegeben und übersetzt von Albert von Schirnding. München 1991.
Hohlbein, Wolfgang: *Die Töchter des Drachen*. Bergisch Gladbach 1995.
Hops, A. und A.: *Der Feuerdrache Minimax*. Reinbek 1973.
Isau, Ralf, und Bernhard Oberdieck: *Der Drache Gertrud*. Stuttgart/Wien 1994.
Kent, Jack: *Drachen gibt's doch gar nicht*. Ravensburg 1987.
Kerr, Katharine: *Die Chroniken von Deverry 9. Der rote Drache*. München 2000.
Köpf, Gerhard (Hg.): *Das Buch der Drachen: Die schönsten Drachengeschichten für Kinder und Erwachsene*. Frankfurt 1987.
Korschunow I.: *Hanno malt sich einen Drachen*. München 1978.
Kruse, Max: *Urmel aus dem Eis*. München 2000 (21. Aufl.).
–: *Urmel taucht ins Meer*. München 1999 (12. Aufl.).
Kühl, Katharina: *Der Prinz von Pumpelonien*. Hamburg 1991.
Landa, Norbert: *Hüte dich vor Drachen*. Zürich/Frauenfeld 1998.
Lastrego, C., und F. Testa: *Julia und der traurige Drache*. Zürich/Köln 1978.
Le Guin, Ursula: *Erdsee. Der preisgekrönte Fantasy-Zyklus in einem Band*. München 2001.
Lem, Staniław: *Vom Nutzen des Drachen. Erzählungen*. Frankfurt 1993.
Lindgren, Astrid: *Der Drache mit den roten Augen*. Hamburg 1986.
McCaffrey, Anne: *Die Romane aus der Welt der Drachenreiter von Pern*. München 1997–2002.
Maffay, P., G. Rottschalk und R. Zuchowski: *Tabaluga, ein kleiner Drache erobert die Welt*. Köln 1999.
Moser, Erwin: *Der sanfte Drache. Gute-Nacht-Geschichten*. Weinheim 2001.
Nesbit, Edith: *Der allerletzte Drache*. München 1986.
Das Nibelungenlied. Deutsch von Felix Genzmer. Stuttgart 1955.
Ortese, Anna Maria: *Die Prinzessin und der Drache*. München 1988.

Ovid: *Werke in zwei Bänden. Erster Band: Verwandlungen* (Metamorphosen). Aus dem Lateinischen von R. Suchier. Berlin/Weimar 1973.
Pagot, Nino und Toni: *Grisu, der kleine Drache*. München 1987.
Preiss, Byron, und J. Michael Reaves: *Drachenland: Ein Fantasy-Roman*. Düsseldorf 1985 (2. Aufl.).
Rawn, Melanie: *Die Drachenprinz-Romane 1–6*. München 1992–2000.
Der Rig-Veda. Aus dem Sanskrit ins Deutsche übersetzt und mit einem laufenden Kommentar versehen von Karl Friedrich Geldner. 4 Bde. Cambridge (Mass.)/ London/Wiesbaden 1951–57.
Rilke, R.M.: »Der Drachentöter«. Erstdruck in: *Die Zeit*, 30. Bd., Nr. 382, Wien 1902.
Rowling, Joanne K.: *Harry Potter und der Stein der Weisen*. Aus dem Englischen von Klaus Fritz. Hamburg 1998.
–: *Newt Scamander: Phantastische Tierwesen und wo sie zu finden sind*. Aus dem Englischen von Klaus Fritz. Hamburg 2001.
Sacre, Marie-Jose, und Strnad Jindra: *Der schüchterne Drache*. Zürich 1991.
Salvatore, R.A.: *Drachenwelt I, II, III*. München 1996.
Schmögner, Walter: *Das Drachenbuch*. Frankfurt am Main 1973.
Schwab, Gustav: *Der gehörnte Siegfried und weitere Erzählungen aus den alten Volksbüchern*. Zürich 1955.
Schwarz, Andrea: *Der kleine Drache Hab-mich-lieb. Ein Märchen für große Leute*. Freiburg 2001.
Seabrooke, Brenda: *Der Drache, der den Sommer fraß*. Weinheim 2002.
Sklenitzka, F.S.: *Drachen haben nichts zu lachen*. Würzburg 1997.
Sonberger, Sigrid: *Der Glücksdrache*. Hamburg 1996.
Spendel, Juliana: *Lavamünder Drachen haben nichts zu lachen. Lavamünder Hauptschüler erzählen selbsterdachte Drachensagen*. Lavamünd 1999.
Strnad, Jindra: *Der schüchterne Drache*. Zürich 1983.
Svend, Otto S.: *Der Drache und die kleinen Seetrolle*. Hamburg 1991.
Tolkien, J. R. R.: *Der Herr der Ringe*. 3 Bde. Aus dem Englischen von M. Carroux. Stuttgart 1987.
–: *Der kleine Hobbit*. München 1997.
–: *Die Geschichte vom Bauern Giles und dem Drachen*. München 1979.
Volkheimer, Cornelia und Katharina Wagner: *Die goldenen Augen des Drachen*. Regensburg 1998.
Weis, Margaret, und andere: *Die Drachenlanze-Geschichten*. München 1989.
Wolf, Klaus-Peter: *Leselöwen Drachengeschichten*. Bindlach 1998.

Abbildungsnachweis

Für die *Farbabbildungen* in der Reihenfolge ihres Erscheinens im Farbbildteil: © Oliviero Berni / via Agentur Schlück GmbH (1); © Les Edwards / via Agentur Schlück GmbH (2); © Michael Whelan / via Agentur Schlück GmbH (3); © Michael Whelan / via Agentur Schlück GmbH (4); © Michael Whelan / via Agentur Schlück GmbH (5); © Photo: AKG Berlin / Werner Forman (6); © Bob Eggleton / via Agentur Schlück GmbH (7); © Bridgeman Giraudon / Lauros (9); © Photo: AKG Berlin (10); © Photo RMN – R. G. Ojeda (11); © Photo RMN – J. G. Berizzi (12); © Photo RMN (13); © Photo RMN – Arnaudet; J. Schormans (14); © Photo: AKG Berlin (15).

Für die *Schwarzweißabbildungen*:
Simon Stroh, 6 Jahre (S. 25); Dr. Harald Drös (S. 35, 194); Eva-Maria Lill (S. 8, 127); Illustration von Erich Hölle, aus: Max Kruse, Urmel im Vulkan, Deutscher Taschenbuch Verlag, München 1982 (S. 213).

Textquellen

Zitate von Michael Ende (S. 23, 38), aus: Michael Ende, Der Lindwurm und der Schmetterling © 1981 by K. Thienemanns Verlag, Stuttgart – Wien
Zitate aus Wolf Biermanns »Der Dra-dra« (S. 105, 216), aus: Wolf Biermann, Alle Lieder © 1991 by Verlag Kiepenheuer & Witsch Köln

Register